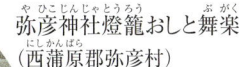
弥彦神社燈籠おしと舞楽
(西蒲原郡弥彦村)

村上大祭
(村上市)

大凧合戦
(見附市今町・長岡市中之島)

長岡まつり
(花火, 長岡市)

近代化遺産と町並み

近代の鉱山施設（選鉱場・大間港，佐渡市）

雁木（上越市）

岩の原葡萄園第2号石蔵（上越市）

黒塀復原と町屋の活用
（村上市）

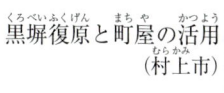

萬代橋
（新潟市）

大河津分水路
（燕市・長岡市）

摂田屋の町づくり
（長岡市）

文化財の保存と活用

鷺流狂言（佐渡市）

佐渡島
佐渡空港

春日山城史跡広場（上越市）

糸魚川・能生の舞楽（根知山寺の延年, 糸魚川市）

新潟県議会旧議事堂
(新潟市)

種月寺本堂
(新潟市)

牛の角突きの習俗
(長岡市)

なじょもん縄文体験学習
(中魚沼郡津南町)

ものづくり

無名異焼（佐渡市）

裂織（佐渡市）

バテンレース（上越市）

翡翠加工（糸魚川市）

小千谷縮の雪さらし（小千谷市）

村上木彫堆朱（村上市）

金魚台輪（新発田市）

鎚起銅器（燕市）

三条金物（三条市）

もくじ　赤字はコラム

上越

❶ 糸魚川市を歩く -- 4
親不知子不知／青海の竹のからかい／寺地遺跡と青海川の硬玉産地／レンガ車庫と相馬御風宅／長者ヶ原遺跡と小滝川の硬玉産地／塩の道／水保の木造十一面観音立像／天津神社の舞楽と根知山寺の延年／能生白山神社

❷ 北国街道に沿って ------------------------------------- 14
関川関所／仮山伏の棒使い／関山神社／東本願寺新井別院／万内川砂防公園／旧北国街道の一里塚／斐太史跡公園／恵信尼寿塔／人柱供養堂と地すべり資料館／山寺薬師

❸ 湊町直江津から春日山へ ------------------------------- 24
八坂神社／安寿と厨子王の供養塔／平和記念公園／土蔵造の寺の町／府中八幡宮／五智国分寺／本願寺国府別院／居多神社／春日山城跡

❹ 城下町高田を歩く ------------------------------------- 33
高田駅周辺／旧師団長官舎／高田の雁木と町屋／高田城跡／川渡餅と粟飴／南本町通り周辺／寺町の寺院群／浄興寺／金谷山

❺ 東頸城・頸北を歩く ----------------------------------- 44
前島記念館／国産ワインづくり／宮口古墳群／虫川の大スギ／直峰城跡／松苧神社／松之山温泉と史跡／浄善寺と浄福寺／頸城鉄道

中越

❶ 柏崎・刈羽 -- 56
閻魔堂／生田萬の墓と戊辰役墓石群／番神堂／大泉寺観音堂／秋幸苑／綾子舞会館／専称寺と北条城跡／椎谷陣屋跡／大久保鋳物（蠟型紫斑銅）／椎谷観音堂

❷ 出雲崎・寺泊 -- 67
旧北国街道出雲崎宿／石油産業発祥の地／寺泊の町並み・聚感園／八幡林官衙遺跡／良寛終焉地（木村邸・隆泉寺墓地）／妙法寺と村岡城跡

❸ 長岡・見附 ---------- 77
新潟県立歴史博物館／長岡市立科学博物館／悠久山公園／栖吉城跡／金峯神社／長岡城跡／山本五十六記念館／栃尾城跡／常安寺／与板城跡／栃尾あぶらげ／西照寺／不動院／鞍掛神社／旧長谷川家住宅

❹ 妻有郷 ---------- 92
十日町市博物館／河岸段丘群と妻有郷／越後妻有交流館キナーレ／神宮寺／大井田城跡／星名家住宅／鉢の石仏／田代の七ツ釜／清津峡／農と縄文の体験実習館なじょもん／津南町歴史民俗資料館

❺ 小千谷・魚沼 ---------- 102
慈眼寺／小千谷縮／魚沼神社／妙高寺の愛染明王像／片貝の大花火／下倉山城跡／圓福寺／錦鯉・牛の角突き／旧目黒家住宅／奥只見と尾瀬／三国峠と三国三宿／小説『雪国』の宿／関興寺／薬照寺／樺沢城跡／鈴木牧之記念館／坂戸城跡／雲洞庵／六日町飯綱考古博物館／普光寺

❻ 三条・燕・加茂 ---------- 122
三条別院／三条八幡宮／本成寺／燕市産業史料館／諸橋轍次記念館／青海神社／善作茶屋／県央地域の地場産業

下越

❶ 弥彦山麓と蒲原平野西部 ---------- 132
国上寺と塔頭五合庵／燕市長善館史料館／弥彦神社／種月寺・菖蒲塚古墳／澤将監の館／潟東樋口記念美術館／しろね大凧と歴史の館／旧笹川家住宅／角兵衛獅子地蔵尊

もくじ

❷ 「新潟島」の散策-------------------------------------- 143
　萬代橋／柾谷小路／西海岸公園／護国神社／白山公園／新潟県政記念館／新潟明和騒動／新潟市歴史博物館／新津記念館・西堀通／戊辰公園

❸ 新潟市街地の周辺を歩く------------------------------- 154
　蒲原神社／新潟県立文書館／西方寺／新川河口／新潟と沼垂

❹ 蒲原平野中東部------------------------------------- 160
　新潟市亀田郷土資料館／北方文化博物館／新潟市新津鉄道資料館／新潟県埋蔵文化財センター／懐かしの鉄道／中野邸美術館／茂林寺／慈光寺／五泉市村松郷土資料館／チューリップ／平等寺薬師堂と将軍スギ／津川城跡／極楽寺の野中ザクラと高徳寺鰐口／室谷洞窟・小瀬ヶ沢洞窟／護徳寺観音堂／狐の嫁入り行列

❺ 城下町新発田と潟端の村々---------------------------- 175
　諏訪神社／清水園と足軽長屋／寺町通り／蕗谷虹児記念館／新発田城跡／新発田市ふるさと会館・旧県知事公舎記念館／城下町新発田の菓子／五十公野御茶屋庭園／古四王神社と石井神社／旧会津街道／岡田大日堂／宝積寺と香伝寺／藤戸神社と加治の要害山／菅谷寺／市島家住宅／宝積院と絆己楼／加治川旧分水門／紫雲寺潟の干拓と青田遺跡／福島潟／横井の丘ふるさと資料館と木崎無産農民学校跡

❻ 中世の白河荘から奥山荘をめぐる---------------------- 196
　瓢湖／華報寺／阿賀野市立吉田東伍記念博物館／梅護寺／奥山荘歴史の広場／鳥坂城跡／乙宝寺／乙まんじゅう／黒川郷土文化伝習館／どっこん水／願文山城跡

❼ 村上市・岩船郡------------------------------------- 208
　村上城跡／若林家住宅／浄念寺／イヨボヤ会館／村上木彫堆朱／西奈弥羽黒神社／石船神社／渡辺家住宅／瀬波温泉・えちごせきかわ温泉郷／平林城跡／町屋の人形さま巡り・大したもん蛇まつり／みどりの里／奥三面歴史交流館／関谷学園／鳴海（高根）金山跡

もくじ

佐渡

❶ 両津の水辺の遺産 ―――――――――――――――――― 228
　妙法寺／船中からみえる両津の文化遺産／二ツ亀／本間家能舞台／佐渡の食べ物／佐渡市立両津郷土博物館／羽黒神社

❷ 国仲の中世の史跡を歩く ―――――――――――――――― 233
　万福寺跡／千種遺跡／正法寺／佐渡の能楽と能舞台／北條家住宅／西日本との信仰の交流／明治紀念堂

❸ 日蓮とゆかりの寺院を歩く ――――――――――――――― 239
　実相寺／妙照寺／瘞鶴碑／河原田城跡／舟崎文庫(県立佐渡高校同窓会文庫)

❹ 佐和田から真野へ ―――――――――――――――――― 243
　鶴子銀山跡／青野季吉ペンの碑／京極為兼の配所と佐渡博物館

❺ 寺社と棚田の景観 ―――――――――――――――――― 246
　佐渡市新穂歴史民俗資料館／日吉神社／清水寺

❻ 畑野の寺社と棚田をめぐる ――――――――――――――― 248
　長谷寺／佐渡の棚田／慶宮寺

❼ 国分寺と妙宣寺をみる ―――――――――――――――― 251
　国分寺／妙宣寺五重塔／森医院

❽ 中世から近世の宗教文化と集落景観 ―――――――――――― 254
　蓮華峰寺・小比叡神社／佐渡国小木民俗博物館／宿根木集落

❾ 南佐渡の城跡や信仰遺物をみる ――――――――――――― 257
　羽茂城跡／東光寺

❿ 相川の鉱山文化を歩く ―――――――――――――――― 260
　大安寺／佐渡の鉱山文化と世界遺産登録運動／相川郷土博物館

あとがき／新潟県のあゆみ／地域の概観／文化財公開施設／無形民俗文化財／おもな祭り／有形民俗文化財／無形文化財／散歩便利帳／参考文献／年表／索引

もくじ

［本書の利用にあたって］

1. 散歩モデルコースで使われているおもな記号は，つぎのとおりです。なお，数字は所要時間(分)をあらわします。
   - ･････････････ 電車
   - ━━━━━━ バス
   - ------------- 徒歩
   - ════════ 地下鉄
   - 〰〰〰〰〰 車
   - ∿∿∿∿∿∿ 船

2. 本文で使われているおもな記号は，つぎのとおりです。
   - 🚶 徒歩
   - 🚌 バス
   - ✈ 飛行機
   - 🚗 車
   - ⚓ 船
   - Ⓟ 駐車場あり

   〈M▶P.○○〉は，地図の該当ページを示します。

3. 各項目の後ろにある丸数字は，章の地図上の丸数字に対応します。

4. 本文中のおもな文化財の区別は，つぎのとおりです。
   国指定重要文化財＝(国重文)，国指定史跡＝(国史跡)，国指定天然記念物＝(国天然)，国指定名勝＝(国名勝)，国指定重要有形民俗文化財・国指定重要無形民俗文化財＝(国民俗)，国登録有形文化財＝(国登録)
   都道府県もこれに準じています。

5. コラムのマークは，つぎのとおりです。

泊	歴史的な宿	憩	名湯	食	飲む・食べる
み	土産	作	作る	体	体験する
祭	祭り	行	民俗行事	芸	民俗芸能
人	人物	伝	伝説	産	伝統産業
‼	そのほか				

6. 本書掲載のデータは，2013年7月末日現在のものです。今後変更になる場合もありますので，事前にお確かめください。

Jyōetsu 上越

春日山城跡

高田城跡・三重櫓

◎上越散歩モデルコース

糸魚川散策コース　　JR 北陸本線・大糸線糸魚川駅(レンガ車庫) 5 相馬御風宅 10 市立糸魚川小学校駐車場(タンク式機関車 C12) 3 相馬御風記念館(糸魚川市歴史民俗資料館) 1 天津神社 30 長者ヶ原遺跡 3 長者ヶ原考古館 3 フォッサマグナミュージアム 35 JR 糸魚川駅

北国街道コース　　上信越自動車道妙高高原 IC 7 関川関所 7 関山神社 3 北沢一里塚 13 藤沢一里塚 11 東本願寺新井別院 11 上信越自動車道新井 PA スマート IC

直江津散策コース　　JR 信越本線・北陸本線直江津駅 5 八坂神社 15 平和記念公園 10 安寿と厨子王の供養塔 5 三八市通り 15 府中八幡宮 10 御館跡 15 本願寺国府別院 10 光源寺 5 五智国分寺 5 居多神社 5 居多ヶ浜 30 JR 直江津駅

春日山城跡散策コース　　JR 信越本線・北陸本線直江津駅 20 春日山城跡ものが

①親不知子不知
②寺地遺跡
③青海川の硬玉産地
④レンガ車庫
⑤相馬御風宅
⑥長者ヶ原遺跡
⑦小滝川の硬玉産地
⑧水保の木造十一面観音立像
⑨能生白山神社
⑩関山関所
⑪関山神社
⑫東本願寺新井別院
⑬万内川砂防公園
⑭斐太史跡公園
⑮恵信尼寿塔
⑯人柱供養堂と地すべり資料館
⑰山寺薬師
⑱八坂神社
⑲安寿と厨子王の供養塔
⑳平和記念公園
㉑府中八幡宮
㉒五智国分寺
㉓本願寺国府別院
㉔居多神社
㉕春日山城跡
㉖高田駅周辺
㉗旧師団長官舎
㉘高田城跡
㉙南本町通り周辺
㉚寺町の寺院群
㉛浄興寺
㉜金谷山
㉝前島記念館
㉞宮口古墳群
㉟虫川の大スギ
㊱直峰城跡
㊲松苧神社
㊳松之山温泉と史跡
㊴浄善寺と浄福寺

たり館_20_林泉寺_15_春日山神社_15_春日山城跡_15_謙信の銅像_10_上越市埋蔵文化財センター_25_JR信越本線春日山駅

高田町家散策コース　　JR信越本線高田駅_5_仲町通り(旧金津桶店・料亭宇喜世)_15_南本町通り(時の鐘・高橋あめや)_10_旧師団長官舎_15_大町通り(旧今井染物屋)_15_本町通り(高田世界館・町家交流館高田小町)_10_JR高田駅

高田城下町散策コース　　JR信越本線高田駅_20_榊神社_8_高田城跡(三重櫓)・小林古径邸・上越市立総合博物館_30_寺町(本誓寺・善導寺・天崇寺・高田別院)_10_浄興寺_25_金谷山_30_JR高田駅

高田東部巡りコース　　JR信越本線高田駅_15_前島記念館_10_岩の原葡萄園_3_宮口古墳群・牧歴史民俗資料館_1_水科古墳群_3_石造仏頭_20_JR高田駅

東頸巡りコース　　北越急行ほくほく線まつだい駅_8_(駐車場)_30_松苧神社_30_(駐車場)_8_松代郷土資料館_15_大棟山美術博物館_2_坂口安吾文学碑_5_松之山民俗資料館_1_松陰寺_4_松之山温泉_3_管領塚_18_北越急行まつだい駅

糸魚川市を歩く

越後の西端に位置することから，中世，この地域は「西浜」とよばれたが，中央文化流入の窓口であった。

親不知子不知 ❶
〈M▶P.2,4〉糸魚川市外波 P
北陸自動車道親不知IC🚗5分

北アルプスの北端が日本海に達する

　北陸自動車道親不知ICで降り，国道8号線を富山方面に向かって車で5分ほど走ると，親不知子不知(県名勝)の海岸に至る。ここは古代以来旅人を嘆かせた，まさに天嶮であった。北アルプスはここで断崖絶壁となって日本海に落下。さらに日本海の荒波が岩壁を削った。『奥細道菅菰抄』には「浪の来る時は岩の陰にかくれ，引くときは出て走る」とある。松尾芭蕉と曽良もこうして親不知を通過し，市振の宿桔梗屋(現，和泉家といわれる)に着いたのであろうか。

親不知子不知

　現在，遊歩道が親不知の岩壁上に整備されている。ここからは海にも降りられるし，栂海新道によって北アルプスに向

青海駅周辺の史跡

青海の竹のからかい

コラム

1月15日，糸魚川市青海(旧青海町)の中心部は伝統行事で賑わう。江戸時代から約300年の伝統がある小正月行事，青海の竹のからかい(国民俗)である。竹のからかいは午前8時30分，町を二分してつくった東西の陣屋の前に飾り竹を立てることから始まる。

この日，若衆は顔におしろいを塗り，赤や黒に隈取りをして，揃いの法被，腰にしめ縄といういでたちで臨む。メインは午後，東西それぞれの長さ十数mの飾り竹をクロスさせてから束ね(アワセ竹)，若衆たちが一斉に飛びつき，綱引きのように引き合う。そのとき，「ちょうちょ(蝶々)，さぎのちょ(左義長カ)，菜の葉にとまれ，菜の葉にあいたら，よし(葦)の葉にとまれ」の歌や掛け声が町中に鳴り響く。東方と西方とが竹を引き合うことによって，豊漁・豊作を占う勇壮な民俗行事である。その後，人びとは海岸に移動して，塞の神を行い，小正月行事は結びとなる。

「ちょうちょ、さぎのちょ、菜の葉にとまれ……」

青海の竹のからかい

けて登山することもできる。また遊歩道には，日本に近代的登山を紹介したイギリス人の宣教師ウォルター・ウェストンの銅像が立つ。

寺地遺跡と青海川の硬玉産地 ❷❸

〈M▶P.2, 4〉糸魚川市寺地
JR北陸本線青海駅 🚶 15分

求めぬかなわの底なる玉も得し玉か

JR青海駅の南側に出て東に進み，道なりに坂道をのぼって行くと5分ほどで，『延喜式』式内社の青海神社(祭神椎根津彦)に至る。この境内の経塚から出土した陶製経筒と銅鏡，天神山姫塚経塚出土品(県文化)は，近くの青海総合文化会館(きらら青海)で保存されており，糸魚川市教育委員会の許可を得てみることができる。経筒には「仁安二(1167)年」の年紀があり，さらに「願主僧定祐」と埋納者も記されている。なお，中世において法華経を書写し，経筒に収め埋納する仏事が，全国的にも盛んに流行することは，『今昔物語集』にもみられる。糸魚川市内にも京ヶ峰の地名があるが，これは経塚がつくられた山中をあらわす「経ヶ峰」であることは間違いない。

寺地遺跡

　青海駅北口から線路と並行して走る通りに出て，青海総合文化会館脇を抜け，1.2kmほど東へ進むと，田海川の左岸に広がる縄文時代中期の遺跡，寺地遺跡（国史跡）に至る。数次にわたる発掘調査によって，硬玉＝翡翠の加工工房と考えられる竪穴住居跡，何らかの信仰を込めて石を敷き並べたとみられる配石遺構，さらに土器や翡翠加工品などが多数発見された。寺地遺跡は，現在，史跡公園として整備され，竪穴住居や木柱が復元されている。

　青海駅前から車で県道155号線を南に進み，大沢・清水倉の集落を過ぎて10分ほど走ると，左に折れる林道がある。そこを左折し，水音に導かれながら進むと，橋立ヒスイ峡に至る。真砂橋から上流約500mの渓谷一帯が青海川の硬玉産地及び硬玉岩塊（国天然）である。

　近年は翡翠原石の盗掘が問題となっており，車両の乗り入れ規制や夜間立入禁止，市職員による24時間監視などの対策が講じられている。その一環として，翡翠原石（数十ｔ規模の曹長岩塊）が掘り出され，青海総合文化会館の青海自然史博物館と，親不知ピアパークの翡翠ふるさと館に展示されている。

　青海自然史博物館は1996（平成8）年に開館。青海産の石や化石，青海の地形などから日本の自然史に迫ろうとしている。翡翠の原石，翡翠工房の寺地遺跡，黒姫山の化石，恐竜の化石出土の可能性を秘める地層の手取層・来馬層，カルスト地形による竪穴洞窟と鍾乳洞などの解説展示，野外の岩石展示などがあって見応えがある。

レンガ車庫と相馬御風宅 ❹❺

025-552-7471
(糸魚川歴史民俗資料館〈相馬御風記念館〉)

〈M▶P.2,7〉糸魚川市大町1-7-10／大町2-10-1
JR北陸本線・大糸線糸魚川駅🚶すぐ／🚶5分

郷土の文人と近代化遺産

　JR糸魚川駅のプラットホームに降り立つと、駅の南側にある大きなレンガ車庫が目に入る。築90年を越えた堂々たる赤レンガ造りの英国式鉄道車庫で、前方に転車台(機関車を180度方向転換させるターンテーブル)を有していた操車場である。地元では、子どもたちに人気の「機関車トーマス」の車庫ともよばれて親しまれている。残念ながら、この操車場は北陸新幹線の法線にかかっており、消滅の危機にある。転車台は2008年3月に撤去された。

　かつて国鉄大糸線を走り、このレンガ車庫の主であったタンク式機関車のC12は、すぐ近くの市立糸魚川小学校の駐車場に、屋根をつけて静態保存されている。

　糸魚川駅で降りて、駅前の道を海に向かって200mほど直進し、旧市役所脇を右折して70mほど歩くと、相馬御風宅(県史跡)に至る。

　相馬御風は、1883(明治16)年に糸魚川に生まれ、早稲田大学卒業後、中央の文壇で活躍した。1916(大

レンガ車庫

糸魚川市役所周辺の史跡

糸魚川市を歩く

正5)年には郷里糸魚川に戻り、地域史や良寛研究、作詞活動に尽くした。道に面して瓦葺きの雁木塀がある相馬御風宅は、間口3間半(約6.3m)で奥行が長い、町屋のたたずまいである。応接間・書斎など、御風生前の雰囲気をそのまま伝えている。多数の御風関連文学資料は、一の宮の天津神社隣の相馬御風記念館(旧糸魚川歴史民俗資料館)で収蔵・展示されている。

長者ヶ原遺跡と小滝川の硬玉産地 ❻❼

025-553-1900(長者ヶ原考古館)

〈M▶P.2,7〉 糸魚川市一の宮1383 P
JR北陸本線・大糸線糸魚川駅 🚶30分

日本全国の翡翠はこの地域から

　糸魚川駅で降りて、駅前の道を300mほど左に進み、踏切を渡って500mほど歩くと糸魚川市役所がみえる。市役所の手前を右折し、県立糸魚川白嶺高校を左手にみつつ500mほど歩き、交差点を左折する。さらに市立糸魚川中学校を左手にみながら1kmほど南に進んで、高速道路高架橋を越えた辺りの段丘面一帯が美山公園である。その一角に、県内屈指の縄文時代の遺跡である長者ヶ原遺跡(国史跡)がある。

　長者ヶ原遺跡が全国の縄文遺跡とくらべてとくに重要なのは、先述の寺地遺跡と同様、翡翠の加工・流通の拠点であったことによる。広く北海道から九州に至る各遺跡から発掘された翡翠は、この糸魚川・青海地域が原産である。さらに韓国慶州の古墳副葬品の翡翠も、この地のものが原材料ではないかとする説がある。

長者ヶ原遺跡

　現在、長者ヶ原遺跡には復元された竪穴住居・作業場、土中の土器を観察できる屋外ガラスケース、屋外実習場などが設けられており、参加・体験型の史跡として整備されている。

　遺跡から遊歩道を

塩の道

コラム

海と山をつなぐ道 山に生かされた人びと

　普通，道の名は行き先の名をつける。松本街道(国史跡)はその意味で，糸魚川からよんだ信州(現，長野県)松本へ向かう道である。この総延長約120kmは通称「塩の道」といわれた古道で，ボッカや牛方が糸魚川の塩・海産物・合物(塩魚類)を信州に運んだ通商の道である。また，上杉謙信が敵の武田信玄に塩を送ったという美談も，この道とする伝説がある。

　その行程は，まず糸魚川市内の白馬通りを基点として信州を目指し南下する。つぎに美山公園・大野・根知仁王堂・この間で約1km，途中に石仏群や地蔵・ノゾキ戸・清水・お堂などがあって道標となり，よく写真で紹介される中山峠＝「塩の道のウトウ」とよばれる切通しの道もある。この峠前後の古道が史跡指定である。この後，根知城下を行き，根知川に沿って上流を目指し山口に至る。ここの関所跡から史跡指定の古道に入り，白池に至る。この間，白池地蔵・塩の道資料館・供養塔・大ザイの神・日向茶屋跡・大日如来碑・ボッカ宿跡などが続く。ただし，この道は登山同様の健脚コースなので，歩行には注意が必要である。

　なお，この塩の道を往来した行商人・運搬人に関係する民具706点が，2004(平成16)年に越後姫川谷のボッカ運搬用具コレクションとして国の重要有形民俗文化財に指定された。

　また，糸魚川市平岩・山之坊から大所川を遡って蓮華温泉・白馬登山口に向かう5kmほどの所に，県内唯一の木地屋集落がある。木地屋とは，山中に良木を求め，轆轤を使って白木の器などをつくる職人をいう。現在，その伝承を保存するために「木地屋の里」がつくられ，集落内の屋号でヤジロ家の古民家を移築・復元して，木地屋民俗資料館(国登録)が設けられている。ここには約1500点の糸魚川木地屋の製品用具と製品コレクション(国民俗)が展示されている。

塩の道資料館

200mほど歩いてのぼると，長者ケ原考古館・糸魚川市埋蔵文化センターがある。ここには半世紀にわたる長者ケ原遺跡発掘の歴史が展示されている。また，現在進行中の出土品整理・修復の様子も見学できる。考古館の向かいにはフォッサマグナミュージアムがあり，

地学・地質学愛好者を魅了しているので，こちらもぜひ見学したい。

　北陸自動車道糸魚川ICで降り，国道148号線を小滝で右折し，姫川の支流の小滝川に沿った道を奥へ入る。谷はしだいに深くなり，鋭いV字谷がみえてくる。対岸の岩壁が，ロッククライミングで有名な明星山（1188m）である。道路をのぼりきった所に展望台があり，深い谷底には降りることはできない。崖下の小滝川の河床が，翡翠を含んだ蛇紋岩の巨石数十個を今も残す小滝川硬玉産地（国天然）である。周辺には，高浪の池・キャンプ場・ロッジなどが整備されており，県内外から多くの行楽客が訪れる。

水保の木造十一面観音立像 ❽

〈M▶P.2,7〉糸魚川市水保字松衛
JR北陸本線・大糸線糸魚川駅🚌来海沢駅行水保🚶5分

西山寺の風情がある境内海の文化

　JR糸魚川駅前から来海沢駅行きバスに乗り，水保で降りる。そこから5分ほど歩くと，水保集落の中央の奥にある水保観音堂に至る。観音堂は石段をのぼった高台の上にある。ここに，浅い鉈彫りによるサクラの一木造の木造十一面観音立像（国重文）が安置されている。平安時代後期の作とされる。両手首が失われているのは，廃仏毀釈のゆえであろうか。鉈彫りとは，丸鑿による彫り跡をわざと消さずに残す技法で，平安・鎌倉時代以降に東国を中心に流行した。素朴な荒削りの造形は，東国人の好みに合ったという。

　観音像は現在，堂の上につくられたコンクリート製の奉安庫におかれ，5月の祭りの際に拝観できる。33年に1度，下の観音堂に移されて盛大な法要が営まれる。直近では，2004（平成16）年8月末に営まれた。そのほか，観音堂内には数体の仏像や相馬御風の歌額などがある。

水保の木造十一面観音立像

天津神社の舞楽と根知山寺の延年

コラム

王侯貴族の舞と庶民の舞の比較

　毎年4月10・11日，糸魚川市一の宮の天津神社（祭神瓊瓊杵尊ほか）の大祭で，舞楽が奉納される。10日の祭礼は勇壮に神輿をぶつけ合う喧嘩祭りとして観光化されているが，国指定の文化財は両日の午後に演じられる舞楽である（糸魚川・能生の舞楽，国民俗）。中世以降に広く流布した，大阪四天王寺系の伝来舞楽が地方化したものとされ，かわいい稚児の舞から威厳のある陵王の舞まで12曲が演じられる。2日目の方が，古式の衣装で行われ，しかも観光客の少ない静寂の中で行われるので，雰囲気はよりよい。

　他方，9月1日，市内の山間部，姫川支流の根知川最上流部の山寺集落で，おててこ舞が演じられる。各種舞・万歳・神楽などで構成されるこの芸能は延年の舞と総称され，根知山寺の延年として国の重要無形民俗文化財の指定を受けている。優雅で王侯貴族風の天津神社の舞楽に対し，山寺の延年は農山村的・庶民的で親近感がもてる。

　祭り当日，真言宗寺院の金蔵院で支度を整えた稚児ら舞楽の関係者は，そこを出発してお旅所となる途中の観音堂で神輿をかつぎ，最後に日吉神社へとあがって行く（近年，おててこ会館の完成により，ここを仕度の場所に改めた）。舞楽は山の断崖に鎮座する日吉神社に奉納される。金蔵院からの出発といい，観音堂経由といい，神仏習合の名残りがみられる。最後に演じられるおててこ舞は，成人と子ども4人ずつで小歌にあわせて舞うもので，初期歌舞伎踊りの伝統を引くものとされる。前日の夜は宵宮とよばれ，各種の神楽が奉納され，これも見応えがある。

天津神社の舞楽

海と船のつなぐ文化　文化財の宝庫

能生白山神社 ❾
0255-566-3465

〈M▶P.2, 12〉糸魚川市能生7239
JR北陸本線能生駅 🚶10分

　糸魚川市能生は，由緒ある能生白山神社（祭神大国主命・奴奈川姫命・伊弉諾尊）を中心に，貴重な文化財が存在する。白山の信仰は，8世紀に泰澄によって開かれた加賀（現，石川県南部）の白山大権現を源とする。おそらく中世の初め，海上交通の発達に白山の神人がかかわり，この能生にも勧請されてきたのであろう。

能生白山神社の舞楽

能生IC周辺の史跡

別当寺は能生山太平寺であったが,明治時代初期の神仏分離で廃され,現在も太平寺の地名だけが残る。

　JR能生駅で降り,駅前の古い町並みを北東に1kmほど歩くと,海岸に面した小高い丘の中腹にある能生白山神社に至る。本殿(国重文)は,棟札から1515(永正12)年の建築と判明している。寄進者に能登国(現,石川県北部)守護で七尾城主の畠山義元の名前があることから,能生と能登・七尾の直接海上ルートが想定される。本殿は正面に1間(約1.8m)の向拝をつけた三間社流造,屋根は薄板を敷き詰めた柿葺きである。

　神社に寄進されて拝殿の内部を飾った船絵馬・船額の約100点は,能生白山神社の海上信仰資料として国の重要有形民俗文化財に指定されている。当神社が,海上交通の安全と廻船業・漁業の繁栄を祈る神社として多くの崇敬を受けたことがわかる。能生は豊臣秀吉に出羽(現,山形県・秋田県)の鷹を献上する輸送ルートにも,「泊々宿」の1つとして指定されていた。

　本殿背後の尾山は原生林で,能生白山神社社叢・能生ヒメハルゼミ発生地として国の天然記念物に指定されている。拝殿右手,コンクリート製の宝物殿右脇に登山口があり,15分ほどで散策できる。

　毎年4月24日,白山神社は大祭で賑わう。午後,稚児の舞から始まって,日没にあわせて舞われる陵王の舞まで,11曲の舞楽が奉納される(糸魚川市一の宮の天津神社の舞楽とともに糸魚川・能生

の舞楽として国の重要無形民俗文化財に指定)。大阪四天王寺系の舞楽を伝承しているとされる。とくに,真紅の衣をまとった陵王は,夕日に同化するようで,幻想的である。室町時代末期(15世紀末),東国を旅した京都相国寺の僧である万里集九も太平寺に滞在し,この舞楽に酔いしれたことが『梅花無尽蔵』に記されている。

北国街道に沿って

妙高山の山麓には北国街道が通っていた。人びとは山を信仰の対象とし、山がもたらす自然災害と向きあってきた。

関川関所 ⑩
0255-86-3280
〈M▶P.2, 14〉 妙高市関川272 P
JR信越本線妙高高原駅 杉野沢行関川関所前 2分

北国街道の越後入口 県内で唯一の重関所

復原された関川関所

上信越自動車道妙高高原ICで降り、野尻バイパス(国道18号線)を越えて県道39号線(旧北国街道)に出る。旧北国街道を右折し、長野方面に700mほど行くと、街道に面して天神社(祭神菅原道真)の森がみえる。境内には、樹齢約1200年と伝えられる天神社の大スギ(国天然)がある。周囲にはスギやカエデの巨樹もあり、昔から境内そのものが天神森とよばれていた。

そこからさらに長野方面へ道なりに約1.3km行くと、新潟と長野の県境になっている関川に突き当たる。この辺りをほぼ東西に流れている関川の手前に、関川関所を再現した道の歴史館がある。関川南側の駐車場から関川に架かる一之橋(長寿橋)を渡って300mほど歩くと、関所の門がみえてくる。門をくぐると左手に番所があり、中では関所破りの捕縛に使ったといわれる三つ道具(突棒・刺股・袖搦み)が展示され、出女の取調べ風景が蠟人形で復元されている。番所横の道の歴史情報館には、宿場関係の史料や、街道と関所を再現

妙高高原IC周辺の史跡

コラム

仮山伏の棒使い

関山神社の大祭 山伏の演武に由来

毎年7月第3土・日曜日に催される関山神社の大祭は、俗に「火祭り」とよばれている。大祭は土曜日の棒使い(仮山伏の演武)・松引き・神楽舞から、日曜日の神輿渡御まで続く。集落の上・下組から3人ずつ若者が仮山伏に選ばれ、2人ずつ火見・火切り・役抜けの役をつとめる。

棒使いは仮山伏によって行われる演武である。白頭巾に陣羽織と山伏の姿に扮した仮山伏が、本殿前広場などで太刀・薙・棒を操り、二十数種の演武を披露する。この演武は、かつて山伏が関山権現で鍛練と護衛のために編み出したものといわれている。一説では、宮本武蔵とも関係のある奈良宝蔵院流の槍の流れを汲むともいわれている。

松引きは棒使いの後に行われる。

本殿前広場から約50m離れた両地点に、上・下組が「若(柱松)」という薪を積み上げる。代証人が本殿内の神主から火打石・火打金をもらい、仮山伏の火切り役に渡し、火切りは自分の「若(柱松)」に駆けつけて火をつける。早く火がついた方が勝ちで、その集落は豊作になるという。その後、氏子が「めでためでたの若松様よ……」と祝歌を歌いながら「若(柱松)」を引き歩いて、松引きは終わる。

仮山伏と棒使い

したジオラマの展示がある。関川関所は、江戸幕府から重要な関所と指定され、高田藩は役人を常駐させ管理していた。

関山神社 ⓫　〈M▶P.2,16〉妙高市関山4804　Ｐ
0255-82-2464　　JR信越本線関山駅 🚶15分

妙高山信仰の里宮 7月第3土・日曜日の「火祭り」

妙高高原ICから国道18号線を車で約10分北上し、関山交差点をJR関山駅と反対方向の西に入ると、鬱蒼とした関山神社(祭神国常立尊・伊弉冉尊・素盞嗚尊)の杉木立がみえてくる。関山神社は、妙高山(2454m)の里宮として創建された。江戸時代までは関山・白山・新羅の3権現をまつり、関山権現と称して修験道の聖地だった。

戦国時代には上杉謙信の篤信を受けた。1582(天正10)年に織田信長の部将森長可の越後攻めにより焼失して衰退するが、江戸幕府

北国街道に沿って

関山神社本殿

により寺領100石が安堵されて復興し、1818(文政元)年、現在の総ケヤキ造りの本殿が完成した。1868(明治元)年、神仏分離令で別当寺の宝蔵院は廃寺(堂舎は東本願寺新井別院に移築)となり、社号は関山神社に改められたが、神仏習合の名残りをあちこちにとどめている。

関山駅周辺の史跡

社殿内部には、普段は公開されていない国常立尊(関山大権現・銅造菩薩立像)・伊弉冉尊(白山大権現・十一面観世音菩薩坐像)・素盞嗚尊(新羅大明神・騎獅文殊菩薩)が安置され、かたわらにはその写真が掲げられている。このうち銅造菩薩立像(国重文)は県内では現存する最古の仏像で、7世紀に渡来した新羅仏といわれ、奈良・法隆寺夢殿救世観音(国宝)に類似している。

関山神社関山石仏群

関山神社境内の南側に、妙高堂という小さな堂がある。木曽義仲が戦勝を祈願して、阿弥陀三尊像を妙高山頂にまつったと伝えられるが、しばしば盗難に遭ったため、1869(明治2)年、現在地に堂宇

をつくり安置した。堂の中には善光寺式三尊像が納められ,毎年7月1日に行われる妙高山の山開きのとき,燕温泉仮堂で開帳される。

妙高堂の隣には,関山石仏群(県文化)とよばれる25体の石仏がある。これらの石仏は平安時代末期から鎌倉時代の作と推定され,もと妙高山の登山道脇に散在していたのを集めたものである。また,鳥居から南側30mほどの所にある関山児童館の北側に仏足石がある。この仏足石は安山岩製で,鎌倉時代の作と推定され,奈良の薬師寺についで古いとされる。

関山神社から県道360号線(旧北国街道)を北に1kmほど道なりに向かって行くと,北沢一里塚がみえる。

東本願寺新井別院 ⑫
0255-72-2519
〈M▶P.2,18〉妙高市下町5-3
JR信越本線新井駅 徒 15分

樹齢100年の大イチョウ
11月1～4日「おたや」

JR新井駅から西に400mほど行くと,南北に通じるアカシア通り(旧北国街道)に出る。ここを北に曲がって300mほど進むと新井掛所・新井御坊ともよばれる東本願寺新井別院(浄土真宗)の建物がみえる。山門をくぐると樹齢100年を超える大イチョウ,本堂,親鸞の妻をまつった恵信尼公堂がある。庫裏は1878(明治11)年に関山権現の宝蔵院を移築したものであったが,近年,新築された。

新井別院は,1685(貞享2)年,東本願寺16世法主一如によって設けられた東本願寺の掛所に始まる。上越市稲田に出張所をおき,本山と上越地方の末寺の取りつぎを行った。1876(明治9)年に新井別院と改称され,現在に至る。毎年11月1～4日までの報恩講は「おたや」の名で親しまれ,およそ200もの露店が立ち並ぶ。

東本願寺新井別院本堂

万内川砂防公園 ⑬
0255-72-5111(妙高市建設課)
〈M▶P.2,18〉妙高市西野谷地内 P
JR信越本線新井駅 🚌 西野谷線西野谷 徒 8分

東本願寺新井別院前の旧北国街道を南に約100m行き,下町交差

北国街道に沿って

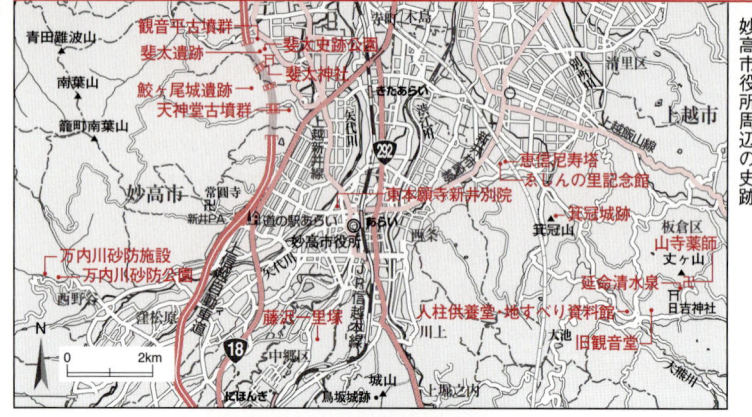

妙高市役所周辺の史跡

県内最初の砂防ダム／国登録有形文化財

万内川一号堰堤

点を東に約1.5km行くと、国道18号線（上新バイパス）の梨木交差点に出る。国道18号線を長野方面に約700m行き、道の駅あらいの脇にある猪野山交差点を西に曲がって、県道428号線を5kmほど行き、西野谷新田集落の交差点を北に曲がって県道261号線を約1km行くと万内川砂防公園に着く。この公園は、万内川が新潟県の砂防事業発祥の地となったことを記念してつくられた。砂防施設のミニチュアが整備され、遊びながら砂防事業の学習ができる。

　この公園から万内川を遡って行くと、1921（大正10）年から現在まで築かれた各種の砂防施設（堰堤、国登録）がみられ、当時の土木技術がうかがえる。なかでも、公園から徒歩で5分ほどの所にある万内川1号堰堤は、新潟県で最初に着工された粗石コンクリート砂防堰堤で、現地の石を割って利用した、手作業による初期の事例として重要である。周囲の景観ともよく調和しており、現在でも砂防機能を維持している。

旧北国街道の一里塚

コラム

旧北国街道に残る北沢一里塚と藤沢一里塚

　一里塚とは、里程を示すために街道に築かれた土盛りである。1604（慶長9）年、江戸幕府は東海・東山・北陸などの街道を整備した際、江戸日本橋を五街道の起点として定め、1里（約4km）ごとに塚を築かせた。これが全国的な一里塚制度の出発点である。

　一里塚は道を挟んで両側に築かれ、通常、平面形は5間（約9.1m）四方で、高さは3mほどであった。遠くからみえるように、塚上にはエノキなどを植えさせた。

　しかし時代が経つにつれ、一里塚の修理は滞りがちとなり、1810（文化7）年に完成した「東都道中分間絵図」には、北国街道高田城下宿から関川宿に至る8里の間に5カ所の一里塚が図示されているが、破損したり、家の影でみえないものがあると記されている。1876（明治9）年、政府は内務省令で一里塚を廃止してもよいとの通知を出し、一里塚の荒廃・破壊が進んだ。

　旧北国街道では、北沢一里塚と藤沢一里塚が原形をとどめている。関山神社から旧北国街道を北に1kmほど行くと北沢一里塚がみえる。約9m四方、高さ約2.5mに土盛りされ、ケンポナシが植えてある。現在は西側の塚のみが残る。北沢一里塚から旧北国街道を30mほど北上すると大きなマツがみえ、国道18号線と交差する。

　JR信越本線二本木駅から県道344号線（旧北国街道）を1.7kmほど北上すると、藤沢一里塚がみえる。戦中・戦後の食糧不足の中で、西側の一里塚は畑と化し、現在は東側のみが残る。約9m四方で、現在はマツが植えられている。藤沢一里塚から1kmほど北に行くと、松並木の名残りがある小出雲坂に着く。小出雲坂は「越後見納めの小出雲坂よ」と里謡に歌われたように、長野県境に伸びる丘陵と高田平野の境になっている。

斐太史跡公園 ⓮

弥生・戦国の軍事遺構 埋まらずに残った竪穴住居

0255-72-0697（斐太県民休養地案内所）

〈M▶P.2,18〉妙高市雪森・宮内地内　P
JR信越本線北新井駅 40分

　国道18号線（上新バイパス）の乙吉交差点を北に曲がって県道63号線（山麓線）に入り、最初の交差点を左折して県道85号線を約1.3km行くと、『延喜式』式内社斐太神社（祭神大国主命・矢代大明神・諏訪大明神）に着く。神社北側の道を10分ほど歩いてのぼると斐太遺跡（国史跡）がある。ここには小さな谷を挟んで南北に細長い丘陵が2つ並び、それぞれ丘陵上に弥生時代後期から古墳時代初期にかけての竪穴住居跡がみられる。この遺跡は丘陵上に営まれており、

北国街道に沿って

斐太遺跡環濠

住居跡群全体を取り囲むようにめぐらされた環濠跡も残っていることから，軍事的な集落であったとも考えられる。現在は史跡公園として整備されており，住居跡や環濠跡を自由に見学することができる。遺跡周辺は，斐太県民休養地「斐太歴史の里」となっていて，広場・野外炉・釣り堀などで楽しめるようになっている。

斐太歴史の里北側にある山道を30分ほどのぼると，標高183mの鮫ヶ尾城遺跡（国史跡）の本丸跡に着く。鮫ヶ尾城は上杉謙信が信濃（現，長野県）方面への備えとして築城した山城で，曲輪跡や空堀・土塁・井戸跡などがよく残っている。頂上の本丸跡からは高田平野を眼下に，妙高山や日本海までを一望することができる。上杉謙信の死後におこった御館の乱（1578年）では，上杉景勝と家督を争って敗れた上杉景虎が，実家北条家の本拠である相模国（現，神奈川県西部）小田原に逃れようとして，当城に立ち寄ったが，城主堀江宗親の裏切りに遭い，1579（天正7）年3月，ここで自刃した。

斐太遺跡の北と南には観音平・天神堂古墳群（国史跡）がある。現存総数が150基を超える群集墳で，分布面積は17万 m²で北陸地方随一の大古墳群である。

恵信尼寿塔 ❺

0255-81-4541（ゑしんの里記念館）

〈M▶P.2,18〉上越市板倉区米増27-4
JR信越本線新井駅🚌久々野線熊川新田🚶6分

恵信尼の終焉の地 鎌倉時代の五輪塔

JR新井駅から県道30号線を東に進み，吉増交差点を右折すると，親鸞の妻恵信尼が建てたとされる恵信尼寿塔がある。寿塔とは生前に建てておく塔婆のことをいう。この五輪塔は，高さ170cmで鎌倉時代中期の作と推定される。恵信尼は，当地方の豪族三善為教の娘として生まれ，1207（承元元）年に越後流罪となった親鸞と結婚し，男女6人の子を生んだ。越後・常陸国稲田（現，茨城県笠間市）・京都と，親鸞と生活をともにした。晩年は夫を末娘覚信尼に

恵信尼寿塔

託して、4人の子どもとともに越後に帰り、生涯を閉じた。京都の西本願寺には、1256（建長8）年から12年間にわたって越後の恵信尼から京都の覚信尼に宛てた10通の手紙が保管されている。1264（文永元）年の手紙には、五重の石塔を注文したとの記載があり、付近に「五りん田」「びくやしき」などの小字が残っていることから、この五輪塔が、手紙にみえる石塔であるといわれてきた。1963（昭和38）年、西本願寺はこの五輪塔を恵信尼の寿塔と認め、恵信尼廟所として整備した。2005（平成17）年には石塔に隣接して、ゑしんの里記念館が開設され、恵信尼の手紙の複製などが展示されている。

　恵信尼廟所から県道254号線を山間部にのぼって行くと、箕冠城跡の案内板がみえる。1556（弘治2）年、上杉謙信に反旗を翻して武田方に走った大熊朝秀の居城とされ、曲輪・土塁・空堀などが残っている。

人柱供養堂と地すべり資料館 ⓰
0255-78-2687

〈M▶P.2,18〉上越市板倉区猿供養寺402-1　P
JR信越本線新井駅🚌久々野線やすらぎ荘🚶7分

　ゑしんの里記念館から県道254号線をさらに車で約15分、山間地に入ると、下久々野集落がみえる。やすらぎ荘前バス停の交差点を東に曲がって500m行くと人柱供養堂がある。この付近は日本有数の地すべり地帯であり、古来からその被害に苦しめられてきた。こ

人柱供養堂

北国街道に沿って

地すべり地帯の人柱伝説　猿転生伝説

の集落には、地すべりの惨状をみかねた旅僧が、みずから申し出て人柱になったとの伝説があった。1937(昭和12)年、土砂の採掘中に大甕が出土し、中から座禅姿の人骨と銅銭がみつかったことから、伝説が事実に基づいていたことが証明された。発見された高さ62cmの大甕は能登(現、石川県北部)地方で生産された珠洲焼で、鎌倉時代中期の作と推定され、人骨は40歳台の男性と鑑定された。現在、大甕と人骨は人柱供養堂に安置され、みることができる。

　人柱供養堂に隣接して、日本で最初の地すべり資料館が建てられており、地すべりの歴史や災害・防止工事・監視方法などを学ぶことができる。また人柱伝説のほか、法華経写経の功徳によりサルが人間に生まれ変わり、越後の国司になったという伝説が説明されている。この猿転生伝説は『今昔物語集』にも載っていて、猿供養寺の地名の由来になった。猿供養寺集落には、かつて猿転生伝説の舞台となった乙寺があったといわれる。その跡には観音堂が建てられていたが、近年、解体された。旧観音堂境内には、「応永五(1398)年」銘の宝篋印塔など多数の石塔があり、後述の「山寺三千坊」の栄華の一端を偲ばせる。

山寺薬師 ⑰
0255-78-2330

〈M▶P.2,18〉上越市板倉区東山寺1030　P
JR信越本線新井駅🚃山寺薬師線山寺薬師🚶5分

応永記銘の薬師如来坐像　若返りの延命清水

　地すべり資料館から東へ2kmほどのぼった所に山寺薬師がある。杉木立に挟まれた209段の石段をのぼると、正面に薬師堂がみえる。薬師堂には、ヒノキの寄木でつくられた薬師・阿弥陀・釈迦の薬師三尊像(県文化)が安置されている。中央の薬師如来坐像(像高150cm)の胎内には「大檀那三善讃阿勧進沙門祐山」「応永二(1395)年」「大仏師筑後法眼」、左の釈迦如来像胎内には「勧進沙門祐山」

山寺薬師

「明徳五(1394)年」「六条仏師筑後法眼」と墨書されている。このことから，薬師三尊は室町時代に京都の仏師が制作したことがわかる。また三善讃阿は，親鸞の妻恵信尼の父三善為教の子孫と推定される。

　薬師堂の裏手に日吉神社奥社があり，スギの神木の前に「見ざる・言わざる・聞かざる」の三猿像がある。裏参道をくだると延命清水泉が湧き出ている。この泉の水は万病に効くといわれ，現在も水を汲みにくる人がいる。薬師堂の左にある納経堂の細道を北へ道なりに7分ほど歩くと，親鸞・恵信尼の3男栗沢信蓮坊が修業したといわれる「聖の窟」がある。

　山寺は，丈ヶ山(572m)を信仰対象とする山岳仏教の寺院である。かつて「山寺三千坊」と称され，この辺りには多くの堂舎があった。板倉区には石塔が多く残り，「針」「筒方」「玄藤寺」など仏教に由来する字名が多く残っている。恵信尼の実家である三善氏も「山寺三千坊」と結びついて勢力を張っていたと考えられる。山寺はかつて天台宗であったことから，サルを神使とする日吉神社と一体になっていた。猿供養寺集落の猿転生伝説はサルと法華経に関するものであり，法華経は天台宗の根本経典であることから，この伝説も山寺に関する信仰からつくられたものであろう。

湊町直江津から春日山へ

交通の要衝，湊町として栄えた旧直江津には，五智地区・春日山地区を中心に多くの史跡が残る。

八坂神社 ⑱
025-543-2895

〈M▶P.2, 25〉 上越市西本町4-2-25 Ｐ
JR信越本線・北陸本線直江津駅🚶6分

7月23～29日，上越まつり
29日夜に御饌米行事

　JR直江津駅北口から北にまっすぐ200mほど進むと，左手に八坂神社（祭神素戔嗚尊・建御名方命・大山咋命）がみえる。社伝によれば，1028（長元元）年頃，京都の八坂神社を勧請して創建されたという。地元では「八坂さん」とよばれ，武勇・商売繁盛の神として親しまれている。

　八坂神社は，直江津と高田の祇園祭を執行することで知られている。徳川家康の6男松平忠輝が福島城（現，港町）から高田城に移った際，神社は直江津の地にとどまり，高田の祇園祭をも執行するようになったという。現在では毎年7月23～29日に上越まつりとして，前半は高田地区を，後半は直江津地区を会場として行われている。直江津では各町内ごとの屋台が市中を曳き回される。最終日の夜には直江津各町内の19基の屋台が八坂神社に集まり，屋台に積まれた米俵を神社に奉納する御饌米行事が行われる。

　直江津各町内の屋台は，祭礼日をのぞく4月1日～11月30日に，上越市立水族博物館近くの屋台会館で展示される。なお，水族博物館には，かつて上越地方の海岸で使われていた地曳網用の漁船であるどぶね（国民俗）などが展示されている。

御饌米行事

安寿と厨子王の供養塔 ⑲

〈M▶P.2, 25〉 上越市中央3-11
JR信越本線・北陸本線直江津駅🚶18分

　八坂神社参道入口北側の丁字路を右折して約300m進むと，通行

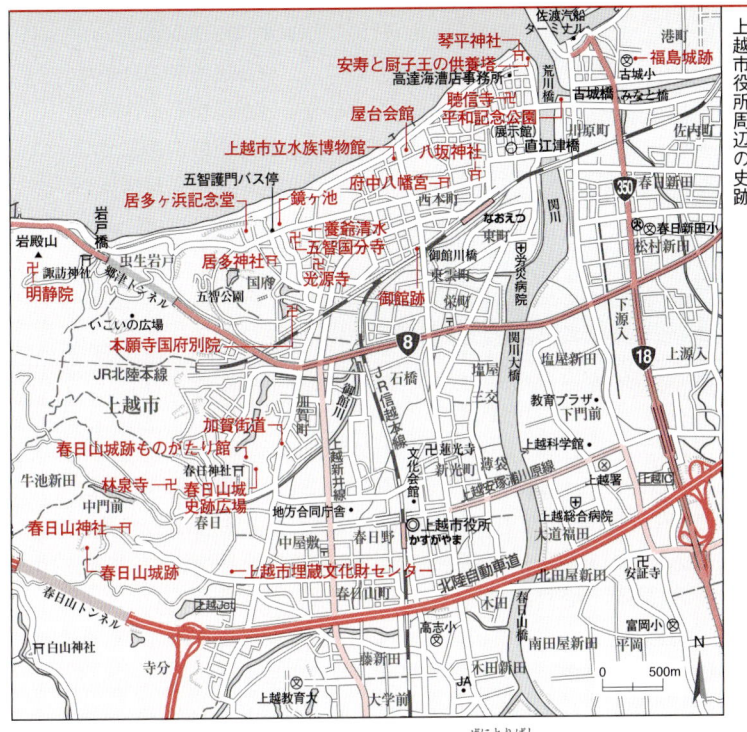

料を払わなければ渡ることができなかった「銭取橋」として知られた直江津橋がある。橋の手前の信号を左折し，関川沿いの道を北に約800m進むと，河口付近に安寿と厨子王の供養塔がある。謡曲の「婆相天」や森鷗外の歴史小説『山椒大夫』は，古くからの湊町直江津を象徴する物語である。2基の供養塔は，越後から筑紫（現，福岡県）への途上，人買いの企みにより連れ去られた幼い姉弟に同情して建てられたものだが，建立時期は不明である。

　供養塔のすぐ隣に，船乗りや商人の守り神とされる琴平神社がある。境内には『おくのほそ道』の旅で訪れた松尾芭蕉の句碑がある。かつて琴平神社の近辺一帯は海産物問屋や倉庫が軒を連ね，直江津湊から荷揚げされる物資の流通拠点であった。

　琴平神社から西に向かうと，すぐに「三・八の市」が開かれる三八市通りに出る。この付近には，明治時代に銀行として建てられ，「ライオン像のある洋館」として親しまれている高逹回漕店事務所

湊町直江津から春日山へ

安寿と厨子王の供養塔

や海運業者の倉庫などが現存し、往時の繁栄を偲ぶことができる。芭蕉が句会を開いた、土蔵造の本堂をもつ聴信寺（浄土真宗大谷派）もこの通りにある。

平和記念公園 ⑳ 〈M▶P.2, 25〉上越市川原町8 P
JR信越本線・北陸本線直江津駅🚶17分

直江津捕虜収容所跡地 悲劇を忘れないために

　琴平神社から三八市通りに出て南に200mほど進むと、県道468号線に突き当る。そこを左折すると荒川橋に至り、橋を渡って関川河口の東岸を100mほど進むと、川原町交差点の北50mほどの所に平和記念公園がある。1942（昭和17）年末、ここに倉庫を改造した直江津捕虜収容所（東京俘虜収容所第4分所）が設けられた。オーストラリア兵を中心に、アメリカ・イギリス・オランダのあわせて数百人の捕虜が収容されていたが、戦局が悪化するなかで60人の捕虜が病死した。戦後、その責任を問われて、戦争裁判で8人の収容所職員が刑死した。こうした悲劇を忘れないよう、1995（平成7）年に周辺一帯が平和公園として整備された。公園内には平和友好像・死没者追悼碑などがある。公園の西脇には展示館があり、捕虜収容所の歴史を学ぶことができる。展示館見学には保坂宅（025-545-4878）に事前連絡を要する。

　平和記念公園から県道468号線に戻って、北側にある古城橋を渡り、丁字路を右折して500mほど直進すると、左手に市立古城小学校がある。校門を入った左側の一角に福島城

平和記念公園

土蔵造の寺の町

コラム

火事の町・直江津 土蔵造の寺院

　かつて直江津は、火災の多い町として知られていた。明治時代に限っても、1898(明治31)〜1908年の10年間に7回の大火に見舞われている。その原因は、激しい季節風と木羽葺きの屋根が多かったためであるという。一度火災がおこると、強風にあおられて大火に発展してしまうことがしばしばであった。

　旧直江津町内を散策すると、レンガ造りの耐火壁をもっている高達回漕店事務所・土蔵造本堂の寺院など、先人たちが火災と闘ってきたことを物語る遺産を所々でみることができる。なかでも土蔵造本堂の寺院が集中して残っているのは、全国的にみても珍しい。現在、聴信寺(浄土真宗大谷派)・真行寺(浄土真宗本願寺派)・観音寺(曹洞宗)・林正寺(浄土真宗大谷派)・勝蓮寺(浄土真宗本願寺派)・竜泉寺(曹洞宗)の6棟の土蔵造本堂を確認することができる。火災の多い土地にあって、火災から本尊や過去帳、寺の什物などを守るために、防火性能の高い建築様式が選択されたのであろう。まさに風土の中から生み出された建造物といえよう。

聴信寺

跡の石碑が立っている。福島城は、1598(慶長3)年、会津(現、福島県)へ移った上杉景勝にかわって春日山城に入った堀秀治が築いた平城である。天下の名城といわれたが、やがて堀氏にかわった松平忠輝が高田城を築いて移ったため、わずか7年余で廃城となった。現在、本丸跡は古城小学校・住友金属工業直江津製造所となっている。土塁・礎石など、一部が残っているのみで、当時の面影を偲ぶことは難しい。

府中八幡宮 ㉑

直江津の中心と伝える「文安三年」銘の鰐口

〈M▶P.2, 25〉 上越市西本町3-5 **P**
JR信越本線・北陸本線直江津駅🚶10分

　JR直江津駅前の道を北に約100m進み、信号を左折すると西本町通り(県道123号線)に出る。ここを西に500mほど進むと、870(貞観12)年に京都石清水八幡宮を勧請して創建された府中八幡宮がある。府中・府内とよばれた直江津の中心にあって、越後の総社として国司の崇敬を受けたという。中世には守護上杉氏の厚い保護を

湊町直江津から春日山へ　　27

府中八幡宮

受けたが，1578(天正6)年の御館の乱で焼失した。1632(寛永9)年，高田藩主松平光長によって再建され，以後，歴代の高田藩主に保護された。神社には，それを物語る高田藩主の寄進状や幕府の朱印状などの古文書，「文安三(1446)年」銘の青銅製鰐口(県文化)などが保存されているが見学は不可である。

　府中八幡宮から西本町通りを西へ約150m進み，西本町3丁目交差点を左折して上越大通りを300mほど進むと跨線橋(御館川橋)がある。この橋の北西一帯が御館跡である。御館は，1552(天文21)年，長尾景虎(上杉輝虎，のちに謙信)を頼って来越した関東管領上杉憲政の館として造営され，謙信の政庁としても使用された。1578年3月に謙信が没すると，養子の景勝と景虎が家督をめぐって対立し，御館の乱がおこった。この争乱で府中は御館を始め，上杉氏と関係の深かった至徳寺・安国寺などの名刹や町内6000軒が焼失したという。1964(昭和39)年の発掘調査で，二重の堀と厚い土塁で囲まれた方形の館跡(東西約135m・南北約150m)が確認された。現在は住宅が立ち並び，内郭の一部が御館公園として整備されている。

五智国分寺 ㉒　〈M▶P.2, 25〉上越市五智3-20-21　P
025-543-3069　　JR信越本線・北陸本線直江津駅🚶25分

上杉謙信が再興した国分寺　五智如来を安置

　御館跡から上越大通りに戻って西本町3丁目交差点を左折し，県道468号線を西へ1kmほど進むと，右手の五智裏門バス停後方に親鸞が姿を映したという鏡ヶ池がある。その先の左手の朱塗りの門が，五智国分寺(天台宗)の裏門である。741(天平13)年，聖武天皇は各国に国分寺・国分尼寺を建立するよう命じた。このとき，越後の国分寺が建立された場所はいまだ明らかにされていない。五智国分寺は荒廃していた国分寺を，1562(永禄5)年に上杉輝虎がこの地に再興したものといわれる。本尊は五智如来(大日・釈迦・宝

五智国分寺山門

生・薬師・阿弥陀の5体)で，ここから「五智」の名が生まれたという。1988(昭和63)年1月の火災で本堂・本尊が焼失した。有志の浄財によって，1997(平成9)年に本堂が完成し，2003年には，あらたに制作された5体の如来を安置した。

境内の東側には，親鸞の配所といわれる竹之内草庵・親鸞聖人石像・三重塔(県文化)・親鸞が使ったと伝えられる養爺清水などがある。境内の西側には，白山神社の御輿のお旅所・「元禄六(1693)年」銘の棟札のある経蔵・松尾芭蕉の句碑・和算家の小林百哺顕彰碑などがある。

朱塗りの山門(仁王門)をくぐって左に折れると，光源寺(浄土真宗大谷派)がある。1211(建暦元)年，親鸞の弟子最信(覚円坊)の開山といわれる。江戸時代には，大谷派本願寺高田別院の支院として国府御坊とよばれた。本堂は，御影堂と本堂を併設した独特な構造をもつ。境内には，戦国時代の北信濃(現，長野県)の武将村上義清建立の供養塔・画家東洋越陳人の墓・高浜虚子の句碑などがある。

本願寺国府別院 ㉓
025-543-2742

〈M▶P.2, 25〉上越市国府1-7-1 [P]
JR信越本線・北陸本線直江津駅🚶20分

光源寺から南に400mほど進むと，本願寺国府別院(浄土真宗本願寺派)がある。この地は，親鸞が妻恵信尼と暮らした竹ヶ前草庵の跡と伝えられる。小丸山別院ともよばれ，江戸時代には親鸞の旧蹟として信仰を集めた。1805(文化2)年に建てられた本堂の天井は格子状に区画され，1つ1つの区画に彩色豊かな花鳥草木の絵が描かれている。内陣には，京都西本願寺を彷彿とさせる華やかな装飾が施されている。

本願寺国府別院前の道は旧北国街道(県道185号線)である。加賀(現，石川県南部)の前田氏を始め，参勤交代の往来にも利用されたため，地元では加賀街道とよばれている。往時は200本以上あった

小丸山別院，本堂内陣に華麗な装飾

湊町直江津から春日山へ

本願寺国府別院

という松並木は，現在はわずか数本になってしまったが，街道の面影を偲ぶことができる。

居多神社 ㉔
025-543-4354

〈M▶P.2, 25〉上越市五智6-1-11 P
JR信越本線・北陸本線直江津駅🚶30分

『延喜式』式内社・越後一宮
片葉の葦が群生

　五智国分寺の山門を出て右に100mほど行くと，越後一宮居多神社がある。大国主命・奴奈川姫・建御名方命・事代主命を祭神とする『延喜式』式内社で，縁結びや安産祈願の神として知られる。越後国府にあったことから国司の保護を受け，人びとの篤い信仰を集めてきた。神社には，それを物語る多くの古文書や室町時代の木造狛犬などが残されている。境内には，親鸞にまつわる越後七不思議の1つの片葉の葦が群生している。

　居多神社から北に400mほど進むと，居多ヶ浜に出る。1207(承元元)年，専修念仏の教えが弾圧され，京都より越後国府に配流となった親鸞がここから上陸したと伝えられる。居多ヶ浜を見下ろす高台の上に展望台が整備されている。展望台の奥には，親鸞の上陸を記念して建てられた居多ヶ浜記念堂・親鸞の像が安置されている見真堂・親鸞上陸の碑などがある。

　居多ヶ浜から海岸沿いの道を西に500mほど進むと，右手に郷津海水浴場がみえてくる。そこから県道468号線に出て，岩戸橋を渡ってすぐに右折し，虫生川に沿った山道を30分

親鸞上陸の地(居多ヶ浜)

30　　上越

ほどのぼって行くと、岩殿山中に明静院(天台宗、五智国分寺奥ノ院)がある。寺伝によれば、聖武天皇在位中の創建で、初め明徳院と号したという。1751(寛延4)年の地震で倒壊して廃寺となり、1902(明治35)年に再興され、明静院と改めた。本堂には、平安時代後期(12世紀後半)の作とされる木造大日如来坐像(国重文)が安置されている。境内には、大国主命と奴奈川姫の子である建御名方命が誕生したという岩窟や上杉謙信の供養塔などがある。

春日山城跡 ❷⑤
025-544-3728
(春日山城跡ものがたり館)

〈M▶P.2, 25〉上越市中門前 🅿
JR信越本線・北陸本線直江津駅🚌春日山佐内線ものがたり館入口🚶30分、またはJR信越本線春日山駅🚶50分

上杉謙信の居城 典型的な中世の山城

JR直江津駅からバスに乗って、旧加賀街道(県道185号線)を高田方面へ進むと、10分ほどで春日山(189m)がみえてくる。この山と近辺一帯が春日山城跡(国史跡)である。東西約2km・南北約1.3kmの巨大な城郭跡で、曲輪・土塁・堀・門・井戸・通路などの遺構がよく残っている。

春日山城の築城時期ははっきりしないが、越後守護上杉氏の要害として南北朝時代にはすでに築かれていたとされる。上杉謙信の代に規模が拡大され、続く上杉景勝・堀氏の代に一層強固な城となったが、1607(慶長12)年、堀氏が福島城に移ったため廃城となった。

ものがたり館入口バス停で下車すると、バス停の近くに春日山城跡ものがたり館がある。その先に総構の一部(監物堀・土塁)が復元され、春日山城史跡広場として公開されている。ものがたり館では、上杉謙信の人となりや春日山城跡の様子をビデオや展示で学ぶことができる。

ものがたり館から西に20分ほど歩くと、林泉寺(曹洞宗)に着く。春日山城の搦手門を移築したといわれる惣門の脇を通って境内に入ると、正面に山門・本堂、右手に宝物館、左手に墓地などがある。この寺は

上杉謙信銅像

湊町直江津から春日山へ

上杉謙信の祖父長尾能景によって，能景の父重景の菩提を弔うために建立された。以来，長尾氏の菩提寺として栄えた。1598(慶長3)年，景勝の移封にともない会津(現，福島県)に移った。現在の林泉寺は春日山城主となった堀秀治が再興したもので，江戸時代になってからは，歴代高田藩主の保護を受けた。宝物館には謙信の遺品などが展示され，墓地には謙信や堀氏・高田藩主榊原氏などの墓がある。

　林泉寺から山頂を目指して坂をのぼって行くと，15分ほどで中腹の春日山神社に着く。春日山神社は，上杉謙信をまつるために1901(明治34)年，旧高田藩士小川澄晴が創建した。境内には，澄晴の子で「日本のアンデルセン」とよばれる小川未明の詩碑がある。その詩碑の脇の山道をたどると，千貫門・家老直江兼続の屋敷跡・毘沙門堂を経て約15分で山頂に出る。山頂には本丸跡と空堀を挟んで天守台と称する曲輪があり，頸城連山・日本海・上越市街などを一望することができる。本丸跡周辺には，護摩堂跡・不識庵跡，直径約10mの大井戸跡などがある。本丸跡から，上杉景勝屋敷跡・二の丸・三の丸とくだって行くと，春日山神社駐車場脇の高台に立つ謙信の銅像の前に至る。

　春日山神社駐車場からJR春日山駅を目指して，10分ほどくだって行くと，旧加賀街道(県道185号線)に突き当る手前に，上越市埋蔵文化財センターがある。展示室には上越市の各地から出土した遺物が展示されており，土器の一部は実際に手で触れることもできる。ここから徒歩25分ほどで，春日山駅に至る。

④ 城下町高田を歩く

近世の城下町、近代の軍都として発展した高田には、雁木や町家に代表される古い町並みとともに、多くの史跡が残る。

高田駅周辺 ㉖

〈M▶P.2,34〉 上越市仲町・本町・大町
JR信越本線高田駅🚶10分

本町・仲町・大町通り
江戸時代の町人町

　高田城跡の西側にあたるJR高田駅近辺は、江戸時代の町人町で、仲町通り・本町通り・大町通りの3本の道路が南北に走っている。高田駅から駅前通りを東に約100m進むと、仲町通りに出る。仲町通りを右折して5分ほど歩いた辺りが、田端町(現、仲町3丁目)で、高田城が築かれた際に、福島城下から移ってきた魚商人の町であった。商人の町は表町におかれるのが通例であったが、魚臭の関係で裏町におかれたという。現在、100年以上続く老舗の料亭宇喜世本館・東門・北門(国登録)や鮮魚店・蒲鉾屋などが、わずかに昔の田端町の面影を伝えている。

　仲町通りから駅前通りに戻って、東に100mほど進むと本町通りに出る。この辺りが小町問屋街(現、本町4～6丁目)で、城下町の商業の中心、表町であった。

　本町・仲町・大町通り界隈には、今も古い町並み(町屋・雁木)がよく残っている。本町5丁目交差点を北に300mほど進むと、右手に町家交流館高田小町がある。明治時代に建築された商家を再生活用したもので、町中散策の休憩・案内所として利用するとよい。その反対側、道路の左手には、映画館「高田世界館」がある。1908(明治41)年に誘致された陸軍第13師団の軍人らを対象とする芝居小屋(高田座)として、1911年に建築された。明治時代の洋風建築で、創設から90年以上経った現在も、現役の映画館として利用されており、2009年には経済産業省の近代化遺産に認定された。さらに北に約

料亭宇喜世

城下町高田を歩く　33

300m進んで高田本町郵便局の先の信号を右折すると小川未明(おがわみめい)生誕の地の碑がある。

旧師団長官舎(きゅうしだんちょうかんしゃ) ❷7
025-526-5903
〈M▶P.2, 34〉 上越市大町2-3-30
JR信越本線高田駅🚶17分

師団長官舎を移動・復元 軍都高田の象徴

本町5丁目交差点から南に500mほど進むと左手に，行政機能と文化活動の拠点としての性格をあわせもった施設，雁木通りプラザがある。敷地は江戸時代の町会所跡(まちかいしょあと)である。町会所とは，町人から選ばれた町年寄(まちどしより)が会合を行った集会所をいう。明治時代以降にも高田町役場・高田市役所がおかれ，行政の中心であった。さらに南に400mほど行くと古い雁木の通りとなる。道幅が細くなって最初の十字路の角が札の辻(ふだのつじ)である。江戸時代にはここに高札(こうさつ)が立てられた。この角を左に曲がって，つぎの十字路を左折すると，「二・七の市」「四・九の市」の開かれる大町通りに出る。大町通りを北に150mほど進むと，右側に旧師団長官舎がみえてくる。1910(明治43)年に陸軍第13師団長長岡外史(ながおかがいし)の邸宅として建築された木造の洋館である。長岡外史はオーストリア人のレルヒ少佐を招いて，軍に初めてスキーを導入したことで知られるが，こ

コラム

高田の雁木と町屋

総延長約16kmの雁木　町家を生かした町づくり

　雪国高田は雁木の町として知られ，本町・仲町・大町・東本町・南本町・北本町などの通りには，今でも雁木が多く残されている。その総延長は16kmにもおよぶといわれる。雁木には，母屋の屋根を延長して柱で支える「造り込み式雁木」と，下屋の庇を伸ばして通路にする「落とし式雁木」とがあるが，現在は新しいタイプの後者が一般的になっている。

　高田の町にはまた，江戸時代から昭和時代初期にかけて建てられた町屋が1000軒残っているともいわれる。「ウナギの寝床」といわれる町屋は，間口が狭く道路からの奥行きが長い。1階にはミセ・チャノマ・ザシキが設けられ，2階にはミセの上に表2階，ザシキの上に裏2階，チャノマの上は吹き抜けという構造をとる場合が多い。近年，マンション建設や老朽化による家の建て替えで，町家や雁木が取り壊されてしまう場合が増えてきた。こうした状況下，2003(平成15)〜04年にかけて，江戸時代後期に建てられた旧金津桶店(仲町4丁目)，旧今井染物店(大町5丁目)があいついで市に寄付された。これが契機となって，歴史的建造物の保存や活用を通じた町づくりを進めていこうとする動きが始まっている。上越市役所内に文化振興課が設けられ，雁木整備にかかる費用を補助する制度なども新設された。また，町家見学会の開催や，町家活用アイデアの市民公募など，官民一体となった取組みが進められている。

雁木

れは日本におけるスキーの発祥とされている。かつては県立高田高校脇(現，南城町3丁目)にあったが，1993(平成5)年に現在地に移築・復原された。軍都高田の歴史を物語る建築物である。

　旧師団長官舎から大町通りを北に約100m進むと，東北電力株式会社高田営業所がみえる。その敷地の北西角に町奉行所跡の碑がある。町奉行所は高田城下の町政を監督・指導した役所である。その向かいに，大逆事件の弁護士をつとめた平出 修 旧居(旧中澤家住宅離れ，国登録)がある。1896(明治29)年頃の建築で，平出修が新婚時代を過ごした。なお，JR高田駅の西側に位置する性宗寺(浄土真宗仏光寺派)に平出修の墓がある。

城下町高田を歩く　35

旧師団長官舎

　大町通りを北に約1.2km進むと，東本町通りに出る。この通りが旧奥州街道で，東方の稲田橋に至る通りにも雁木の町並みがよく残っている。稲田橋のたもとは稲田口とよばれ，江戸時代に番所がおかれた。

　なお，大町通りに1898(明治31)年バテンレース工場が開設された。一針一針手作業で製作されるバテンレースは，現在も上越市の特産品として愛用されている。

高田城跡 🈁
025-526-5915(三重櫓)
〈M▶P.2, 34〉上越市本城町6 Ⓟ
JR信越本線高田駅🚶25分

松平忠輝が築いた平城 高田公園として整備

　JR高田駅から本町通りを南に約600m進み，雁木通りプラザを過ぎて最初の丁字路を右折すると，大手町通りに出る。この通りは陸軍第13師団司令部(旧，高田城本丸)につながっていたことから，地元では「司令部通り」とよばれる。ここを東に300mほど進み，市立大手町小学校前の丁字路を右折すると，左手に越後騒動で知られる小栗美作屋敷跡がある。高田藩家老の小栗美作は，高田藩主松平家の家督相続争いの責任を問われ，1681(天和元)年，江戸幕府5代将軍徳川綱吉から切腹を命じられた。

　大手町通りに戻って東に200mほど進むと，上越大通りに出る。その手前右手に榊神社がある。この地は高田藩主松平光長の別邸・対面所跡である。榊神社は，1876(明治9)年，旧高田藩士により創建された神社で，江戸時代中期，播磨姫路(現，

高田城跡

コラム

川渡餅と粟飴

高田城下の名物　上越のお菓子

　上越地方では、12月1日に食べるあんころ餅を川渡餅とよぶ。上杉謙信が川中島の戦いで、武田信玄の陣営に攻め込もうとした夜に、将兵を力づけるために食べさせたのが、その始まりと伝えられる。かつては11月30日の夜中に、行商人があんころ餅を売り歩いた。現在ではその姿をみることはなくなったが、菓子屋の店頭に並んだり、小学校の給食に登場したりするなど、上越の初冬の風物詩となっている。

　また、高田には「寛永年間創業・粟飴翁飴本舗」の看板を掲げる高橋あめやがある。1814（文化11）年、高田城下を訪れた十返舎一九は、『金の草鞋』の中で「粟にて製したる水飴至て上品にて風味よく此所の名物なり」と紹介している。高橋あめやは高田藩の御用菓子屋であったが、粟を原料とした粟飴を享保年間(1716～36)に、餅米を原料とした淡黄透明な水飴を寛政年間(1789～1801)に製造することに成功した。高田藩主の榊原氏や加賀（現，石川県）の前田氏が、参勤交代のみやげにしたため、高田の名物として名前が広がった。現在も水飴は粟飴として製造されているが、粟飴に寒天を加えて方形にかためた翁飴や、夏目漱石の『坊っちゃん』の中で「清が越後の笹飴を笹ぐるみむしゃむしゃ食べている」と紹介されて有名になった笹飴などが、製造・販売されている。

兵庫県姫路市）より越後高田に移封となった榊原氏の祖榊原康政らがまつられている。境内には、榊原氏関係の資料を収める収蔵庫雙輪館があり、春の例祭に公開される。

　大手町交差点を渡り東に進むとすぐに外堀がみえてくる。外堀の手前に大手橋跡の碑と高田公園の大きな案内板が立つ。ここから先が高田城跡（県史跡）である。高田城は、1614（慶長19）年、大坂冬の陣の直前に陸奥仙台（現，宮城県）伊達氏・加賀金沢（現，石川県南部）前田氏・出羽米沢（現，山形県）上杉氏ら13大名による越後御普請として進められ、4カ月余りの突貫工事で築造された。そのため石垣や天守閣は設けられず、関川の蛇行部を城東側の外堀とし、支流の青田川・儀明川を改修して西側の外堀とした。城は火災や地震の被害をしばしば受けたが、いずれも再建され幕末に至った。明治時代には師団が誘致され、1908（明治41）年、陸軍第13師団が入

城した際，二の丸・三の丸の土塁が崩され，堀の一部が埋め立てられた。

　現在，城跡は高田公園として整備されており，とくに春のサクラ，夏のハスの開花時季には多くの人びとで賑わう。城の建造物は残っていないが，本丸土塁・内堀・外堀の一部が残っている。1993（平成5）年に本丸南西隅の土塁上に，城のシンボルである三重櫓が復原された。本丸跡には上越教育大学附属中学校，西側二の丸跡には上越市立総合博物館と東京から移築復原された旧小林古径邸（国登録），三の丸跡には市営陸上競技場・上越市立高田図書館などが設けられている。公園内には発掘調査をもとに復原された極楽橋のほか，相馬御風歌碑・小川未明文学碑などが随所にあり，散策を楽しむことができる。

南本町通り周辺 ㉙

〈M▶P.2,34〉上越市南本町
JR信越本線高田駅🚶25分

雁木通りがよく残る時の鐘や飴屋

　JR高田駅から本町通りを南に1.4kmほど歩くと，南本町通りに突き当る。この辺りは江戸時代に横春日町とよばれ，北国街道の伝馬宿があった。南本町通りを左折し，100mほど行った交差点を右に曲がると時の鐘のある瑞泉寺（浄土真宗本願寺派）に至る。時の鐘は，1669（寛文9）年から210年間にわたって高田に時を告げた鐘のことだが，現在は当寺の梵鐘として使われている。南本町通りに戻って交差点を右折し50mほど進むと，右手に寛永年間（1624〜44）創業という高橋あめや主屋（国登録）がみえる。江戸時代後期の読本作家十返舎一九が，道中記『金の草鞋』の中で紹介した由緒ある飴屋である。粟飴とよばれる水飴や，夏目漱石の『坊っちゃん』に登場する笹飴などが製造・販売されている。近くの正輪寺（臨済宗）

高橋あめや主屋

の境内には，県内最古の松尾芭蕉の句碑がある。

　高橋あめやから南本町通りを東へ400mほど進むと，上越大通りに出る。交差点を渡った先の一画が百間堀跡である。百間堀は，高田築城の際，城の外郭南側を防備するために開削された堀である。当時は，長さ約200間（約360m）・幅約14間（約25m）という大規模なものであったが，多くは埋め立てられ，今では上越大通りから10mほど東側にある鮨屋の駐車場からその名残りを覗くことができる。

寺町の寺院群 ㉚ 〈M▶P.2, 40〉上越市寺町
JR信越本線高田駅 🚶10分

全国的に珍しい寺院群　60余力寺が立ち並ぶ

　JR高田駅隣の駐輪場脇の道を少し行った所にある丁字路を左折し，踏切を渡って線路の西側に出ると，信越本線に並行して寺町の寺院群がある。今でも浄土真宗の寺院を中心に，真言宗・曹洞宗・日蓮宗・浄土宗・時宗の66の寺院が，南北約2kmにわたって表寺町・裏寺町の2列の寺院群を形成している。これらの寺院の大半は，高田城が築かれた際に，春日山城下や福島城下，府中（直江津）から移転してきたもので，これほどの集中的な寺院群は全国的にみても珍しい。どの寺でも「寺院めぐりガイド」がもらえるので，寺町散策にはそれを参考にするとよい。

　表寺町通りを渡って参道を100mほど進むと本誓寺（浄土真宗大谷派）に突き当る。本誓寺は，1558（永禄元）年，上杉謙信に招かれて加賀（現，石川県南部）から越後（現，上越市佐内）に移ってきた。寺には，石山合戦（1570〜80）や上杉氏関係の多くの古文書が残されている。それらによれば，10世超賢は北陸の一向一揆を押さえて謙信上洛の道を開き，石山合戦に軍資金・兵糧米を送って本願寺を助けたという。謙信は超賢の協力に報いるため，本誓寺をこの地に招いて越後国内の布教を許した。高田築城にともない現在地に移った本誓寺は，江戸時代中期には頸城はもとより越後一帯の

木造一鎮倚像

城下町高田を歩く

高田駅周辺の史跡

真宗の拠点となった。

本誓寺から表寺町通りを南に約500m進むと、善導寺(浄土宗)がある。1614(慶長19)年、城下寺院の中心として本丸の真西に広大な寺域を与えられ伽藍を構えた。1915(大正4)年の火災で12間四方(約472m^2)の本堂を焼失したが、通りから100m近くある参道の中ほどに仁王門があり、往時の規模を推し測ることができる。現在、旧境内地一帯には民家が立ち並んでいるが、墓地の一角に、竜神伝説のある井戸・越後騒動の中心人物として知られる高田藩家老小栗美作の墓・信越本線開通に尽力した室孝次郎の墓などがある。

善導寺の南約150mには称念寺(時宗)がある。遊行6代の一鎮が1327(嘉暦2)年に府中(直江津)に創建したという。上越地区唯一の時宗の寺で、木造一鎮倚像(国重文)がある。称念寺の南側、高陽会館の隣に天崇寺(浄土宗)がある。天正年間(1573～92)に謙信が春日山城下に創建した寺で、初めは長恩寺といった。1674(延宝2)年建立の山門をくぐると、右側に天明の大飢饉(1782～88)の餓死者をまつった天明地蔵がある。墓地には、徳川秀忠の3女高田姫・小栗美作の妻お勘・高松宮好仁親王妃らの墓がある。

さらに南に300mほど進むと、「おたや」とよばれる報恩講で知られる高田別院(浄土真宗大谷派)がある。1730(享保15)年、東本願寺掛所として創建されたこの寺は高田御坊ともよばれ、頸城地方の真宗大谷派の寺院を統轄する役割をになってきた。通りに面した山門は1827(文政10)年の再建である。

浄興寺 ㉛　〈M▶P.2, 40〉上越市寺町2-6-45　P
025-524-5970　　JR信越本線高田駅🚶15分

真宗浄興寺派の本山　県内最大の真宗本堂

　高田別院から裏寺町通りに出て北に500mほど歩くと，正面に赤門を構えた常敬寺（浄土真宗大谷派）がある。親鸞の孫唯善の創建とされ，赤門は親鸞との血縁を示すものと伝えられる。

　常敬寺の北側，裏寺町のほぼ中央に浄興寺（浄土真宗浄興寺派本山）がある。親鸞が開いた常陸国稲田（現，茨城県笠間市）の草庵に始まるといわれる浄興寺は，上杉謙信によって越後に招かれ，高田築城とともに現在地に移った。本誓寺と同じく東本願寺派の寺院として栄えたが，1951（昭和26）年，浄興寺派として独立し本山となった。

　山門を入ると参道の両側に塔頭が並び，境内の正面に本堂（国重文），左に鐘楼・経蔵，右に拝堂・親鸞の頂骨が納められた廟所・宝物館・庫裏などが立ち並ぶ。本堂は，県内の浄土真宗寺院としては最大・最古のものである。1995（平成7）年から2004年にかけて本堂の解体修理・耐震補強工事が施され，最近はさまざまなイベント会場として活用される機会がふえている。

　寺にはたくさんの文化財が所蔵されている。上杉謙信寄進と伝えられる梵鐘のほか，絹本著色法然上人絵伝・絹本著色少康和尚像・宝珠文刺衲袈裟並に横被・親鸞自筆六字名号・専修念仏張文日記・二枚起請文（法然上人法語）・本願寺歴代門主書状・真宗古写聖教類（いずれも県文化）などがあり，宝物館に展示されている。親鸞の頂骨を安置する廟所は，柏崎の名棟梁篠田宗吉の建立である。

浄興寺本堂

城下町高田を歩く

金谷山 ㉜

〈M ▶ P.2, 42〉 上越市大貫ほか P
JR信越本線高田駅 🚶 35分

日本スキー発祥の地
レルヒ少佐の銅像

高田駅から本町通りに出て南本町通りを右折し、西にまっすぐ歩いて行くと30分ほどで山麓線(県道63号線)に出る。そこが金谷山(100m)の登り口である。坂道をのぼるとすぐ右手に官修高田墳墓地がみえる。戊辰戦争(1868〜69)の戦死者の墓地である。戊辰戦争で高田は、越後における新政府軍の軍事拠点となった。そのため、高田藩士も薩摩(現、鹿児島県西部)・長州(現、山口県西部・北部)両藩士とともに、長岡や会津(現、福島県)などに転戦した。ここには、そのとき戦死した諸藩士約200人がまつられている。また、1877(明治10)年の西南戦争に官軍として従軍した旧高田藩士族の死者もまつられている。金谷山の北方の大貫には、会津戦争後、捕虜として高田藩に預けられ、高田で亡くなった会津藩士をまつった会津墓地がある。

官修墓地の北側には医王寺(真言宗)・薬師堂へと続く参道がある。医王寺には、奈良時代後期の作と考えられる童顔の銅造如来坐像(国重文)がある。薬師堂の本尊であるが、普段は医王寺に保管され、祭礼の行われる毎年5月5日のみ薬師堂で開帳される。

参道を進むと山頂に通じる舗装道路に出る。この道の脇に国事犯高田事件記念碑がある。1883(明治16)年におこった高田事件の記念碑である。高田事件は、当時活発だった頸城自由党を弾圧するために官憲が仕組んだ事件で、自由民権運動の激化事件の1つに数えら

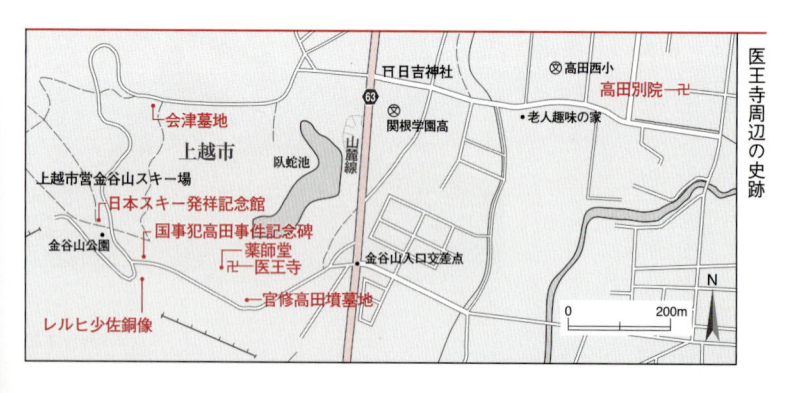

医王寺周辺の史跡

れる。首謀者の1人とされた赤井景韶は重禁獄9年の判決を受け，のち脱獄したが再び捕まり死刑となった。墓地の一画に赤井景韶の墓がある。

舗装道路をさらに100mほどのぼって行くと，左手に女山，右手に男山の山頂がみえる。女山にはレルヒ少佐銅像がある。レルヒ少佐は，1911(明治44)年，日本に最初にスキーを伝えたオーストリアの軍人で，「日本スキーの父」といわれる。一方，男山には日本スキー発祥の地の石碑と日本スキー発祥記念館がある。記念館には，当時のスキー板・スキーに関する文献，レルヒ少佐に関する資料などが展示されている。

国事犯高田事件記念碑

⑤ 東頸城・頸北を歩く

北に霊峰米山が聳え，東に越後国府と関東とを結ぶ街道があったこの地には，古墳を始め，多くの寺社・史跡が残る。

前島記念館 ㉝
025-524-5550

〈M▶P.2, 44〉 上越市下池部1317-1 P
JR信越本線高田駅🚌15分

日本郵便の父前島密銅像と生誕記念碑

前島記念館

JR高田駅から東進し関川に架かる稲田橋を渡り約1.2km行くと，県道77号線の戸野目交差点に至る。直進して300mほどで右折，田園地帯を標識に従って進むと，1.3kmほどで前島記念館に到着する。

「日本郵便の父」とよばれる前島密は，1835(天保6)年中頸城郡津有村(現，上越市)下池部の上野家に生まれた。密は学問を修めるため江戸に出て，幕臣前島家の養子となった。明治維新後，新政府の役人となり，漢字廃止論や江戸遷都論など斬新な建言を行う一方，新しい郵便制度創設に尽力した。

現在，密の生家跡地には記念館が建てられており，前島密の業績を描いた絵画や遺品などが展示されている。外には，密の銅像と実

宮口古墳群周辺の史跡

コラム
国産ワインづくり

川上善兵衛と坂口謹一郎 国産ワインづくりに挑む

　上越市北方にある岩の原葡萄園に入ると右側に、川上善兵衛の胸像と醸造学の権威坂口謹一郎博士の句が刻まれた石碑が建てられている。「日本のワインの父」とよばれる川上が、ブドウを植え、国産ワインをつくることを決心し、当時不毛の地だった高士村(現、上越市)において、私財を投じて同家所有の山を開墾したのは、1890(明治23)年6月のことであった。その後の彼の血の滲むような努力とワインに対する飽くなき探究心が、ワインづくりを成功させた。

　1932(昭和7)年、醗酵学の研究を行っていた坂口謹一郎(当時、東京帝国大学農学部助教授)のもとへ、寿屋(現、サントリー)の鳥井信治郎社長が訪ねてきて、国産のブドウを使ったワイン醸造について指導を求めた。そこで坂口は、その道の先駆者である川上を紹介し、川上に協力を求めるように勧めた。その後、3人の尽力によって、日本の風土に適したブドウ品種がつくりあげられ、今日の国産ワインの基礎が築かれたのである。

　なお、坂口の功績については、第二次世界大戦末期に坂口一家が疎開した大瀁村(現、上越市頸城区)鵜ノ木に設けられた坂口記念館に展示されている。

業家渋沢栄一の筆による生誕記念碑が立っている。

宮口古墳群 ㉞　〈M▶3, 44〉上越市牧区宮口 P
　　　　　JR信越本線高田駅🚌上越市牧区行宮口下🚶5分

高田平野の周辺部 古墳時代晩期の群集墳

　JR高田駅より東へ4kmほどの所にある国道18号線の鴨島交差点を越えて国道405号線に入り、牧区方面に7kmほど進むと、上越市北方に岩の原葡萄園がある。ここでは、1898(明治31)年建造の岩の原葡萄園第2号石蔵などを見学することができる。

　岩の原葡萄園から北東に車で2～3分移動すると、牧区の宮口古墳群に到着する。古墳時代後期(7世紀初頭)の円墳31基からなり、出土した金銅装円筒太刀・アスファルト塗り小玉などの副葬品は、隣接する牧歴史民俗資料館に展示されている。資料館には、牧区の石油、蠟燭の製造道具や農具・民具なども展示されている。また、近くの三島神社には木造男神・女神坐像(県文化)がおかれている。

　宮口古墳の西約700mの所には三和区の水科古墳群(国史跡)があり、ここにも古墳時代後期の円墳34基が群集している。

東頸城・頸北を歩く

宮口古墳群

さらに2kmほど離れた水吉集落の堂百地蔵堂に，3体の石造仏頭（県文化）がある。3体の内訳は，中央は阿弥陀如来（高73cm），左は地蔵菩薩（55cm），右が観音菩薩（71cm）で，制作年代は鎌倉時代中期と推定される。

虫川の大スギ ㉟
025-599-2605
〈M▶P.3,47〉上越市浦川原区虫川855　P
北越急行ほくほく線虫川大杉駅 大 9分

国道253号線の虫川交差点を安塚方面に曲がり，保倉川を渡ると，ほくほく線虫川大杉駅の横に出る。さらに100mほど直進し，標識を左折すると600mほどで虫川の大スギに至る。白山神社境内にある神木で，高さ約30m・枝張り最大約25m・目通り（周囲）約10.6m，樹齢は1200年を超えると推定される。堂々と聳え立つその大スギは，1937（昭和12）年に国の天然記念物に指定された。

虫川大杉駅より国道253号線の虫川交差点を左折して，上越方面へ1.5kmほど進み，有島の交差点を左折する。車で5～6分ほどの横住集落より坂道を約2.5kmほどのぼると，大スギなどが立ち並ぶ中に，法定寺の本堂がみえてくる。739（天平11）年，名僧行基により草創され，801（延暦20）年，征夷大将軍坂上田村麻呂が蝦夷征討のおりに改築し

国の天然記念物　樹齢1200年を超える

虫川の大スギ

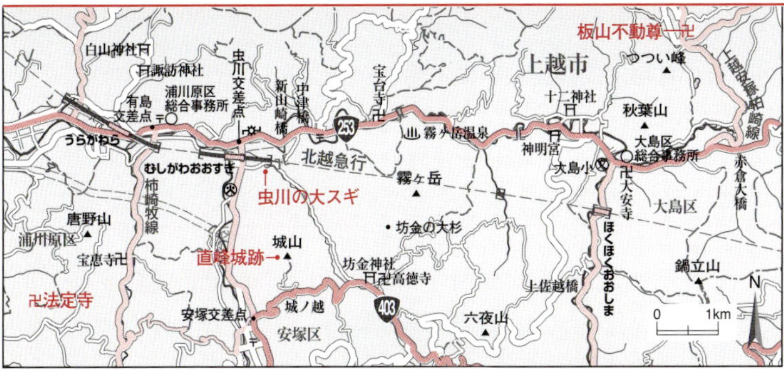

虫川大杉駅周辺の史跡

たと伝えられている。江戸時代末期に浄土真宗に転じて現在に至るが，かつては東頸城郡きっての真言密教の寺院であった。寺宝に，県指定文化財の金銅五鈷鈴(銅舌)・銅五鈷杵がある。

直峰城跡 ㊱

〈M►P. 3, 47〉上越市安塚区安塚 P
北越急行ほくほく線虫川大杉駅🚌本郷行安塚北🚶30分

典型的な中世の山城
県指定史跡

ほくほく線虫川大杉駅から安塚方面へ約 3 km，安塚の交差点から国道403号線に入り坊金方面に向かい，車で 5 分ほど山道をのぼると駐車場がある。そこから徒歩15分ほどで山頂に到着する。ここは，南北朝時代，南朝方の勇将風間信濃守信昭が築城した典型的な山城直峰城跡である。上杉景勝時代には，直江兼続の父樋口惣右衛門尉が配置され，春日山から上田荘(現，南魚沼市)・関東方面へ抜ける重要な拠点となった。標高344m，自然の地形を巧みに利用してつくられた堅固な城だったが，1610(慶長15)年，堀家改易とともに廃絶した。

虫川大杉駅から国道253号線の虫川交差点を右折し，松代・十日町方面に10kmほど進み，大島区の大平交差点から約1.5km登坂した所で，柏崎方面へ左折する。田麦川を渡り，約 3 kmほど進むと右側に板山不動尊がある。間口約30m・奥行約13m・高さ平均

直峰城跡

約1.8mの半月形水成洞窟の中に不動尊がまつられ、百数十体の石仏が安置されている。伝説によれば、諸国を遍歴していた役行者（役小角）が不動明王のお告げを受け、この地に不動明王像を迎え、一寺を建立して、この地を霊場としたのが始まりといわれている。

松苧神社 ㊲　〈M▶P.3,49〉十日町市犬伏 P
北越急行ほくほく線まつだい駅🚗8分、麓の駐車場🚶30分

県内最古の建築物　国指定重要文化財

ほくほく線まつだい駅の南口の前には**松代郷土資料館**がある。1935（昭和10）年頃に建てられた入母屋造の農家で、ケヤキをふんだんに用いている。建物の中には向原遺跡（現、県立松代高校）から

松苧神社本殿

出土した石鏃・石斧を始め、雪国の民具・農具などが多数展示されている。

　まつだい駅から国道253号線を十日町方面へ約4km進み、犬伏の交差点で左折し集落内に入り、約2.6kmで松苧神社登り口の駐車場に到着する。そこから急な山道を30分ほどのぼると、**松苧神社**がある。807（大同2）年、坂上田村麻呂が奴奈川姫をまつるために創建したと伝えられる。木造茅葺きの**本殿**は、1981（昭和56）年の大改修時の解体調査により、「明応六（1497）年」の墨書銘が発見され、県内最古の建築物であると判明し、国の重要文化財に指定された。

　上杉謙信を始め、刈羽や魚沼の人びとからも広く信仰されており、謙信寄進の軍配や小刀が伝えられている。毎年5月8日に行われる「七ツ参り」は、数え7歳の男児が健康と成長を祈願し参拝する行事である。

松之山温泉と史跡 ㊳

025-596-3011
(十日町観光協会松之山支部)

〈M▶P.3, 49〉十日町市松之山湯本
北越急行ほくほく線まつだい駅🚌松之山温泉行松之山温泉🚶すぐ

松之山温泉周辺の史跡

松之山温泉は，草津温泉(現，群馬県)・有馬温泉(現，兵庫県)と並ぶ日本三大薬湯の1つに数えられている秘湯で，今から600年以上前の南北朝時代に1羽のタカが傷ついた羽を温泉で癒していたという伝説から始まる。

温泉街から松之山温泉スキー場方面へ1kmほど離れた市立松里小学校の校庭の隅に，管領塚の碑と「正四位上杉房能自刃之跡」の石柱が立っている。これは，大正天皇の即位大典のとき，春日山城主上杉房能が正四位を追贈されたのを記念して建てられたものである。1507(永正4)年8月2日，房能は部下の守護代長尾為景(上杉謙信の父)に越後国府(現，上越市)を追われ，わずかな兵を率いて兄の関東管領上杉顕定を頼って関東に落ち延びようとした。その途中，眺望の利く天水越の山頂にのぼったが，8月7日，もうこれ以上は逃れきれぬと覚悟してここで自刃したと伝えられる。

温泉街より北に1kmほど戻ると，湯山集落内に松之山民俗資料館がある。ここには，雪国の生活民具，松之山に残る切支丹禁制の高札(1616〈元和2〉年)や徒党・強訴・逃散禁止の高札(1770〈明和7〉年)などが展示されている。資料館の向かい側には，松陰寺

東頸城・頸北を歩く　49

管領塚

日本三大薬湯の1つ坂口安吾ゆかりの地

（曹洞宗）があり、「マリア観音」とよばれる仏像が安置されている。

また、坂口安吾文学碑が松之山小学校のブナ林の中に建てられており、安吾の直筆原稿・戯画など貴重な遺品は、松之山随一の旧家村山家旧宅である大棟山美術博物館に展示されている。姉セキが村山家に嫁いだのが縁で、安吾は松之山をたびたび訪れた。安吾の作品『黒谷村』『逃げたい心』は松之山を舞台にしている。

浄善寺と浄福寺 ㊴
025-536-2503／025-536-2532

〈M▶P.3, 51〉上越市柿崎区柿崎6389　P／柿崎6654
JR信越本線柿崎駅 🚶 5分

霊峰米山宿場町として栄えてきた柿崎

　JR柿崎駅から駅前の道を約200m直進し床屋の角を右折、80mほど進むと県道129号線に突き当り、北東へ100mほど進むと県道の右側に「親鸞聖人祈念碑」がある。そこを右折し、まっすぐ150mほど進んだ所が、インドパゴダ様式風伽藍の浄善寺（浄土真宗本願寺派）であり、親鸞が枕として身を横たえていたという御枕石が

浄善寺

柿崎駅周辺の史跡

頸城鉄道

コラム

頸城平野を走った軽便鉄道

地域住民待望の鉄道，軌間762mmの軽便鉄道頸城鉄道が新黒井（現，JR信越本線黒井）・下保倉（現，上越市浦川原区）間で開業されたのは，1914（大正3）年10月のことであった。翌々年の5月には浦川原まで延長され，営業キロ数は約15kmとなった。当初は蒸気で走ったが，晩年はディーゼル化された。

戦前は乗客輸送・穀物輸送などでおおいに活躍したが，戦後は運転資材の高騰・人件費の値上がりや，バス・トラック輸送が盛んになったため経営不振となった。1968（昭和43）年10月に新黒井・百間町間と飯室・浦川原間を廃止し，国鉄線から孤立した形となる。1971年には，残りの百間町・飯室間6.6kmも廃止され，57年間にわたって沿線住民の足として伝存する。

頸城平野を走り続けた軽便は，その役割を終え，その歴史に幕を閉じることとなった。

廃止時まで残っていた唯一の蒸気機関車，コッペル社製の2号機関車は，頸城鉄道廃止後，西武山口線（埼玉県）で「謙信号」として活躍することとなる。1977年西武鉄道から返却後，直江津にある頸城自動車本社前に展示保存されていたが，現在は，百間町の旧機関庫内に保管されている。

頸城鉄道

浄善寺から県道129号線に戻ってさらに北東へ100mほど進み，住吉町交差点を右折し，坂道をのぼって行くと浄福寺（浄土真宗本願寺派）に至る。毎年6月20～22日には「お引き上げ」が行われ，境内には多くの露店が立ち並び，近隣からもたくさんの人が訪れる。「お引き上げ」は，正式には「報恩講」といい，親鸞の命日（新暦1月16日）前後の数日間に行われる法要のことである（本願寺派は1月9～16日）。当地方では，農繁期や降雪の時期を避け，田植え作業の終了した6月に繰り上げて行うため，「お引き上げ」とよばれるようになった。

Chūetsu 中越

国宝笹山遺跡出土土器

牛の角突きの習俗

日本海

柏崎市

①閻魔堂	⑦専称寺と北条城跡	⑫八幡林官衙遺跡	館
②生田萬の墓と戊辰役墓石群	⑧椎谷陣屋跡	⑬良寛終焉地(木村邸・隆泉寺墓地)	⑰悠久山公園
③番神堂	⑨椎谷観音堂		⑱栖吉城跡
④大泉寺観音堂	⑩旧北国街道出雲崎宿	⑭妙法寺と村岡城跡	⑲金峯神社
⑤秋幸苑		⑮新潟県立歴史博物館	⑳長岡城跡
⑥綾子舞会館	⑪寺泊の町並み・聚感園		㉑山本五十六記念館
		⑯長岡市立科学博物	㉒栃尾城跡

54　　中越

◎中越散歩モデルコース

柏崎中心街散策コース　JR 信越本線・越後線柏崎駅 10 閻魔堂 10 生田萬の墓と戊辰役墓石群 10 潮風園木喰仏 30 椎屋陣屋跡 30 大久保鋳物 10 JR 柏崎駅

出雲崎コース　JR 上越新幹線・信越本線・上越線長岡駅 60 出雲崎車庫 30 出雲崎代官所跡 10 石油記念公園 3 越後出雲崎時代館 20 良寛堂 10 良寛と夕日の丘公園 5 良寛記念館 10 出雲崎車庫 60 JR 長岡駅

長岡コース　JR 信越本線北長岡駅 15 金峯神社 40 山本五十六記念館 20 長岡市立科学博物館 10 長岡城跡・長岡駅 30 新潟県立歴史博物館 3 馬高・三十稲場遺跡 5 宝生寺 30 JR 上越新幹線・信越本線・上越線長岡駅

妻有コース　JR 飯山線・北越急行ほくほく線十日町駅 3 越後妻有交流館キナーレ 2 十日町市博物館 5 神宮寺 15 大井田城跡 18 星名家住宅 40 鉢の石仏 25 JR・北越急行十日町駅

小千谷・魚沼コース①　JR 上越新幹線・上越線越後湯沢駅 45 浅貝本陣 20 池田屋脇本陣 25 荒戸城跡 25 湯沢町歴史民俗資料館 10 高半ホテル 30 鈴木牧之記念館 10 JR 上越線塩沢駅

小千谷・魚沼コース②　JR 上越線石打駅 20 関興寺 15 樺野城跡 20 雲洞庵 15 坂戸城跡 10 管領塚 5 六万騎城 15 普光寺 15 JR 上越新幹線・上越線浦佐駅

加茂・三条コース　JR 信越本線加茂駅 10 青海神社 5 加茂市歴史民俗資料館 10 JR 加茂駅 10 JR 信越本線三条駅 20 本成寺 30 三条別院 5 三条市歴史民俗産業資料館 5 三条八幡宮 5 JR 弥彦線北三条駅

直江兼続探訪コース　関越自動車道長岡 IC 40 与板城跡 10 与板歴史民俗資料館 60 栃尾城跡 10 常安寺 35 長岡 IC 40 六日町 IC 10 坂戸城跡 10 雲洞庵 20 龍澤寺 5 樺沢城跡 5 JR 上越線上越国際スキー場前駅

㉓常安寺
㉔与板城跡
㉕西照寺
㉖不動院
㉗鞍掛神社
㉘旧長谷川家住宅
㉙十日町市博物館
㉚越後妻有交流館キナーレ
㉛神宮寺
㉜大井田城跡
㉝星名家住宅
㉞鉢の石仏
㉟田代の七ツ釜
㊱清津峡
㊲農と縄文の体験実習館なじょもん
㊳津南町歴史民俗資料館
㊴慈眼寺
㊵魚沼神社
㊶妙高寺の愛染明王像
㊷下倉山城跡
㊸圓福寺
㊹旧目黒家住宅
㊺奥只見と尾瀬
㊻三国峠と三国三宿
㊼関興寺
㊽薬照寺
㊾樺沢城跡
㊿鈴木牧之記念館
(51)坂戸城跡
(52)雲洞庵
(53)六日町飯綱考古博物館
(54)普光寺
(55)三条別院
(56)三条八幡宮
(57)本成寺
(58)燕市産業史料館
(59)諸橋轍次記念館
(60)青海神社
(61)善作茶屋

柏崎・刈羽

❶

柏崎は海・山の幸に恵まれ，古代より「米山信仰の町」「産業の町」として，独自の文化を育んできた町である。

閻魔堂 ❶
0257-21-2334（柏崎市役所観光交流課）

〈M▶P.54,56〉 柏崎市東本町2-7-10
JR信越本線・越後線柏崎駅🚶10分

柏崎の風物詩「えんま市」を守り続ける

　JR柏崎駅から北へ，東本町方面へ10分歩き，本町の坂をのぼり，東本町交差点を左に折れると，通りの右側に閻魔堂がある。
　閻魔堂は，金砂山円光寺閻魔堂と称する。閻魔大王を中心とする十王と，西国三十三観音をまつり，かつては地元の信仰を集める一方で，旅人や浮浪人の宿としても利用されていたという。戦国時代には市街地南方の半田村にあったと伝えられる。『比角村史』によると，1599（慶長4）年に，当時は堀氏領であった越後で，上杉遺民一揆が勃発し，柏崎も巻き込まれた。その際，閻魔堂も焼亡し，柏崎町の東木戸門外（現在の閻魔堂がある場所）に堂が建てられたという。半田村の堂が移転したものが焼けたのか，すでに東木戸門外にあって焼亡したものを建て直したのかはわからない。その後もたびたび火災に遭い焼亡しているが，現在の土蔵造の堂は，1896（明治29）年に，大工の名棟梁4代目篠田宗吉が，地元の寄進した木材を用い，再建したものである。
　柏崎の夏の風物詩である「えんま市」は毎年6月14日から

柏崎駅周辺の史跡

閻魔堂の内部

16日にかけて，閻魔堂の境内を中心に開かれる。「えんま市」の起源は，柏崎下町(現，八坂神社周辺で浜辺に接した地域)にあった馬市である。この馬市を催す広場が，18世紀から徐々に東へ移り，19世紀初頭には閻魔堂の境内で行われるようになった。そして，1830年代には馬市から，現在のような節季市へと内容がかわった。

生田萬の墓と戊辰役墓石群 ❷
0257-21-2334(柏崎市役所観光交流課)

〈M▶P.54,56〉柏崎市学校町一番地内 P

JR信越本線・越後線柏崎駅🚶15分

江戸時代末期の義人と幕末維新の英傑たちが眠る

閻魔堂から市立柏崎小学校に向かって5分ほど歩くと，小学校に隣接する一角に，1837(天保8)年の飢饉で苦しむ柏崎の人びとを救おうと立ちあがった生田萬の墓がある。

生田萬は，上州館林(現，群馬県南部)藩士で平田篤胤門下の国学者である。1836(天保7)年に，柏崎神社の樋口英哲に誘われ，市内に桜蘭堂を開き，国学を教えた。当時は天保の大飢饉の最中で，庶民は米価の高騰に苦しんでいた。萬は，米商人と役人の無策に憤り，大坂で飢餓に苦しむ民衆のため決起した大坂町奉行所与力大塩平八郎の門弟と称し，1837年に同志6人と桑名(現，三重県桑名市)藩柏崎陣屋を襲撃したが，失敗。逃亡中に柏崎海岸にて自害した。この事件の直後に，米商人たちは米を売りに出すなど，経済情勢に少なからぬ影響を与えた。萬が襲撃した陣屋は，大久保陣屋ともよばれた。1742(寛保2)年の修造以来，松平越中守家越後221カ村支配の拠点であった。維新後，1873(明治6)年までは「柏崎県」の県都として大久保陣屋の場所に県庁がおかれた。近世後期，柏崎が枢要の地であったことがわかる。

生田萬の墓のすぐ脇には，戊辰戦争(1868〜69年)で活躍した仁和寺宮従士日柳燕

生田萬の墓

柏崎・刈羽

石，薩摩藩（現，鹿児島県）士中原猶介ほか，柏崎・長岡で戦死した官軍兵士を埋葬した柏崎招魂所及び戊辰役墓石群がある。

　戊辰戦争では，柏崎は佐幕派桑名藩の支領であったため，新政府軍・旧幕府軍の激闘が繰り広げられた。1868（明治元）年，新政府軍司令官総督仁和寺宮は，柏崎に凱旋した際に柏崎・長岡で戦死した58人の官軍兵士の霊をまつった。

　生田萬らが眠る墓地の，道路を挟んだ向かいに，2002（平成14）年4月1日に開館した「柏崎ふるさと人物館」がある。館内には，柏崎・刈羽の歴史に関係が深い人物たちの生涯を紹介するパネルや，遺品が展示されている。

番神堂 ❸
0257-22-2395

〈M▶P.54,56〉柏崎市番神2-10-42 P
JR信越本線・越後線柏崎駅🚌 鯨 波行番神🌳すぐ

「番神さん」と愛された、日蓮ゆかりの寺堂

　柏崎市の海岸には，上越方面から順に，聖が鼻・牛が首層内褶曲・松が崎・鷗が鼻・猩々洞・だるま岩・御野立公園・番神岬の，8つの岬が点在する。いずれの岬からも，日本海とそこに沈む夕日が一望でき，「福浦八景」と地元ではたたえられる。

　番神岬は「八景」の北端に位置し，番神の浜は柏崎を代表する海水浴場である。鎌倉幕府によって佐渡島に流されていた日蓮は1274（文永11）年3月，恩赦を受け，寺泊に向けて出航したが，早春の嵐で偶然にも漂着したのが，この柏崎であった。漂着地には，日蓮ゆかりの番神堂がある。

　番神堂は，『白川風土記』（1804年）によれば，「元ハ八幡ナリシヲ，僧日蓮ノ遠謫赦免アッテ文永十一年三月八日此岸ニ漂着シ，改メテ三十番神ヲ祀リシト也」とあり，日蓮着岸を機に法華宗に改宗したことが伝わっている。以後，地域の信仰を集め，夕日を望む景勝地

番神岬から望む日本海

としても愛されてきた。しかし，1871(明治4)年10月の大火で類焼し，1873年から再建事業が始まり，1878年4月17日に竣工した。日蓮宗妙行寺の境外仏堂である。「下宿番神堂がよく出来た　向拝の仕掛けは　新町宗吉大手柄」と三階節に歌われるように，棟梁4代目篠田宗吉の手による，権現造の傑作である。堂内には，日蓮の生涯を描いた絵がある。

大泉寺観音堂 ❹
0257-26-2379　〈M▶P.54,60〉柏崎市大清水1502　P
JR信越本線米山駅🚶30分

柏崎の古刹　高台から日本海を一望

　JR米山駅から国道8号線に出て，上越方面へ15分ほど行き左折，山道をのぼると，日本海を見おろす海抜200mの高台に大泉寺観音堂(国重文)がある。寺伝によれば，686(朱鳥元)年，持統天皇の発願で泰澄大徳によって創建されたという。大泉寺(真言宗豊山派)は，室町時代後期の越後守護上杉房能，豊臣政権の五大老上杉景勝らが参詣し，この地の信仰の中心であった。観音堂は，1559(永禄2)年5月の落雷により焼失したが，ただちに再建されたという。堂内には「永禄二年」銘の肘木(国重文)がある。和様と唐様の折衷が特徴的な室町建築である。

　また，漂泊の僧木喰ゆかりの品もある。木喰は全国を旅し，1000体の仏像をつくることを発願。55歳から93歳で遷化するまで，「木喰仏」とよばれる仏像を彫り続けた。1802(享和2)年から1805(文化2)年にかけて越後に滞在し，仏像造りに心血を注いだ。木喰仏は柏崎市西港町の潮風園や，関町の十王堂などに存在するが，既成の技法にこだわらない，表情豊かでみる者の気持ちを温める不思議な存在感に満ちている。大泉寺境内の大イチョウの下に木喰堂があり，木喰自筆自刻の木額が残る。

　「いさきにも　心にかけて　頼みくる
　　たのむ人こそ　むなしかる

木喰仏(大泉寺木喰堂)

柏崎・刈羽　59

聖ヶ鼻周辺の史跡

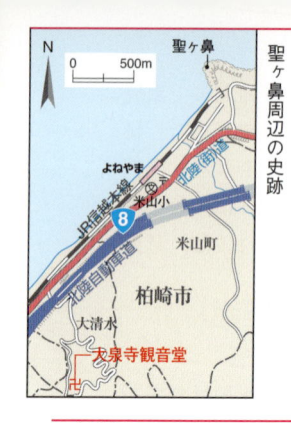

まじ　文化二年三月
天一自在法門　木喰五行菩薩」
木喰仏は全国に数多く存在するが、上人の所信が吐露された歌額はまれで、貴重である。

昭和天皇が宿泊した、柏崎の名家

秋幸苑 ❺
0257-20-7120
〈M▶P.54〉柏崎市新道5212-4　[P]
JR信越本線・越後線柏崎駅🚌鵜川行新道駐在所🚶3分

柏崎市街地から国道353号線を約4.5km南下すると、新道地区に江戸時代からの旧家飯塚邸がある。飯塚家は、越後きっての地主であり、明治維新後の歴代当主は県の政財界で活躍した。

1947(昭和22)年10月8～12日にかけて、昭和天皇が新潟県を巡幸し、柏崎に滞在したおり、行在所として使われたのが飯塚邸であった。のちにその庭園は、宮内省(現、宮内庁)により秋幸苑と名づけられた。

広大な邸内には、豪壮な表門、上・下手蔵、母屋、秋幸苑がある。蔵は、飯塚家が江戸時代以降に収集してきた陶器を中心とする生活什器が展示されており、飯塚家の財力・文化に対する造詣の深さがみてとれる。母屋は、座敷棟・勝手棟・居室棟・新座敷・裏土蔵で構成されている。座敷棟は幕末の遺構であり、2階は大正時代の和洋折衷様式で、モダンな雰囲気が漂う。昭和天皇が使われた御座所も当時のまま保存されている。

秋幸苑庭園

秋幸苑と行在所は、

2001（平成13）年，柏崎市に寄贈され，2003（平成15）年に一般公開が始まった。しかし，2007（平成19）年の中越沖地震で損壊し，現在は開館に向けて復興が進められている。

綾子舞会館 ❻
0257-29-3811（綾子舞会館）

〈M▶P.54,61〉柏崎市女谷4529　P
JR信越本線・越後線柏崎駅🚌鵜川行 JA柏崎市鵜川支店🚶すぐ

阿国歌舞伎を今に伝える文化遺産

綾子舞（国民俗）は女性によって踊られる小歌踊と，男性による囃子舞・狂言の3種からなり，現在，女谷の下野・高原田地区に伝わる古趣あふれる踊りである。

綾子舞が，柏崎市街から南約16kmの山間の女谷に，いつ，どのようにして伝わったかは諸説ある。もっとも知られているのが，1509（永正6）年に越後守護代長尾為景が，守護上杉房能を越後天水越（現，十日町市松之山天水越）に滅ぼしたとき，房能の妻綾子が当地に逃れ，歌舞を伝えたという説と，京都北野天満宮の巫女文子の踊りが当地に伝来したという説とがある。また，踊り手の女性がかぶる「ゆらい」は，慶長年間（1596～1615）頃の風俗である。このことから，綾子舞は，慶長年間に京から下った初期女歌舞伎の影響を受けた芸能と思われる。

日本の伝統芸能を代表する歌舞伎は，慶長年間に出雲阿国が京で興行した「かぶき踊り」が端緒とされるが，その姿を今に伝えているのが，綾子舞といわれる。また，囃子は猿若芸の系統で，狂言は支配階級が洗練を加えるものとは一線を画し，民衆の喜怒哀楽をじかに伝えるものである。

綾子舞の歴史は，女谷の

綾子舞会館周辺の史跡

綾子舞の舞台

柏崎・刈羽

生活の歴史でもある。江戸時代,女谷は北国街道と関東方面を結ぶ交易路に位置し,隆盛を誇った。しかし,冬季には深雪に覆われてしまう。そこで,村人は家々に集まり,綾子舞の稽古に励み,他地域に興行に赴いて生計を立てた。江戸でも興行したことが,18世紀後半の記録『甲子夜話』に残っている。

　明治時代以降,綾子舞は地域の伝統として脈々と受け継がれ,1976(昭和51)年,国の重要無形民俗文化財に指定された。2003(平成15)年4月,アメリカ公演をはたし,綾子舞の評価はますます高まった。

　毎年9月の黒姫神社祭礼の日に,一般公開される。この日ばかりは静かな山間の地が,日本中から訪れた観光客で賑わう。

専称寺と北条城跡 ❼
0257-21-2334(柏崎市役所観光交流課)

〈M▶P.54, 63〉柏崎市北条1154／柏崎市北条字古城跡 P
JR信越本線北条駅🚶15分

戦国の柏崎に覇を唱えた北条毛利氏の史跡

柏崎市北条地区は,戦国時代の国人領主毛利氏の城下町である。毛利氏は,鎌倉幕府政所別当大江広元の子孫で,相模国毛利庄(現,神奈川県厚木市・愛甲郡愛川町)などの所領をもつ関東の雄であった。広元の4男で,毛利氏初代の毛利季光は,1247(宝治元)年に御家人三浦泰村と5代執権北条時頼とが戦った宝治合戦で,三浦方についたため滅ぼされた。生き残った季光の4男経光は,越後佐橋庄と安芸国吉田庄(現,広島県安芸高田市吉田町)の領有を許された。安芸毛利氏の裔が,戦国大名毛利元就である。

　経光は,佐橋庄の南条(現・柏崎市南条)に来住した。土着した毛利氏は分家して勢力を広げ,安田氏・善根氏・北条氏の国人領主を輩出した。そのうち,

竹双雀文蒔絵文台・硯筥

北条氏が伝領してきた土地が，現在の北条地区のもとになったものである。

　JR北条駅の西約300mの所に**専称寺**がある。時宗2世他阿真教が1293（永仁元）年に越後巡行のおりに建立した寺で，当時の北条氏初代当主時元は，時宗に帰依し，上人に寺領を寄進した。以後，専称寺は北条氏12代の菩提寺として，現在は地域の信仰の中心として，北条の地に根づいている。時宗関係の貴重な古文書などや越後の有力者とのゆかりの深さを示す品々が残されている。**竹双雀文蒔絵文台・硯箱**には上杉家の家紋竹双雀が描かれており，米沢（現，山形県）上杉家との関わりが考えられるが，定かではない。華美を排し，抑制された技巧に品格の高さがうかがえる。**阿弥衣**は別名「血染めの衣」という。時宗僧の着衣である。麻地の質素な衣からは，民衆救済に奔走した中世の宗教者の姿がみてとれる。**『一遍上人絵詞伝』**は，時宗の開祖一遍の一代記で，鎌倉時代の社会風俗を伝える重要な絵巻物である。もともと，この絵巻は3系統の写本が伝わっているが，この「絵詞伝」は原本の直系と考えられ，全国的にも非常に貴重なものである。現在，柏崎市立博物館が所蔵している。

　専称寺の山門の豆木門は，北条氏の居城北条城の大手口を兼ねていた。城主は，通常は鯖石川対岸の館で執務をしているが，いざ合戦になると，登城橋とよばれる橋を渡り，豆木門をくぐって城へのぼった。**北条城本丸跡**に行く途中には，現在，北条時元の墓（鎌倉時代後期建立）のほか，見張台跡・連珠塞跡・木落し場跡・馬つなぎ場跡・土塁跡などの城塞施設跡がある。二の丸跡・空堀を経て，頂上の本丸跡にたどり着く。城山の自然地形をいかした，典型的な戦国時代の山城である。本丸からは柏崎市街まで見渡せて，晴天時の眺めは格別である。なお北条城は，1578（天正6）年に上

杉謙信の後継をめぐって養子景勝と景虎が戦った御館の乱で，景虎方についた城主北条景広が戦死した後，景勝方の城代が入った。その後廃城し，今に至っている。

椎谷陣屋跡 ❽
0257-21-2334（柏崎市役所観光交流課）

〈M▶P.54,64〉柏崎市椎谷字打越 Ⓟ（夕日ヶ丘公園駐車場）
JR信越本線・越後線柏崎駅🚌出雲崎行椎谷🚶すぐ

馬市で栄えた宿場 陣屋跡に藩政時代を偲ぶ

国道352号線は，柏崎から出雲崎方面へ抜ける湾岸道路で，日本海の夕陽を観賞できるスポットである。

道路沿いには，原始林の特徴を残す宮川神社社叢（国天然）・椎谷陣屋跡（県史跡）・椎谷観音堂・香取神社栄寿丸石鳥居など，旧跡や景勝地が点在し，江戸時代の生活と信仰を偲ぶことができる。

江戸時代，この地域は椎谷藩1万石の中心地であり，5代藩主堀直央の1715（正徳5）年，打越に陣屋が建てられた。以後，幕末までこの地を統治したが，1868（慶応4）年の戊辰戦争に巻き込まれ，全焼した。日本海に臨む高台に建設された陣屋は，藩主が江戸在府のため，家老以下数十人の小さな政庁であった。なお，陣屋跡一帯は椎谷観音堂の参詣道から全容がうかがえる。

観音岬周辺の史跡

椎谷陣屋跡

コラム

大久保鋳物（蠟型紫斑銅）

柏崎の産業・文化を支えた大久保鋳物

　柏崎は，奈良・平安時代の大製鉄遺跡が発掘された事実が示すように，古来，鉄との関わりが深い土地柄である。大久保鋳物工芸は，鉄の町柏崎が生んだ伝統産業である。

　大久保の鋳物生産の歴史は古い。河内国丹南郡狭山郷日置庄（現，大阪府堺市）から，鋳物師が柏崎の河内泉山に移って鋳物業を開始したのが，南北朝時代である。当時の柏崎は，鋳物生産に必要な砂鉄・薪の入手が容易な土地であった。河内の鋳物師集団はやがて大窪村（現，大久保）一帯に移住し，大窪村鋳物生産の中心となった。江戸時代後期の1796（寛政8）年，大窪鋳物師は，鋳物界の元締的存在であった，京都真継家の支配下に入った。これ以後，大窪は勅許鋳物師の村として栄え，60人余りの職人を擁し，積極的な生産・商業活動を行った。しかし，江戸時代の大窪村は農民の村として行政に把握されたこともあって，もっぱら梵鐘や生活用品の製作にとどまっていた。

　この状況を打破し，鋳物産業に新風を吹き込んだのが，江戸時代末期に登場した原琢斎・得斎兄弟考案の鋳物工芸であった。兄琢斎は江戸へ行き，蠟型鋳金技術を会得した。

　蠟型鋳金技術は，まず蠟で作品の形をしっかりとつくり，その上に真土を塗布して「型」を整える。そして型を炉に入れて焼くと，高温で中の蠟だけが溶けてなくなり，型に空洞ができる。その空洞に溶けた銅を流し込んで冷まして型をはずすと，複雑精妙な形と，美しい銅肌を備えた銅細工が完成する。

　琢斎は弟とともに，花器・茶器・文具・仏具を制作し，鋳物を美術工芸の域にまで高めた。これが，現在にまで受け継がれている大久保鋳金工芸（柏崎大久保蠟型鋳金技術，県文化）の始まりである。

鋳金工芸品

椎谷観音堂 ❾
0257-21-2334（柏崎市役所観光交流課）

〈M▶P.54,64〉柏崎市大字椎谷1583　Ｐ
JR信越本線・越後線柏崎駅🚌出雲崎行椎谷🚶
すぐ

　椎谷観音堂は国道352号線沿い，観音岬の高台にある。中世以来，柏崎は越後の海運・陸運の要地であったが，日本海に突き出た椎谷

柏崎・刈羽　65

椎谷観音堂

愛称「しいやの観音さん」

岬には古くから観音堂が存在し、海上の民たちの信仰を集めてきた。

縁起によれば、弘仁年間(810〜824)の創建とあり、1624(寛永元)年に焼失している。現在の観音堂は、1770(明和7)年に再建されたものである。

椎谷は、江戸時代は安芸広島(現、広島県)・奥州白河(現、福島県)と並び「日本三大馬市」と称された馬市場の集散地で、安政年間(1854〜60)には町屋の7割が馬商人の宿場と化したという。そのため、堂内には馬市の成功を祈念した「椎谷観音堂絵馬」、北前商人が海路の安全を願った「椎谷観音堂船絵馬」・「椎谷観音堂鰐口」、椎谷藩6代藩主堀直恒の後室が遺言で奉納させたという「陰陽の弓と定紋蒔絵弓箱」など、江戸時代馬市と北前船と深くかかわってきた椎谷藩に生きた人びとの暮らしと信仰を今日に伝える宝物が多数奉納されている。そのなかでも、多数の絵馬類は、みる者の想像力をかきたててやまない。

また、観音岬展望台からの日本海の眺望は素晴らしく、晴天時には佐渡が一望できる。

❷ 出雲崎・寺泊

旧北国街道が延び，良寛が生まれ育った海岸周辺には，往時の街並みや寺社が残り，ありし日の姿を偲ばせている。

旧北国街道出雲崎宿 ⑩
0258-78-4000（越後出雲崎天領の里）・
0258-78-2370（良寛記念館）

〈M▶P.54, 67〉三島郡出雲崎町尼瀬6-57（天領出雲崎時代館） P
JR信越本線・越後線 柏崎駅🚌出雲崎車庫行 石油公園🚶すぐ

北国街道の出雲崎宿 妻入の街並みと良寛

　江戸時代後期の僧 良寛は，書や漢詩の世界において，またその生き方において多くの人の共感を生み，人びとを引きつけている。その良寛が生まれ育ち，また『おくのほそ道』の道中に松尾芭蕉が「荒海や佐渡に横たふ天の河」の句を詠んだ地としても知られているのが出雲崎である。

　国道352号線の山手側に平行して延びるのが旧北国街道である。1996（平成8）年に建設省（現，国土交通省）「歴史国道」，同年新潟県「景観形成推進地区」に選定され，住民も参加しながら街並みの整備活動が行われてきた。全長約3.6km，700戸余りの妻入の家々が立ち並び，北前船の寄港地と旧北国街道要衝の宿場町として栄えた様子をうかがうことができる。町並みの所々に案内・説明板が設置されており，散策パンフレットが道の駅の観光案内所や商店など

妻入の街並み（旧北国街道出雲崎宿）

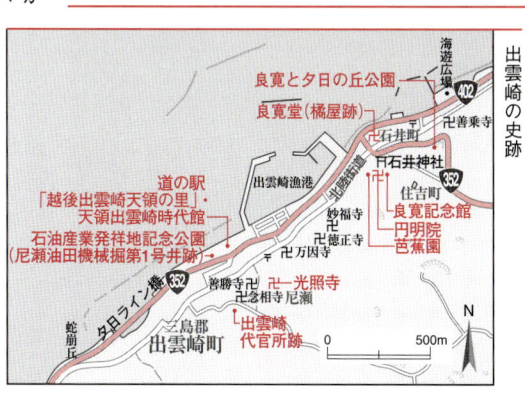

出雲崎の史跡

出雲崎・寺泊

におかれているので利用したい。なお，国道352号線は出雲崎で日本海沿岸から内陸部へと向かい長岡方面へ，寺泊方面へは国道402号線が旧北国街道沿いに延びて行く。

出雲崎は，戦国時代に上杉謙信が軍事・経済上の重要性から，直轄領として陣屋をおいた地である。1616(元和2)年には，佐渡の金銀輸送の要地として江戸幕府直轄地となり，出雲崎代官所がおかれた。代官所は数度移転し，最終的には現在の石碑が立つ尼瀬の出雲崎代官所跡に移され，幕末を迎えたが，1868(慶応4)年5月に戊辰戦争で焼失している。ゆっくりと路地を散策すると懐かしい時代に戻ったような錯覚を覚える。

1689(元禄2)年7月4日，『おくのほそ道』道中の松尾芭蕉が曾良とともに大崎屋に滞在している。良寛の生家橘屋は出雲崎の名主であったが，その名主職をのちに引き継いだ敦賀屋の跡地が芭蕉園として整備され，芭蕉の天河句碑(「銀河序」の句碑)がある。

良寛生誕地(橘屋跡，県史跡)には，郷土史家佐藤耐雪の尽力と，日本画家安田靫彦の設計により，1922(大正11)年に良寛堂が建てられている。良寛が18歳のときに剃髪した光照寺(曹洞宗)や，橘屋の菩提寺である円明院(真言宗)も旧北国街道沿いにある。

良寛の遺墨や遺品などの多くが収集・展示されている良寛記念館は，橘屋が神職をつとめた石井神社を右手上にみながら，海岸線から国道352号線を丘の上にあがった所にある。記念館北側の良寛と夕日の丘公園には，子どもたちと遊ぶ良寛の像や歌碑があり，出雲崎の妻入の家々が立ち並ぶ街並みを一望できる景勝地である。晴れの日で条件がよければ，日本海の美しい波の遠方に佐渡を望むことができる。

国道352号線出雲崎夕日ブリッジのたもとには，道の駅「越

良寛生誕地(橘屋跡)と良寛堂

中越

石油産業発祥の地

コラム 産

石油の里、出雲崎と西山

中越地方では海岸部の柏崎市・刈羽村から三島郡出雲崎町にかけて、また長岡・栃尾周辺の東山丘陵で、1880年代後半以降に多くの油田・ガス田が開発された。近代的な石油産業が発展するきっかけとなった出雲崎尼瀬の地と並び、柏崎市西山町も日本石油（現、新日本石油株式会社）初代社長内藤久寛の出身地であり、日本石油設立の地・石油の産出地として知られている。町名も日本石油が開発した西山油田に由来し、最盛期の明治20年代後半から昭和時代初期にかけて国内産出原油の半分以上を産出した時期もある。

柏崎市西山町にある妙法寺周辺は、江戸時代、三国街道と北国街道を結ぶ脇街道である長岡街道の宿場町として賑わった所である。旧街道沿いの西山町と刈羽村（飛地）の境に、沖見峠（妙法寺峠）がある。良寛も「霞みたつ沖見嶺の岩つつじ誰おりそめしからにしきかも」と詠んでいる。現在は、付近を沖見トンネルが通り、幅4mほどの細い峠道を通る人はほとんどない。

妙法寺の集落から峠に向かい、徒歩15分ほどの所に石油の自噴地献上場がある。『日本書紀』には、668（天智7）年に燃ゆる土と水が天皇へ献上されたとの記載がある。毎年8月、西山町では草生水祭りを行っている。祭りでは、町民が採油を行い、献上の様子も演じられ、多くの観光客が訪れている。

後出雲崎天領の里」があり、観光物産センターや公園は多くの観光客で賑わっている。併設されている天領出雲崎時代館には妻入の街並みや、代官所が再現され、佐渡から金銀を運搬した御奉行船を復原・展示している。佐渡金山や北前船について簡単に学べる展示もあり、また地元工芸の紙ふうせん・凧作りの実演も楽しめる。日本のエネルギー産業の黎明期をになった、出雲崎の石油産業を紹介するコーナーも設けられている。

道の駅西隣の石油産業発祥地記念公園には、日本で初めて機械式掘削に成功した尼瀬油田機械掘第1号井跡（県史跡）がある。石油の湧出が確認されていた尼瀬海岸周辺は、明治時代に入ると、おりからの灯油需要の増加で、手掘り井戸による採掘が急速に盛んになった。内藤久寛が設立した有限責任日本石油会社（現、新日本石油株式会社）が、1888（明治21）年に海底からの石油掘削に埋立て工法を

出雲崎・寺泊　69

世界で初めて行った。その後，1891(明治24)年には米国式削井機を用いての産油に成功し，出雲崎は国内石油産業の中心地として賑わいをみせ，当時は削井機の櫓があちこちに立ち並び動いている状況であった。しかし，明治30年代に入ると産油量は減少し，現在，柏崎市西山町の西山油田方面に開発の中心は移ったが，1985(昭和60)年までは採掘が続けられていた。

寺泊の町並み・聚感園 ⓫

0258-75-3363(長岡市寺泊観光協会)

〈M▶P. 54, 70〉長岡市寺泊大町
JR上越新幹線・信越本線・上越線長岡駅
🚌寺泊大町または大野積行寺泊大町🚶10分

佐渡への玄関口
魚の市場通り

寺泊は，現在，佐渡へ渡る高速船の玄関口となっているが，古くから佐渡への最短航路の港として重要な位置を占めてきた。古代北陸道の渡戸駅がおかれて以来，江戸時代になっても北前船の寄港地，三国街道終点の要衝の宿場・港町として栄えた。『吾妻鏡』には，1224(貞応3)年に高麗船漂着の記録もある。

寺泊の沖合10kmほどには，中世陶器が底引網によってみつかったタラ場遺跡があり，交通・通商が活発であったことを示している。また，海岸部を離れ，JR寺泊駅の南東250mほどには7世紀後半の大きな寺院跡で

ある横滝山廃寺跡(県史跡)があり、古代北陸道との関連も考えられている。

また、佐渡配流時に寺泊から渡った著名な人物も多い。承久の乱後、1221（承久3）年に順徳上皇、1271（文永8）年に日蓮、1298（永仁6）年には和歌の京極派で有名な藤原(京極)為兼らがいる。

旧北国街道沿いには寺社や史跡が多く点在し、閑静なたたずまいを残している。古代から明治時代に至るまで在地の豪族・豪商として権勢を振るった菊屋五十嵐氏の邸宅跡は公園として整備され、現在は聚感園とよばれている。順徳上皇・藤原為兼のほか、南北朝時代に南朝方として北朝方と争った宗良親王の滞在が記念碑や案内板に記され、園内の階段をあがった所に順徳上皇を奉祀する越之浦神社がある。また、源義経と弁慶が東北に向かう際に立ち寄ったとされる、弁慶手掘りの井戸もある。

聚感園から旧北国街道を出雲崎方面に数分歩くと、日蓮上人獅子吼の銅像が小さな公園の中にみえてくる。佐渡に配流される日蓮が、波待ちのため、7日間石川吉広邸にとどまり、そのおりに「寺泊御書」(国重文の日蓮自筆遺文のうちの一巻、千葉県市川市法華経寺蔵)を残している。そのときに用いられた硯水の井戸が、銅像のすぐ隣に残されている。

日蓮像から、旧北国街道を挟み、向かいにある鳥居をくぐり抜け、125段の石段をのぼると、日本海を望む丘陵上に白山媛神社(祭神伊弉冊尊・菊理媛命)がある。寺泊の総鎮守として地元の信仰を集めている。また、北前船の寄港地であったことから、航海の安全祈願のため全国各地の船主や船頭が神社に船絵馬を奉納している。1968（昭和43）年に船絵馬52点が国の重要有形民俗文化財に指定され、収蔵館に保管されている。境内には、末社の住吉神社・二面神社

白山媛神社

出雲崎・寺泊

がある。二面神社には、夢告により漁師が海から拾い上げた、両面に男女の姿が彫られた板状の神体がまつられている。

寺泊には、良寛の足跡も数多く残されている。白山媛神社の南隣、照明寺（真言宗）の塔頭密蔵院は、往年の良寛が居を構えた所である。現在の蜜蔵院は焼失後、1958（昭和33）年に再建されたものである。また法福寺（日蓮宗）には、良寛の妹外山むらの墓がある。

国道402号線の周辺は、寺泊港を中心に、水族館や公園が整備されており、夏になると、海水浴客で混雑する。とくに寺泊中央海岸の近くの沿道には、魚介類を販売する店やみやげ物屋・食堂が立ち並び、魚の市場通り（通称魚のアメ横）となっている。名物はイカを始め、魚介類の浜焼きで、香ばしい匂いに誘われ、関東のほか各地から新鮮な海の幸を求めてやってくる観光客で賑わっている。

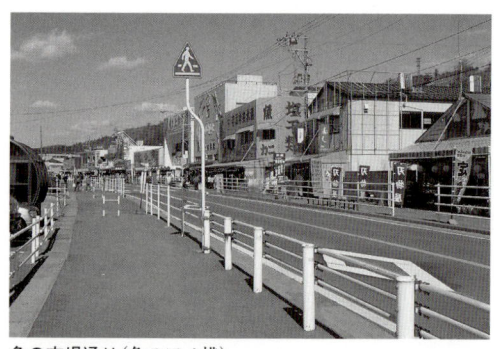

魚の市場通りから、国道を新潟方面へ向かってしばらく進むと、大河津分水路を渡る。この分水路は、信濃川下流部に広がる蒲原平野の水害防止のために、1870（明治3）年に開削工事が始まり、幾多の苦難の末、1922（大正11）年に完成した。長年にわたり信濃川が運んできた大量の土砂によって、分水路河口の両岸に数km、沖合方向へ500〜600mにわたって海岸が拡大した。国道・海水浴場・公園

魚の市場通り（魚のアメ横）

大河津分水路

などの施設はその上につくられており、現在も浜はさらに沖に向かって延びている。燕市五千石に信濃川大河津資料館があり、分水路の歴史や新潟の自然・文化について知ることができる。

八幡林官衙遺跡 ⓬ 〈M▶P.54,74〉長岡市島崎・両高
JR越後線小島谷駅🚶10分

海岸線と平行し、内陸部を柏崎から新潟方面へ向かって国道116号線が走っている。出雲崎を越えて旧和島村域に入り、両高交差点の先約1kmほどを進むと小高い丘陵の下のトンネルを通過する。そのトンネル上部周辺が八幡林官衙遺跡(国史跡)である。遺跡保

八幡林官衙遺跡

存のために、丘陵の開削工事からトンネル工事へ工法変更が行われた一例である。トンネルの東側、市立北辰中学校の入口脇から林の中を5分ほど歩くと、標柱が立っている。発掘調査後、保存のために遺跡は埋め戻されている。

「沼垂城」の木簡出土 古代地方史の重要資料の発見

八幡林官衙遺跡は、1990(平成2)年から国道116号線バイパス工事にともなって発掘調査が行われ、古代の古志郡衙に関係するとみられる、大量の木簡や土器、四面庇付建物跡などが発見された。『日本書紀』に記載される渟足柵を示す「沼垂城」や奈良時代の年号「養老」と書かれた木簡、役所で用いられた郡司符木簡のほか、墨書土器が大量に出土した。古代北陸道の駅に関係する資料もみられ、国と地方の政治的な関係を知るうえで、非常に貴重な資料となっている。

また八幡林官衙遺跡から南東へ約1kmほど、越後線小島谷駅の西側に位置する下ノ西遺跡でも、1996(平成8)年からの調査で、古代の帳簿とみられる木簡が多く出土し、20棟以上の掘立柱建物跡や大量の土器が発見され、郡役所に関連する遺跡と考えられている。遺跡からは、中国の戦国時代頃の地理書である『山海経』の一節

を描いた板が発見されている。

良寛終焉地(木村邸・隆泉寺墓地) ⑬

〈M▶P.54,74〉 長岡市島崎4709(隆泉寺墓地)ほか
JR越後線小島谷駅 🚗 5分

歴史と文化の総合施設
良寛終焉の地

　八幡林官衙遺跡や国道116号線と隣接する場所にある道の駅良寛の里わしまは，美術館・地域交流・道路情報ターミナルの3つのゾーンにさまざまな施設が集められている。美術館ゾーンには，歴史民俗資料館・良寛の里美術館・菊盛記念美術館などのほか，茶室・食堂もある。歴史民俗資料館には八幡林官衙遺跡関連の木簡などの資料のほか，村の歴史や人びとの暮らしが紹介されている。また，良寛の里美術館では良寛や良寛と(和歌を通じて)交流のあった貞心尼の書などが多数展示されている。菊盛記念美術館には彫刻家ロダン・高村光太郎などの作品が展示されている。地域交流ゾーンには，茅葺きの古民家を移築・利用した地域交流センターもてなし家があり，物産品販売や食事を提供している。

木村邸

　良寛の里美術館を

良寛ゆかりの史跡

74　中越

良寛墓碑（隆泉寺）

出て，東側にある島崎集落の中心に向かう通りは「はちすば通り」と名づけられている。良寛の里から10分ほど歩くと，良寛が晩年に滞在した木村邸，良寛墓碑のある隆泉寺（浄土真宗）に至る。

　良寛終焉地として，木村家邸域と隆泉寺墓地は県指定史跡となっている。

　隆泉寺入口には，良寛研究者としても知られる俳人相馬御風の筆による「良寛和尚墳墓之地」の石碑が立つ。良寛の墓は，木村家墓所内に，1833（天保4）年に建てられ，山田杜皐らにより三周忌法要が行われたという。墓碑には良寛の漢詩「僧伽」と旋頭歌「やまたづの　向かひの丘に　さお鹿たてり　神無月　しぐれの雨に　ぬれつつ立てり」が彫り込まれている。良寛の墓に向かって左に弟由之，右に木村家の墓が並んでいる。隆泉寺から東に2分ほど歩いた所にある木村邸の門前にも，「良寛禅師遷化之地」の石碑が立っている。邸内の良寛のすごした庵は，戊辰戦争（1868～69年）時に焼失している。

妙法寺と村岡城跡 ⑭
0258-74-2207（妙法寺）

〈M▶P.54,74〉長岡市村田1124
JR越後線妙法寺駅 🚶15分

　道の駅良寛の里わしまから国道116号線を柏崎方面に2.5kmほど行った右手の丘陵地に，日蓮宗本山妙法寺がある。日蓮上人弟子六老僧の高弟日昭を開山とし，庇護者であった風間信濃守信昭が，1323（元亨3）年に建立したという。風間信昭は直峰城（現，上

妙法寺二天門

出雲崎・寺泊

越市安塚区）の城主で，南朝方として新田氏と呼応し，越後や関東各地で北朝方と戦った人物である。

参道にある朱塗りの二天門（赤門）と木造茅葺きの四脚門（黒門）は江戸時代の堂々としたたたずまいを残すが，本堂など建物の多くは，戊辰戦争で焼失し，現在までに再建されたものである。

標高約80mの妙法寺裏山には村岡城跡があり，風間信昭の弟村岡三郎の居城とされる。本堂裏手から徒歩10分ほどで，馬蹄型の城郭配置の中央にある山王台といわれる本丸跡にたどり着く。東方の妙見山に二の丸，南方の治暦寺の裏山（廟山）に出丸があったとされる。

越後日蓮宗布教の中心
南北朝時代の城郭跡

長岡・見附

❸

縄文時代以来の文化を受け継ぐ長岡地域は，戦災からみごとに復興を遂げ，今また震災の被害を乗り越えて歴史を刻む。

新潟県立歴史博物館 ⓯　〈M▶P.54,77〉　長岡市関原町1字権現堂2247-2
0258-47-6130
🅿
関越自動車道長岡IC🚗5分

雪・米・縄文展示室に実物大の環境復元

　関越自動車道長岡ICから国道8号線を，柏崎方面に1.8kmほど進み，関原五丁目交差点を左折した丘陵上に，2000（平成12）年8月に開館した新潟県立歴史博物館がある。常設展示は，新潟県の歴史を概観する「新潟県のあゆみ」，雪国新潟の暮らしを再現した「雪とくらし」，日本有数の米どころとしての「米づくり」，そしてこれらの基盤としての位置づけをもつ縄文文化を紹介する「縄文人の世界」「縄文文化を探る」の5つの展示室で構成されている。このようにテーマ性をもたせた展示構成に加えて，過去の環境を実物大のジオラマで復元していること，全国的視野のもとで縄文文化を紹介する展示室に全体の4割強の面積をさいていることなどが，大きな特徴となっている。

長岡IC周辺の史跡

　「雪とくらし」展示室では，昭和30年代の高田の雁木通りにおける荒物雑貨屋・駄菓子屋・下駄屋が復元され，見学者は店の中に入って商品を手に取ること

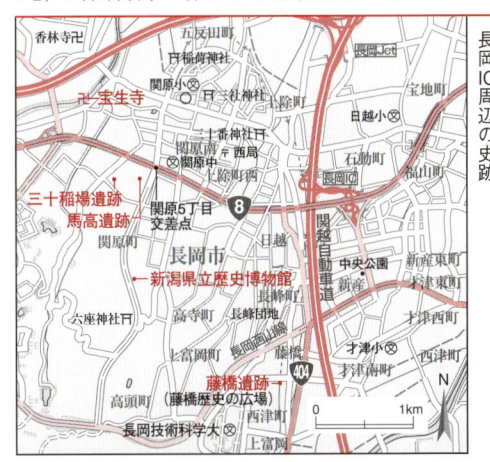

縄文展示室環境復元「秋の広場」

長岡・見附　77

ができる。雪下駄やコスキなど，雪国独特の工夫された商品が懐かしい。雁木の屋根に下がるツララは今にも水がぽたぽたと落ちてきそうな臨場感がある。階段をあがると，2階の屋根まで達するほど積もった雪を下ろしている光景をみることができる。

「縄文人の世界」展示室では，冬の狩・春の採集・夏の海・秋の広場の4つの場面によって，縄文人の暮らしが再現されている。風の音や潮騒(しおさい)・鳥の声・川のせせらぎ，さらに赤ん坊の泣き声まで聞こえ，まさに縄文時代へとタイムスリップしたかのような迫力である。ケース内の資料をガラス越しにみるという従来の展示手法ではなく，実物大復元によって資料が実際に生活の中のあるべき場所におかれて，当時の社会・文化において用をはたしていた姿を伝えるこの手法はユニークであり，見学者は五感で歴史を感じ取ることができるのである。

年4回程度の企画展示もあり，体験コーナーや映像情報コーナー，また各種講座や催し物なども実施されている。

国道8号線関原5丁目交差点のすぐ南西側には，馬高遺跡(うまだか)(国史跡)がある。ここは，地元の研究者近藤篤三郎(こんどうとくさぶろう)の手によって，1936(昭和11)年に初めて火焔土器(かえん)(新潟県馬高遺跡出土品の一部，国重文)が発見された遺跡として有名である。炎が燃え上がるような複雑な装飾を施したこの深鉢型土器(ふかばち)は，代表的な縄文土器となっている。実物は長岡市立科学博物館が所蔵し，レプリカが新潟県立歴史博物館の「縄文文化を探る」展示室に陳列されている。この展示室には，県内で出土した火焔型土器を壁一面にずらりと展示しており，形の違いや文様の変化などを比較できる。馬高遺跡の隣には，独特の文様をもつ蓋(ふた)つき土器の出土で知られる三十稲場遺跡(さんじゅういなば)(国史跡)もある。

馬高遺跡出土火焔土器

中越

馬高遺跡から国道8号線を渡り，600mほど北に行くと県道467号線に出る。県道を西に約1km行った右手の宝生寺(真言宗)には，木喰上人作観音像並びに自像(県文化)がある。1804(享和4)年に木喰が彫ったこの観音像は，独特の微笑をたたえる親しみある表情から，全国的にも人気が高い。全国に350体ほどの木喰仏があるが，33体もまとまっているのはここだけである。

　新潟県立歴史博物館の南東約2km，長岡技術科学大学の近くには，縄文時代後期～晩期の大規模集落跡である藤橋遺跡(国史跡)がある。長岡市によって「藤橋歴史の広場」として整備され，公園内には，藤橋遺跡を紹介する「ふじはし歴史館」，建物の柱穴を発掘した状態のまま見学できる「遺構展示館」，当時の建物を復元した「縄文の家」などの施設があり，縄文時代の生活や文化が体感できる。

長岡市立科学博物館 ⓰
0258-32-0546

〈M▶P.54,83〉長岡市柳原町2-1(長岡市役所柳原分庁舎) Ⓟ
JR上越新幹線・信越本線・上越線長岡駅🚶15分

火焔土器や積雪期用具など豊富な展示

　JR長岡駅大手口を出て大手通りをまっすぐ進み，表町交差点を左折して，信濃川に架かる長生橋に向かって500mほど歩くと，長岡市役所柳原分庁舎2階に長岡市立科学博物館がある。

　展示室は，自然・考古・歴史・民俗の4つのコーナーに分かれており，全国的な視点から長岡の歴史や自然を紹介している。なかでも，縄文土器の象徴ともいうべき馬高遺跡出土の火焔土器(新潟県馬高遺跡出土品の一部，国重文)や，「縄文時代草創期」という時代区分を設定する端緒となった遺物を含む小瀬ヶ沢洞窟遺跡出土品と室谷洞窟遺跡出土品(ともに国重文)は注目される。さらに，県内はもとより広く東北地方から収集した東北日本の積雪期用具(国民俗)，他地域ではほとんどみることができない瞽女関係の資料など，民俗分野も内容が豊富で非常に見応えがある。企画展や観察会・学習会などにも取り組んでいる。

悠久山公園 ⑰

〈M▶P.54, 80〉 長岡市御山町80-5 P
JR長岡駅🚌悠久山行終点🚶10分

県内屈指のサクラの名所

長岡市の東側に連なる東山丘陵の麓には,長岡市民が「お山」と親しみをこめてよぶ悠久山(115m)がある。ここには,寛永年間(1624～44)に長岡藩3代藩主牧野忠辰によって,大和吉野(現,奈良県)のサクラや京都嵐山のカエデ,佐渡スギ,全国から集められたマツが植えられた。1917(大正6)年に牧野家入封三百年記念事業として,遊歩道などが整備されたことが悠久山公園の原型となった。第二次世界大戦後,悠久山公園内には菖蒲園・郷土史料館・動物園などがつぎつぎにつくられ,また県内屈指のサクラの名所として,市民の憩いの場となっている。

悠久山バス停から県営プールと悠久山野球場を右手にみて,駐車場を右折して桜並木の石畳の道を進むと,鬱蒼としたスギの老木に囲まれた蒼柴神社に着く。長岡藩9代藩主牧野忠精が,藩中興の祖である長岡藩3代藩主忠辰の霊と事代主命をまつるため,日光東照宮(現,栃木県)を模して,1781(天明元)年に権現造の社殿を造営した。社殿の隣には,戊辰戦争(1868～69年)と西南戦争(1877

長岡市郷土史料館

悠久山公園周辺の史跡

年)における旧長岡藩士犠牲者をまつる招魂社があり,その奥には長岡藩主牧野家歴代の霊廟がある。

　蒼柴神社から右手の道をのぼり,動物園を過ぎてさらに行くと,高台の長岡市郷土史料館に着く。三層の城をかたどった館内には,長岡藩時代を偲ぶ史料や,戊辰戦争と河井継之助,小林虎三郎と「米百俵」,山本五十六などに関する展示がなされている。展望台からは,長岡市街地および越後平野が一望できる。

栖吉城跡 ⓲　〈M▶P.54,80〉長岡市栖吉町赤松
JR長岡駅🚌栖吉行終点🚶40分

悠久山南麓の国道352号線を南東に2kmほど進むと,栖吉町の中心部に至り,その東側の城山(328m)に栖吉城跡(県史跡)がある。越後守護上杉氏に従って越後に入部した長尾氏の子孫,古志長尾氏の孝景によって,16世紀初めに築城されたと伝えられている。永禄年間

栖吉城跡遠景

(1558～70)には古志長尾氏にかわって,上杉謙信の側近河田長親の城となり,謙信の跡を継いだ上杉景勝のときには,越後統治のための番城の1つとして機能した。1598(慶長3)年の上杉氏会津(現,福島県)移封にともなって廃城となった。現在も峰に沿って多数の曲輪・空堀・土塁などが残っており,戦国時代の堅固な山城の様子を伝えている。

古志長尾氏が築いた山城

　城山の東麓に普済寺(曹洞宗)がある。創建年代ははっきりしないが,南北朝・室町時代は臨済宗に属し1537(天文6)年に曹洞宗に改宗した。栖吉城の古志長尾氏によって寺領が保護され,その菩提寺・祈願所となった。江戸時代には,長岡藩牧野家初代藩主牧野忠成の廟所が営まれた。寺の裏から苔むした石段をのぼり,市街地の眺望が開けた場所に,殉死した藩士2人の五輪塔とともに忠成の墓がある。また,戊辰戦争で命を落とした少年隊士の在名碑もある。

長岡・見附　　81

金峯神社 ⓳ 〈M▶P.54, 83〉 長岡市西蔵王2-6-19
0258-32-2337　JR信越本線北長岡駅🚶15分

中世の一大霊場
11月に王神祭

　JR北長岡駅から西へ約1km，製紙工場南側の信濃川河岸に金峯神社(祭神金山彦命)がある。大きなケヤキの木に囲まれたこの神社は，かつて蔵王権現または蔵王堂とよばれ，南北朝時代から全国的霊場の中に位置づけられた，信仰の一大中心であった。社伝によれば，709(和銅2)年，金峯山の蔵王権現の分霊を古志郡楡原(現，長岡市楡原)に勧請し，矢田(現，長岡市寺泊矢田)を経て，鎌倉時代末期にこの地へ遷ってきたとされる。神社隣りの安禅寺(天台宗)が蔵王堂の別当であり，江戸時代には寺領300石を給されていた。

　金峯神社最大の祭りが，毎年11月8日に行われる王神祭(県民俗)である。江戸時代，この神事は，長岡市域を上条・中条・下条・川西の4王神区に分け，毎年神籤で王神宿を決めて，雄神1柱(男性の1神)が雌神2柱(女性の2神)と交互に神婚した後に，当番神社が1年間さまざまな奉仕をするならわしになっていた。しかし，明治維新以降は，当番制は廃止されて金峯神社内だけで行われている。神婚の際の神事には雛形行事・年魚行事・示鏡行事などがある。なかでも年魚行事は，その年に信濃川で獲れたサケを，神官が直接手を触れることなく鉄箸2本と包丁とで料理し，その切り身を鳥居の形にして神に供えるもので，今も古式のままを伝える厳粛な行事である。また毎年7月15日の夏の例祭では，これも古式にのっとった流鏑馬が行われる。

金峯神社外観

　金峯神社周辺は中世の平城蔵王堂城跡であり，堀や土塁が残っている。築城年代ははっきりしないが，古志長尾氏が永正年間(1504〜21)末期に栖吉城に移るまで居城としていた。上杉景勝の時

代は古志郡の要として番城となり、上杉氏の会津移封後は堀直竒が8万石で入部したが、長岡城の築城とともに廃城となった。

長岡城跡 ❷

〈M▶P.54,83〉長岡市城内町2
JR長岡駅 すぐ

JR長岡駅大手口を出ると、そこが長岡城跡である。室町時代から戦国時代にかけて長岡市域を支配した古志長尾氏は、信濃川河岸の蔵王堂城や東山丘陵山麓の栖吉城を拠点としたが、1605(慶長10)年、堀直竒によって、現長岡駅から西側一帯にかけて、長岡城の築城が開始された。直竒は完成を前に村上(現、村上市)に転封となったが、かわって入部した牧野忠成によって1618(元和4)年に完成した。

駅前広場に「本丸跡」の石碑があり、さらに西へ150mほど進んだ厚生会館脇に「二の丸跡」の石碑がある。駅周辺には、城内町・殿町といった地名が今も残る。長岡城は平城で天守閣はなく、苧引形兜城・八文字構浮島城ともよばれた。戊辰戦争によって落城、のちに廃城となったため、石碑と地名以外に当時を語るものは残っていない。

長岡駅大手口から線路に沿って少し北へ進むと、長町1丁目に河井継之助邸跡がある。現在は記念館と

長岡駅周辺の史跡

河井継之助の墓

して，継之助ゆかりの品などが展示されている。

　河井継之助は，戊辰戦争の際の長岡藩軍事総督で，武装中立主義をとり，新政府軍と会津藩との和睦をはかろうとしたが新政府軍に受け入れられず，やむなく奥羽越列藩同盟の側に立って新政府軍と戦った。激戦の中で，継之助は足に銃弾を受け，南蒲原郡下田村から南会津への八十里越を戸板に乗せられて越えはしたが，現在の福島県只見町において落命した。

　継之助の墓は，記念館の北東500mの東神田3丁目の栄涼寺（浄土宗）にある。

山本五十六記念館 ㉑
0258-37-8001　　〈M▶P.54, 83〉長岡市呉服町1-4-1　P
JR長岡駅 大 10分

　山本五十六は，儒学者の家系である長岡藩士高野貞吉の6男として1884（明治17）年に生まれ，1915（大正4）年，戊辰戦争のときに長岡藩の大隊長であった山本帯刀家を継いだ。太平洋戦争の開戦には反対だったが，皮肉にも，開戦時の連合艦隊司令長官として真珠湾攻撃を指揮した。1943（昭和18）年，敗色濃くなった南方戦線を指揮するため飛行機で向かう途中撃墜され，ブーゲンビル島で戦死した。

　JR長岡駅大手口を出て大手通りを250mほど進み，すずらん通りを右折して500mほど歩いた所に山本五十六記念館がある。1989（平成元）年，撃墜された搭乗機の左翼が里帰りしたのをきっかけに本格的な準備がなされ，1999年4月に開館した。館内には，左翼のほか，遺品・書簡・写真などが展示され，五十六の一生と人間性を伝えている。記念館の南100mほどの所には山本記念公園があり，復原された山本五十六の生家と，茨城県の陸上自衛隊霞ヶ浦駐屯地内から移設した胸像が建てられている。

山本五十六搭乗機の左翼

　長岡市街地は北越

戊辰戦争で焼失し，第二次世界大戦末期の1945年8月1日の大空襲によって再び市街地の大半が焦土となった。とくに空襲では，上越地方からも米山の奥の空が赤く染まるのがみえたという。

その後，長岡市はたくましく復興を遂げた。市では戦災復興を記念して，1951年以来，8月1〜3日に長岡まつりを催し，三尺玉（直径90cm）の大花火が呼び物となっている。

栃尾城跡 ❷

〈M▶P.54〉長岡市栃尾大野町
関越自動車道長岡IC🚗40分

謙信旗上げの城
戦国の息吹を伝える土塁・空堀

長岡市街地の北東約13km，旧栃尾市は栃尾紬の産地として知られた織物の町である。長岡市栃尾支所の南西約1kmには鶴城山（230m）があり，支所の東方を流れる刈谷田川から望むと，頂上付近が2段に削られている様子がはっきりとうかがえる。これが栃尾城跡（県史跡）である。

築城は南北朝時代末期と伝えられるが，上杉謙信旗揚げの城として知られる。戦国時代に古志長尾氏の支城として使用され，1543（天文12）年に14歳の長尾景虎（のちの上杉謙信）が兄晴景によってこの城に派遣され，中郡（現，中越地方）平定の拠点とした。謙信は，のちに，「近くの者が自分を若輩とあなどって方々から栃尾城を攻めてきたので，防戦に大変だった」と語っている。

謙信没後の後継者争いの際に，上杉景勝軍の攻撃を受けて落城したあと，越後支配の要である番城の1つとして機能した。上杉氏の会津移封後，堀秀治の家臣神子田政友が城主となったが，江戸時代初期に廃城となった。

栃尾表町の諏訪神社脇からのぼると，15分ほどで頂上の本丸跡に着く。各尾根には空堀・土塁などが比較的よく残っている。

栃尾城跡

常安寺 ㉓
0258-52-2318
〈M▶P.54〉長岡市谷内2
関越自動車道長岡IC🚗40分

上杉謙信ゆかりの寺宝

　栃尾城跡の東を流れる西谷川右岸に，サクラやマツの古木が生える小高い丘陵があり，ここに火防の神として信仰を集める秋葉山三尺坊がまつられている。三尺坊の奥の院は，全体がケヤキ造りで，建物全体を埋め尽くす豪華な彫刻が印象的である。これは，安政年間(1854〜60)に，彫師石川雲蝶と熊谷源太郎が8年の歳月をかけて彫りあげたものである。

　三尺坊の境内は秋葉公園となっており，句碑・歌碑とともに，謙信の遺骨を分霊してまつった謙信廟と僧形の謙信像がある。またここは，1870(明治3)年に年貢・小作料の減免や村役人の不正を糾弾した栃尾郷騒動，いわゆる「藤七騒動」の際に農民らが集結した場所でもある。

　秋葉公園から石段をおりると，三尺坊を管理する常安寺(曹洞宗)がある。謙信の学問・禅の師である瑞麟寺(栃尾宮沢)の門察和尚を開山とし，寺宝には謙信に関係したものが多い。なかでも，僧形の謙信の前で酒を酌み交わす2人の家臣を描いた紙本著色上杉謙信並二臣像(県文化)は，その特異な構図から貴重な史料である。ほかにも上杉謙信筆五言対句，もとは瑞麟寺にあったと伝えられる梵鐘(ともに県文化)，謙信愛用の兜の前立てなどを所蔵する。

常安寺

与板城跡 ㉔
〈M▶P.54, 88〉長岡市与板町与板
関越自動車道長岡IC🚗40分

　長岡市街地の北西約10km，旧与板町は，江戸時代中期に始まった与板刃物の伝統を継ぐ，大工用刃物の生産地である。与板には本与板城・与板城という中世の山城が2つ残っている。本与板城は，

コラム

栃尾あぶらげ

油揚げの王様　酒の肴に最適

　新潟県，とくに中越地方では，酒の肴として好んで食べる油揚げがある。大きさはまさに巨大。縦が20cm以上，横が7cm以上，厚さは3cmを超える。これが栃尾名産の油揚げ。地元の人は親しみをこめて「あぶらげ」とよぶ。

　栃尾では，江戸時代に馬市が開かれており，これにともなってこの油揚げが生まれたという説が広く知られている。越後三大馬市の1つに数えられていた栃尾馬市では，馬喰と農民との間に馬の売買交渉が成立すると，契約がわりに酒を酌み交わす風習があった。その際に，馬喰の気風を反映して，手づかみで豪快に食べることができる酒の肴が求められ，そこでつくられたのがこの油揚げと伝えられる。一説では，秋葉神社の参詣者たちへのみやげとして考案されたともいわれる。

　低温と高温で2回揚げることによって，ふっくらとした厚みに仕上がったこの油揚げは，見た目だけでなく風味も素晴らしい。納豆などを挟んで焼いた味はまさに絶品。

　歴史と風土がはぐくんだ「あぶらげ」を味わい，五感で栃尾の歴史を体感してほしい。

刃物の町に聳える直江氏ゆかりの城跡

室町時代に越後守護上杉氏の家臣だった飯沼氏の居城であり，飯沼氏滅亡後に遺領が直江氏に与えられ，直江氏が築いた新城が与板城である。

　国道403号線の上与板バス停から西へ500mほど行った前方に，標高104mの城山が聳える。ここが与板城跡（県史跡）である。北東麓の八坂神社脇を15分ほどのぼると山頂の主郭跡に着く。与板の町並みや信濃川の流れ，平野部の彼方に山々が見渡せる。山頂から南へは，空堀を挟んで二の曲輪・三の曲輪跡があり，土塁なども残る。

　上与板バス停に戻り，北東へ800mほど進むと，右手に大きな建物がみえてくる。これが西本願寺与板別院（浄土真宗本願寺派）で，

本与板城跡

長岡・見附　87

本堂は1870（明治3）年に完成した。第一の門は与板城の大手門を移築したものである。与板別院の隣には与板歴史民俗資料館がある。与板城・直江氏に関係する中世の展示や考古資料，良寛とゆかりの人びとや先人の遺墨，与板刃物関連資料などが展示されている。

与板城跡の北約2km，本与板集落の南部丘陵地に本与板城跡（県史跡）がある。自然地形を利用した山城で，土塁・空堀がよく残っている。

中之島見附IC周辺の史跡

西照寺 ㉕
0258-42-2719　〈M▶P.54〉長岡市上岩井3471
関越自動車道長岡IC🚗15分

親鸞晩年の姿を刻んだ木像

与板から国道403号線を南に進んで旧三島町に入ると，長岡市三島支所の南約400mの所に西照寺（浄土真宗大谷派）がある。石段をのぼって山門をくぐると本堂に出る。親鸞が関東在住中にその教化を受けた二十四輩の1人，西念坊によってつくられた信州布野の長命寺（長野市南堀）から分かれた寺で，親鸞晩年の姿を刻んだ木造親鸞聖人坐像（国重文）を所蔵する。親鸞没後まもない鎌倉時代後期の作で，がっしりとした体つき，温和な顔つき，結んだ口元が印象的な，優美な像である。親鸞の木像のうち，国の重要文化財指定

西照寺

88　中越

を受けているのはこの像のみである。

　西照寺から国道352号線・県道443号線で北へ5kmほど進むと，逆谷集落に古刹寛益寺（真言宗）がある。本尊木造薬師如来立像（県文化）は，鉈彫りとよばれる，丸鑿を横に使って彫る技法を用いており，県内では糸魚川市宝伝寺の十一面観音像とこの薬師如来像の2体だけという珍しいものである。寛益寺には，このほかに薬師如来像を守る木造四天王立像や木造十二神将立像，山門の木造金剛力士立像（いずれも県文化）など，貴重な木像が多い。

不動院 ⑳　〈M▶P.54,88〉見附市小栗山町1778
0258-62-0991　JR信越本線帯織駅🚶30分，または北陸自動車道中之島見附IC🚗15分

　旧栃尾市街を流れる刈谷田川が山間から平野部に出て，信濃川との合流点に向けて流路を北に向けた一帯が見附市である。古くは見附結城とよばれる絹織物の町として知られていたが，第二次世界大戦後はニット・化学繊維の生産が発展し，県内有数の機業地となった。毎年6月5〜7日には，刈谷田川対岸の長岡市中之島と見附市今町との間で，大凧が空中に乱舞する凧合戦が行われ，多くの見物客で賑わう。

不動院

平安時代の経筒が出土

　北陸自動車道中之島見附ICからJR見附駅を越えて，東側山間部に沿った県道8号線を三条方面に向かうと小栗山町に至り，小栗山交差点を右折して300mほど行くと不動院（真言宗）がある。江戸時代末期に建てられた仁王門をくぐると，左手が本堂と客殿，正面が観音堂である。

　この寺の裏山の山頂からは，1945（昭和20）年に平安時代の経塚が発見された。陶製の壺・経巻の軸頭・和鏡など（小栗山不動院経塚出土品，県文化）が出土し，現在，客殿に陳列されている。

長岡・見附　89

鞍掛神社 ㉗
くらかけじんじゃ
0258-66-1310（中之島文化センター）

〈M▶P.54, 88〉長岡市中之島宮内839
北陸自動車道中之島見附IC🚗10分

中世の流れを汲む社殿

鞍掛神社

　信濃川・刈谷田川に囲まれた平野部が長岡市中之島である。中之島見附ICから北へ1kmほど行った所に、明治時代の国会議員大竹貫一の生家を公開する大竹邸記念館がある。大竹の議員活動は、1894（明治27）年の初当選以来約35年にわたり、大河津分水路の実現や刈谷田川改修など、治水事業に尽力した。館内には遺品や記念品が並び、春には庭園のサクラがみごとに咲き誇る。

　大竹邸記念館から西へ1kmほど行くと、杉之森の薬王廟に木造薬師如来坐像（県文化）がまつられている。像高約1.5mの寄木造で、両側に木造十二神将立像（県文化）もある。12年に1度、寅年に開扉される秘仏である。

　杉之森から西に約2km進み、信濃川に沿ってさらに1.3km行き、右折北上すると鞍掛神社（祭神可美真手命）がある。822（弘仁13）年の創建とされ、9世紀中頃には鞍掛大明神と称し、七堂伽藍の壮大な構えだったと伝えられる。現在の本殿・拝殿（県文化）は、1989（平成元）年に解体修理したものであるが、バランスのよい寄棟造妻入の様式は、中世の流れを汲む貴重な神社建築である。

旧長谷川家住宅 ㉘
きゅうはせがわけじゅうたく
0258-94-2518（長谷川邸）

〈M▶P.54〉長岡市塚野山773-1
JR信越本線塚山駅🚶15分、またはJR長岡駅🚌小国車庫行長谷川邸前🚶すぐ

越後最古の大型民家

　バス停の目の前に、旧長谷川家住宅（国重文）の大きな茅葺き屋根がみえる。長谷川家は、江戸時代初期から塚野山村の庄屋を代々つとめ、また塚野山宿の本陣と問屋をかねた山村地主である。

　間口約70m・奥行約120mの広大な屋敷地は魚沼街道に面し、周囲に堀と土塁をめぐらし、屋敷林に囲まれている。長屋門形式の表

門を入ると，主屋がある。寄棟造・茅葺きで正面に破風造の玄関を構えている。1706(宝永3)年の大火で焼失後，1716(享保元)年に再建されたと伝えられる，越後最古の大型民家である。中に入ると，右側に広間・茶の間や広い土間がある。左側は庭に面した二の間・上段の間などの部屋が続き，奥には新座敷がある。簡素で落ち着いた美しさをもつ。主屋の裏には新蔵・帳蔵・井籠蔵がある。裏門そばの観光センターでは，長谷川家に伝わる書画・調度品，生活用具などが展示されている。

長谷川邸脇の駐車場の近くには，塚山出身の歌手三波春夫の顕彰碑がある。また，昔ばなしとほたるの館では，民話やホタルの生態について知ることができる。

JR来迎寺駅から，駅前の道を南方へ800mほど行くと越路郷土資料館がある。越路地域で出土した考古資料や民俗資料が展示されている。このうち，十楽寺の白山神社境内の経塚から出土した高麗白磁四耳壺(県文化)は，11世紀の中国製とされる優品である。

来迎寺駅の西約700mにあるもみじ園は，明治時代，神谷の大地主高橋家の別荘としてつくられたものである。広い敷地内にさまざまなモミジやカエデなどが植えられ，新緑や紅葉がみごとである。もみじ園下の米と酒の道具館では酒造道具が展示され，醸造工程がよくわかる。

旧長谷川家住宅

④ 妻有郷

妻有の地に息づく先人の営み，静寂の中に守り，伝えられてきた文化と歴史をたどる。

十日町市博物館 ㉙　〈M▶P.54, 92〉十日町市西本町1　P
025-757-5531　　JR飯山線・北越急行ほくほく線十日町駅 大13分

雪と織物と信濃川をテーマとした博物館

　JR十日町駅西口広場前を北進し，十日町石彫シンポジウムに参加した彫刻家の作品を鑑賞しながら「緑道」を約1km歩くと，十日町市博物館・情報館・西小学校・総合体育館などの教育文化ゾーンに至る。その中核的施設である十日町市博物館は，郷土植物園と「遺跡ひろば」を併設し，この地域の生活・文化と密接にかかわる「雪と織物と信濃川」をテーマとした展示を行っている。収蔵品は，笹山遺跡出土品（国宝）のほか，越後縮の紡織用具及び関連資料・十日町の積雪期用具（ともに国民俗）など，考古・民俗を核とした重要資料が数多い。なかでも，十日町市中条乙に所在する笹山遺跡出土品の「火焔型土器」は，縄文芸術の華とたたえられるもので，燃え上がる炎を象徴する把手と突起，流麗な軌跡を生み出す隆起線，均整のとれた容姿，観覧者すべてを魅了する芸術作品である。

　十日町市博物館は，常設展示のほか，年

十日町駅周辺の史跡

国宝笹山遺跡出土土器

92　　中越

コラム

河岸段丘群と妻有郷

旧石器時代からの先進地

　中魚沼郡と十日町市、いわゆる十日町盆地一帯を総称して妻有郷とよんでいる。東側には魚沼丘陵、西側には東頸城丘陵が北走し、その間を日本一の大河信濃川が貫流する。この信濃川の浸食・堆積作用や、地盤の上昇・海水面の変動などにより、日本でも有数の広大な河岸段丘群が形成されたのである。平坦な段丘面と切り立った段丘崖で成り立つ河岸段丘は、最大で9段にもなり、段丘面に広がる田畑の淡緑と段丘崖の森の濃緑が目に鮮やかなコントラストをなしている。マウンテンパーク津南へ向かう道路から信濃川右岸への眺望は圧巻である。

　「妻有」の呼称は、信濃川の下流域からみた場合、地形的に「行き止まり」＝「つまり」をなしていることによると考えられる。しかし、河岸段丘には旧石器時代からの足跡が認められ、生活の場としてのさまざまな条件を兼ね備えた先進地であったことがうかがえる。縄文時代中期には、土器として新潟県内で唯一国宝に指定された火焔型土器(十日町市笹山遺跡出土)を生んだのもこの地である。

　平均積雪年間約2.5mと、都市としては世界一の豪雪地帯。山間部でありながら耕地面積は広く、「魚沼コシヒカリ」に代表される稲作を始め、ニンジン・アスパラガス・スイートコーン・野沢菜などの栽培が盛んで、食料供給基地としての産地形成を目指している。

マウンテンパーク津南から望む河岸段丘群

に数回、地域に根ざし、かつ幅広い年齢層に向けた特別展・企画展、博物館講座・古文書講座・子ども博物館などの事業活動を展開している。

　また、行政と市民とが一体化した博物館友の会活動、「雪文化」をキーワードとした他の美術館・記念館との提携活動も行われ、新しい雪文化の創造に寄与している。

越後妻有交流館キナーレ ㉚
025-752-0117
〈M▶P.54,92〉十日町市本町6　P
JR飯山線・北越急行ほくほく線十日町駅🚶14分

　JR十日町駅から東へ約400m歩くと、国道117号線と交わる。そ

妻有郷　93

越後妻有交流館キナーレ

きもの情報発信基地

こから北へ約600m,本町6丁目交差点を左折して100mほどの所に越後妻有交流館キナーレがある。妻有郷の観光・交流拠点施設として総合的に整備された館内には，きもの歴史館・体験工房館などがあり，温泉明石の湯も併設されている。また，この建物は，当地域で2000(平成12)年以降3年ごとに開催されている「大地の芸術祭」のメインステージに位置づけられ，敷地内で国内外の現代アート作家の作品も鑑賞できる。

　きもの歴史館では基幹産業としての，十日町のきものの素晴らしさを余すことなく展示している。約1500年前に遡及できる十日町織物の起源「苧の編布」から越後縮・明石縮・十日町絣などへの伝統が脈々と受け継がれ，未来へ向けての新しい和装文化を展望させる施設となっている。体験工房館では「雪の国のきものの町」をキャッチフレーズに，織り・染め・手描きなどの作品製作や，きものを試着して街を散策できる企画などが用意されている。

神宮寺 ㉛
025-752-3765

〈M▶P.54,92〉十日町市四日町1300
JR飯山線・北越急行ほくほく線十日町駅🚌長岡行四日町新田🚶5分

重厚な山門と清冽な雰囲気漂う古刹

　四日町新田バス停から国道117号線を北上し，最初の交差点を左折して道なりに600mほど歩くと神宮寺に至る。曹洞宗の古刹で，山門・観音堂の2棟と木造十一面千手観音立像・木造四天王立像2体が県の有形文化財に指定されている。創建以来，特定の檀家をもたず，信徒たちの組織で奉仕活動を実施してきた。杉木立に覆われた境内は，清冽な雰囲気が漂う。入母屋造・茅葺きの重厚かつ荘厳な山門をくぐると，屋根正面の千鳥破風がひと際目立つ観音堂が姿をあらわす。寺伝では，本尊の十一面千手観音が807(大同2)年に来迎し，翌年には七堂伽藍が整備され，開基は坂上田村麻呂と伝えられている。

神宮寺山門

　神仏習合を象徴する寺院名称であるが，創建当時は天台宗に属し，妻有の総鎮守であった。1370（応安3）年，2度目の伽藍造営の際には寺号が「天福山神宮禅寺」と改められ，禅宗寺院であったことが明らかで，越後最古の禅宗寺院の可能性も強まった。現在の山門・観音堂の伽藍は，1761（宝暦11）年から1782（天明2）年にかけて建立されたことが，棟札から判明した。

大井田城跡 ㉜

025-757-5531
（十日町市博物館内十日町市文化財課）

〈M▶P.54,92〉十日町市中条花水沢2
JR飯山線・北越急行ほくほく線十日町駅🚌長岡行中条小学校🚶20分

9条の「畝形阻塞」をもつ山城

　中条小学校バス停から国道117号線を北進し，最初の信号を右折して道なりに山道をのぼると，大井田城跡（県史跡）に至る。標高約300mを測る山頂に三角形の主郭を設け，西側の緩やかに傾斜する扇形の地形に，大小の郭を2列3段に積み重ねている。南側の急斜面には畝と堀で敵の進入を妨ぐ9条の「畝形阻塞」を設け，北側端部には上幅および高さともに約2mの土塁を築いている。築城年代・築城者に関する史料は残っていないが，城の形態・築城方法からみて鎌倉時代末期から南北朝時代にかけて築かれ，補修や補強を繰り返しながら戦国時代末期まで使用されたと考えられている。

　上野国（現，群馬県）の豪族新田氏一門の大島義継が，越後国妻有荘大井田郷に土着して大井田姓を名乗り，この城を本拠として南朝方に与したと伝えられている。国道117号線沿い

大井田城主郭跡

妻有郷　95

の東側,新座から下条にかけての峰々には,この大井田城の支城・砦・居館などの遺構が集中して残されており,大井田城砦群(大井田18城)ともよばれている。

　大井田城跡西麓から南へ約400m行くと,十日町市陸上競技場や市営笹山野球場がみえてくる。これらのスポーツ施設の建設にともない,1980(昭和55)年から1985年にかけて笹山遺跡の発掘調査が行われ,十日町市博物館に所蔵されている国宝の「火焔型土器」を始めとする,縄文時代中期の大量の土器・石器,集落跡が検出された。

星名家住宅 ㉝
025-757-3100(十日町市観光交流課観光施設係)

〈M▶P.54,96〉十日町市上野甲1045・1045-5
JR飯山線下条駅🚶10分

豪壮な構造をもつ江戸時代の豪商邸宅

下条駅周辺の史跡

　JR下条駅前の国道117号線を約600mほど南進し,下条栄町交差点を右折すると国道252号線に入る。信濃川に架かる栄橋を渡り約3km進むと,上野交差点の右側に,威容を誇る大邸宅星名家住宅がある。江戸時代の妻有郷では並び出るものがいないほどの経済力を誇った星名家は,地主経営と酒造業,苧・縮布,油・塩などの取引で経済力を強め,幕末には大肝煎格となった。現在の主屋は,1835(天保6)年の上野村の大火によって類焼した後,10代当主星名藤左衛門によって,1842年に上棟されたものである。正面の間口約31.7m,東西の梁間が約17.5m,豪雪にも耐えられるように太い柱・桁・梁など雪国特有の様式を伝える豪壮な構造で,新潟県における大地主層の住宅の代表例として価

星名家住宅

値の高いものである。主屋・蔵6棟・茶室2棟と敷地をあわせて国指定重要文化財になっている。各建物の建設にかかわる普請文書類が残されている点も特筆すべきである。非公開のため、県道側の豪壮な構えしか目にすることはできない。

鉢の石仏 ㉞

025-757-5531(十日町市博物館内十日町市文化財課)・
025-757-3100(十日町市観光交流課)

〈M▶P.54〉十日町市鉢
JR飯山線土市駅🚗20分

　JR土市駅の南約250mの国道117号線姿入口交差点を右折、信濃川に架かる姿大橋を渡る。再度右折して県道49号線を約2km北進、高島集落に入ってすぐの神社前交差点から、県道528号線をさらに約2km西進すると鉢集落に着く。その集落のさらに奥、木立に囲まれた霊域が「鉢の石仏」である。自然石の本尊を始め、十三仏・十六羅漢・百庚申など200基ほどの神仏がまつられている。

鉢の石仏本尊と十三仏

天灯のおりた霊域

　1749(寛延2)年、泉州信太の蔭涼寺(大阪府和泉市)の住職をつとめた明屋有照禅師が、ゆかりのある十日町土市の観泉院(曹洞宗)を訪れた後、鉢付近で野宿をしていたところ、不思議な天灯がおりてきて、周囲が昼のように明るくなったという。その天灯がおりた自然石を本尊「いしぼとけ」と崇め、以来、地元有志の協力により小庵を建立し、天灯のおりる聖地として崇拝されてきた。

田代の七ツ釜 ㉟

〈M▶P.54, 98〉十日町市田代・中魚沼郡津南町大字中深見
JR飯山線越後鹿渡駅🚗30分

瀑布と滝壺が織りなす渓谷美

　JR越後鹿渡駅前の国道353号線を約300mほど南進し、最初の交差点で左折、県道49号線に入る。信濃川を渡って約1.4km、国道117号線駒返交差点を左折した後、県道284号線を道なりに進み、清津川支流の釜川沿いを約10kmのぼると、清流と渓谷美で知られる田

妻有郷

田代の七ツ釜

代の七ツ釜(国名勝・国天然)がある。釜川上流部にあたるこの一帯は，左岸が縦状に，右岸では横状に安山岩の柱状節理が発達し，7つの瀑布と滝壺が連続するたいへん珍しい景観である。この田代の七ツ釜には，伝説がある。昔，庄屋新右衛門がそこにまつられている弁天との約束を破り，投網を打ったため，滝壺の主である大蛇の怒りをかい，命を失ったというもので，鈴木牧之の『北越雪譜』にも挿絵入りで紹介されている。

1995(平成7)年4月末，融雪災害によって天然の砂防ダムの役割をになっていた一番上流の一番滝が崩壊・流出し，その他の滝壺もすべて埋没した。このため，旧建設省主体による災害復旧工事が実施され，両岸の柱状節理に配慮した「擬岩ブロック工法」が採用され，1997年崩壊前の滝に近い形で復元された。

津南町の史跡

清津峡 ㊱
025-763-4800(清津峡渓谷トンネル管理事務所)

〈M▶P. 54, 98〉十日町市小出・南魚沼郡湯沢町八木沢 P
JR飯山線越後田沢駅🚌30分

柱状節理の圧倒的渓谷美

JR越後田沢駅前から東進し，国道117号線に出て南へ約300m行った山崎交差点で左折，国道353号線を道なりに約8km進む。市立

清津峡

清津峡小学校を越えて莇沢(むぐら)交差点を右折して橋を渡り，清津川沿いに上流へ約1.5km進むと，日本三大峡谷の1つとして知られる清津峡(国名勝・天然)に至る。十日町市小出清津峡温泉から湯沢町八木沢にかけての約12.5kmは，柱状節理の岩肌と急流が連続する。

　清津峡温泉から上流へは清津川沿いに遊歩道が整備されていたが，1988(昭和63)年の落石死亡事故のために全面閉鎖となった。代替施設として1996(平成8)年に全長750mの清津峡渓谷(けいこく)トンネルが完成，現在は，このトンネル内の見晴所とパノラマステーションから，柱状節理の圧倒的な渓谷美を安全に鑑賞できる。また清津峡は，キツネ・タヌキ・クマ・ムササビなどの棲息，フクロウ・ミミズク・ブッポウソウ・タカなど数十種類の野鳥，高山植物・渓谷植物など，学術的資料の宝庫でもある。

　清津峡から5kmほど下流，国道353号線を十日町方面へ戻り，清津峡トンネルを抜けて左折し，瀬戸口(せとぐち)温泉に向った所に，瀬戸渓谷がある。知名度は低いが，四季それぞれに異なる静かな渓谷美をみせている。

農と縄文の体験実習館なじょもん ㊲
025-765-5511
〈M▶P.54〉 中魚沼郡津南町下船渡(しもふなと)乙835 P
JR飯山線津南駅🚗20分

豊富な体験実習メニュー

　JR津南駅から国道405号線を南東へ約1.5km，途中信濃川橋を渡り，正面に発達した河岸段(かがんだん)丘をみながら直進すると，大割野(おおわりの)交差点に達する。左折して国道117号線を約3.5km北進すると，津南町卯ノ木(うのき)地区に至る。この地区には，旧石器時代の楢ノ木平(ならのきだいら)遺跡，縄文時代草創期〜早期の本ノ木(もとのき)・卯ノ木・卯ノ木南などの遺跡があり，きわめて遺跡の密集度が高い。信濃川と清津川の合流点付近の信濃川右岸段丘上で，活動の足跡をみることができる。

妻有郷

復元住居と体験実習館
なじょもん

　卯ノ木地区の十日町消防署南分署の手前，国道117号線沿いの案内板を左折して道なりに進むと，農と縄文の体験実習館なじょもんがある。
館の名称である「なじょもん」とは，津南の方言の「なじょも」(「ぜひ何々をして」の意)と「縄文」を合成した語である。館内は，企画展示室・実習室・研修室・文化財整理室・地域ギャラリーなどで構成されており，屋外施設の縄文村・蕎麦畑(そばばたけ)・ヒマワリ畑・ブナ林などとあわせて総敷地面積は約17haにもおよぶ。縄文村には，縄文時代の住居が3棟復原されている。うち1棟は完成し，もう1棟が上屋の骨組みまで，さらにもう1棟が掘り込みの状態となっている。

　この館の大きな特色は，名称にもある「体験実習」である。季節ごとのテーマにあわせた企画展とともに，常時開催と日替わりの体験実習メニューがあり，子どもから大人まで楽しく学べる企画・工夫がなされている。陶芸や土器作り・和紙作り・草木染め・藁(わら)細工など，この地域に根ざした伝統工芸のみならず，自然・食・遊びをも含めた新しいタイプの体験実習施設である。

津南町歴史民俗資料館(つなんまちれきしみんぞくしりょうかん) 🔞
025-765-2882

〈M▶P.54,98〉中魚沼郡津南町大字中深見乙(おつ)827 Ｐ
JR飯山線津南駅🚗15分

学術的価値の高いアンギン工具一式などを展示

　JR津南駅から国道405号線を南東へ約3.5km，標識に従って左折し約1.5km南下すると津南町歴史民俗資料館に至る。館内では，秋山郷(あきやまごう)及び周辺地域の山村生産用具(国民俗)などを展示している。なかでもアンギン工具一式(県民俗)は，大陸伝承の織布(おりふ)以前の技法であるアンギン(編布(あみぬの))の製作工具類で，縄文時代前期にまで遡源(そげん)できる。カラムシ・アカソ・アオソなどの植物繊維を編み上げたアンギンが現存するのは，全国でも妻有地域と松代(まつだい)・松之山(まつのやま)地域のみで，

100　中越

茅葺き民家と津南町歴史民俗資料館

学術的にもたいへん貴重なものである。また、堂平(どうだいら)遺跡出土深鉢(ふかばち)型土器(国重文)、神山(かみやま)遺跡出土品や沖ノ原(おきのはら)遺跡出土品(県文化)などの旧石器時代・縄文時代を主とした考古資料も数多く展示されており、津南町の歴史の古さを物語っている。

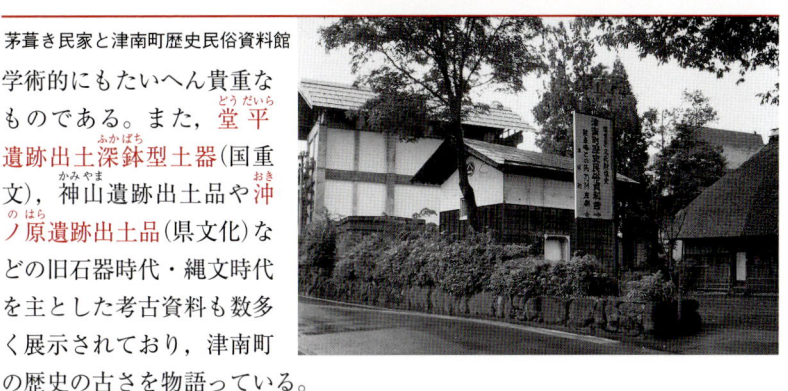

　館外に隣接する保存民家の建築年代は明らかではないが、18世紀中頃と推定される。雪国特有の茅葺き民家で、移築されているものの、原形を変更するほどの補修もされず、往時の姿をとどめている。

⑤ 小千谷・魚沼

三国街道の通行や信濃川・魚野川の舟運で栄えたこの地区は，雪深い暮らしのなか，小千谷の縮や錦鯉などをうみだした。

慈眼寺 ㊴
0258-82-2495
〈M▶P.54, 102〉小千谷市平成2-3-35
JR上越線小千谷駅🚌小千谷インター行本町西🚶5分

戊辰戦争会見の場

　本町西バス停から県道49号線を南に入る。この付近には寺が多いが，なかでも慈眼寺（真言宗）の大きな山門が目を引く。司馬遼太郎の『峠』でも有名な戊辰戦争（1868〜69年）の際，会談の場となったのがこの寺である。

　1868（明治元）年，越後から会津（現，福島県）を攻略しようとする新政府軍は，小千谷に陣を構えた。長岡藩は軍事総督・家老河井継之助の方針で武装中立をとろうとしていた。5月2日，本堂の奥座敷で新政府軍の軍監であった岩村精一郎（土佐藩士）と河井継之助が会談した。河井は藩論を統一し，会津藩を説得するためには時間が必要であると要求した。しかし，岩村はこれを時間稼ぎと決めつけ，新政府軍への出兵か献金かしかないと迫ったため，会談は決裂し，

河井継之助・岩村精一郎会見の間（慈眼寺）

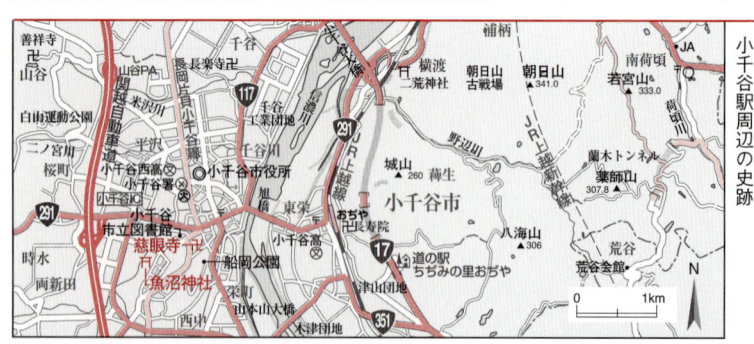

小千谷駅周辺の史跡

小千谷縮

コラム

産

雪中に織り、雪上にさらす、雪国の特産品

小千谷縮（小千谷縮・越後上布）として、国重文）は、雪国越後の特産品である。鈴木牧之は『北越雪譜』で、「雪中に糸となし、雪中に織り、雪中に晒ぎ、雪上にさらす。雪ありて縮あり」と紹介している。

白布または越後布といわれた越後の麻布は奈良時代から知られていたが、17世紀中頃、播磨国明石（現、兵庫県）の浪人堀将俊（明石次郎）が小千谷にきて、明石縮の技術を伝え、これまでの越後白布に改良を加え、縞や花模様を織り出す技法を始めたとされる。

縮の工程は、まず青苧をぬるま湯につけて柔らかくしたうえで、歯と爪先で細く裂き、つないで1本の長い糸をつくり（苧績み）、緯糸には強い撚りをかけていざり機で織る。織りあがった布は、雪の上でさらして仕上げる。糸づくりからすべて手作業のため、織り上げるまでに日数がかかる。

縮織りの技法は魚沼から刈羽・三島・頸城地方まで広まり、冬期の農家の副業として生産が盛んとなった。小千谷縮の名は、小千谷が麻布の集散地であったことからついた。

小千谷市立図書館近くの極楽寺（浄土宗）には明石次郎の墓があり、寺の前にある明石堂は縮商人たちが1848（嘉永元）年に建てたもので、明石次郎をまつっている。

激戦が始まることとなった。慈眼寺では会見の間が公開されており、戊辰戦争の資料も展示されている。

慈眼寺南方の小高い丘が船岡山で、一帯は公園となっている。戊辰戦争の官軍墓地があり、サクラの名所として親しまれている。

JR小千谷駅の北東約3km、信濃川右岸の小千谷市と長岡市との境に位置する榎峠と朝日山（小千谷市浦柄）は、三国街道の戦略上の要所で、戊辰戦争の激戦地となった。山頂には長岡藩が築いた塹壕跡が残る。

短い軒、豪雪地の阿弥陀堂建築

魚沼神社 ⑩　〈M▶P.54,102〉小千谷市土川2-12-22
0258-33-3512　JR上越線小千谷駅🚌小千谷インター行本町西🚶15分

慈眼寺から商店街を進み、右手の市民会館・市立図書館から住宅街をさらに南西へ500mほど行くと、魚沼神社の杉木立がみえてくる。**魚沼神社**は、社伝によれば崇神天皇の代に創建されたとし、天香具山命をまつる。中世から近世半ば頃までは上弥彦神社とよばれ、武家からの崇敬も篤かった。境内の阿弥陀堂（国重文）は1563（永

小千谷・魚沼　103

魚沼神社

禄6)年の建立で,室町時代末期の建築様式をよく伝えている。もとは当社の別当をつとめた慈眼寺(池源寺)の堂であったが,江戸時代の初めに慈眼寺は現在の平成2丁目へ移転した。桁行3間(約5.16m)・梁間3間,宝形造・茅葺きで,頂上に露盤をおく。軒の張出しがきわめて短いのは,雪が多いことを配慮したためと考えられている。

魚沼神社には,「永享九(1437)年」銘の鰐口(県文化),「文明五(1473)年」の越後守護奉行人の証書を始め,戦国時代からの多数の古文書,上杉謙信が越中国(現,富山県)からもってきて寄進したという大般若経559帖(県文化),天井板に「明応四(1495)年」の墨書がある御輿など,多数の文化財が伝えられている。

妙高寺の愛染明王像 ㊶
0258-89-2529

〈M▶P.54, 105〉小千谷市川井114
JR上越線小千谷駅🚌川口経由 南中学校行川井農協前🚶20分

川井農協前バス停から南へ進み,石段をあがると妙高寺(曹洞宗)である。もとは真言宗であったが,江戸時代初期に曹洞宗となり,1924(大正13)年に現在地へ移転した。庭の美しい境内には愛染堂があり,木造愛染明王坐像(国重文)が納められている。鎌倉時代後期のヒノキの寄木造で,わずかに朱の彩色が残る。像高約117cm,獅子冠を戴き,三目六臂の憤怒の形相である。「愛染」が「藍染」に通じることから染め物や織物業者から篤く信仰されてきた。

愛染明王坐像(妙高寺)

織物業者の信仰を集めた仏像

片貝の大花火

コラム

豪快な四尺玉、町民が奉納する花火

　小千谷市片貝町は、毎年9月9・10日の片貝祭りの花火で知られている。町内の浅原神社への奉納として、江戸時代から行われていたとされる。現在は、子や孫の誕生、長寿の祝いや厄払いなど、町民の祈願や報謝の念を読みあげて花火が打ち上げられる。とりわけ直径800mに広がる四尺玉や、昼に打ち上げられる三尺玉などは見ものである。

毎月26日の例祭と6月30日から7月1日にかけての大祭で、開帳が行われる。

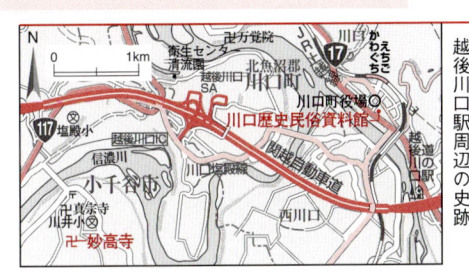

越後川口駅周辺の史跡

下倉山城跡 ⑫　〈M▶P.54, 106〉魚沼市下倉字滝沢
JR上越線越後堀之内駅 🚶 20分

越後一揆の激戦地

　JR越後堀之内駅から国道17号線を小出方面へ約1.5km進むと、破間川と魚野川の合流地点付近の北側、関越自動車道のトンネルが通る標高約220mの山に下倉山城跡（県史跡）があり、曲輪跡が残る。1600（慶長5）年、関ヶ原の戦いの一環として会津の上杉勢がこの城を攻め、城主の小倉主膳正を討ち取った。

　越後堀之内駅から国道17号線を川口方面へ約800m進むと、右側にみえる和風建築が宮柊二記念館である。堀之内出身の歌人宮柊二の自筆原稿や資料が展示されている。

　記念館の手前を右折し、県道23号線を魚野川に架かる根小屋橋を渡り、関越自動車道に向って500mほど行くと、永林寺（曹洞宗）がある。本堂の欄間などの彫

下倉山城跡

刻は細密な深彫りで，華麗な彩色が施されている。彫師石川雲蝶が，1855(安政2)年から1867(慶応3)年まで，13年かけて制作したものである。

JR越後川口駅から南へ500mほどの川口町歴史民俗資料館では，荒屋遺跡から出土した約1万3000年前の荒屋型彫刻刀などの旧石器時代の遺物や，三国街道川口宿の資料などが展示されている。

圓福寺 ⑬　〈M▶P.54, 106〉魚沼市佐梨433
025-792-0871　JR上越線・只見線小出駅🚌六日町行佐梨🚶10分

魚沼の古刹・鎌倉時代初期の地方仏

越後堀之内駅周辺の史跡

佐梨バス停から国道17号線を約300m南に行った所で東に入り，ゆるやかな坂道をあがると，杉林の中に圓福寺(真言宗)の阿弥陀堂がみえてくる。奈良時代の創建といわれ，阿弥陀堂は燕堂ともよばれている。山門脇の収蔵庫には，木造阿弥陀如来坐像(国重文)が安置されている。像高86.5cm，カツラの一木造で，胎内に「建保二(1214)年」の墨書銘がある。素朴さの中に堂々とした量感を示しており，玉眼を入れないことなどから，平安時代後期の作風を残した鎌倉時代初期の作である。木造毘沙門天立像(県文化)も鎌倉時代初期の作と考えられている。寺の裏手の苔庭も見事である。

圓福寺から国道17号線を4kmほど南へ行って，虫野交差点から県道232号線を200mほど進み，東に入ると大浦集落があり，山際に西福

圓福寺

錦鯉・牛の角突き

コラム

泳ぐ宝石・錦鯉、豪快な牛の角突き

　現在の小千谷市から長岡市山古志にかけての旧古志郡二十村郷で，食用として飼われていたコイに，文化・文政年間(1804〜30)，突然変異で色のついたものがあらわれたのが錦鯉の最初とされる。

　明治時代になって品種改良が重ねられ，1914(大正3)年の東京大正博覧会への出品で全国に知られることとなった。今ではさまざまな色彩や模様などで「泳ぐ宝石」として評価が高く，海外にも愛好家が増えている。1匹数百万円もする高価なものも珍しくないが，小千谷市にある錦鯉の里では，館内と庭園の池で群れをなして泳ぐ，さまざまな品種をみることができる。

　また，山間にある旧古志郡二十村郷ではウシの飼育も盛んで，古くから闘牛(牛の角突きの習俗，国民俗)が行われてきた。その起源は明らかではないが，塩沢の鈴木牧之が提供した資料をもとに，滝沢馬琴の『南総里見八犬伝』にも記され，全国的に知られることとなった。1tほどのウシが角を突き合わせる迫力は豪快である。また，この闘牛では，決定的に勝負をつけず，勝負の流れがある程度決したところで勢子が牛の後足に縄をかけて引き離しにかかるのも見所である。牛の角突きは，小千谷市や長岡市山古志の闘牛場で春から秋にかけて，月2・3回(不定期)，日曜・祝日にみることができる。

錦鯉

寺(曹洞宗)が立つ。本堂の左には開山堂がある。雪を防ぐため覆い屋根がかけられているが，5間(約9.1m)四方のケヤキ造り・茅葺きの堂々とした大屋根である。開山堂の雲蝶彫物(県文化)は，彫師石川雲蝶が18年かけて1857(安政4)年に完成させたもので，極彩色の美しさから「越後日光」の異称をもつ。3間(約5.4m)四方の天井全体に透かし彫りされた，道元禅師が猛虎を調伏する物語は壮観である。

旧目黒家住宅 ㊹　〈M▶P.54,108〉魚沼市須原890ほか
025-797-3220　JR只見線越後須原駅 🚶 3分

JR越後須原駅前を通る国道252号線のすぐ西側を並行して走る道

小千谷・魚沼　107

旧目黒家住宅

豪雪地の豪農の住まいと暮らし

は、かつての会津街道であった。旧目黒家住宅はこの街道に面して立つ、野面石の石垣をめぐらした広大な屋敷構えである。目黒家は、江戸時代初期に会津只見（現、福島県南会津郡只見町）から移住し、以後、代々村の庄屋と須原郷の村々をまとめる割元庄屋をつとめ、地主として成長した。

主屋（附棟札・家作用材買入帳・石動社・家相図）は寄棟造・茅葺きで、屋根を左右に大きく張り出している。正面やや左寄りに入母屋造の屋根をもつ中門が、堂々たる構えをみせている。桁行16間（約29.7m）・梁間6間（約16.3m）、一部が2階建てである。玄関を入ると広い土間があり、左手に馬屋や下男の寝室、奥には囲炉裏や竈がある。右には茶の間・広間や仏間など、10室以上の部屋が連なる。天井は高く、太い柱や二重梁を多く用いるなど、豪雪地の豪農住宅の典型といえ、棟札から1797（寛政9）年の建築であることがわかっている。池を配した中庭が美しい。離れ座敷の椽亭（新座敷、附棟札）は、建材に銘木が用いられている。このほか中蔵・新蔵もあり、宅地及び原野を含めて国の重要文化財に指定されている。

旧目黒家住宅の正面左の守門民俗文化財館では雪国の生活用具や農具などが展示されており、旧目黒家住宅の裏手にある目黒邸資料館では、近代までの目黒家の資料が展示され、豪農・地主の生活を知ることができる。

旧目黒家住宅から県道346号線を西へ約2kmほど行った大倉には佐藤家住宅（国重文）がある。1738（元文3）年に建てられた寄棟

越後須原駅周辺の史跡

造・茅葺きで，桁行8間(約14.3m)・梁間4間(約7.7m)，正面右に入母屋造の中門を設けている。入口には馬屋があり，土間・茶の間・座敷と続く。積雪に耐えるため柱や梁は太く，手斧仕上げの削り跡が残る。目黒家にくらべれば小さいが，農家建築の典型的なものである。

奥只見と尾瀬 ⑮

〈M▶P.54〉魚沼市湯之谷芋川字大鳥
JR上越新幹線・上越線浦佐駅🚌急行奥只見行終点🚶10分

湖底に沈んだ銀山
尾瀬三郎伝説と高山植物

小出から国道352号線を東に向かい，折立温泉を過ぎた所で奥只見シルバーライン(県道50号線)に入る。カーブの連続する登り道で，しかも全長約22kmのうち18kmはトンネルである。この道は，1953(昭和28)年に福島県境の只見川最上流に電源ダムを建設するために，資材運搬用道路としてつくられたもので，豪雪に備えてトンネル道路にしてある。トンネル工事は困難をきわめ，さらにダム完成までに117人の犠牲者を出した。ダムサイトの小高い丘の上にある奥只見電力館の庭には，慰霊碑が立つ。館内では，工事の関係資料や奥只見の昆虫・植物などが展示されている。

奥只見ダムの完成は1962年である。ダムで生まれたわが国最大の人造湖は奥只見湖とよばれ，新緑や紅葉の観光名所となり，遊覧船から景観を楽しむこともできる。

奥只見湖の湖底には，江戸時代に銀山で栄えた銀山平の町が沈んでいる。1641(寛永18)年に鱒漁に入った折立村の百姓源蔵が，只見川で光る石を発見したことから，銀山の開発が始まった。この銀山は上田銀山とよばれた。当時，この地方を領していた高田藩と会津藩との間で領有をめぐり争論となったが，高田藩の主張が認められた。高田藩は小出に陣屋をおき，街道や宿駅を整備し，採掘を行った。1681(延宝9)年の高田藩主松平光長の改易後，1689(元禄2)

奥只見湖

小千谷・魚沼　　109

年に江戸幕府は豪商河村瑞賢に銀山経営を命じた。しかし産出量が減少したため、幕府の経営は20年足らずで終わり、以後は民間の経営で幕末まで採掘が行われた。

奥只見湖沿いに国道352号線を約30kmほど南下すると尾瀬口船着場で、尾瀬(国特別天然)への入口に至る。新潟・福島・群馬の3県にまたがる尾瀬ヶ原・尾瀬沼は、ミズバショウやニッコウキスゲなどの高山植物と湿原で知られ、初夏から秋にかけてハイカーで賑わう。この秘境に伝わるのが、平安時代末期、平清盛によって都を追われた左大臣藤原経房の2男尾瀬中納言三郎房利が、尾瀬沼付近の岩穴に住んで藤原氏再興をはかったという、尾瀬三郎伝説である。

三国峠と三国三宿 ㊻

〈M▶P.54〉南魚沼郡湯沢町
JR上越新幹線・上越線越後湯沢駅🚌浅貝行・苗場スキー場行浅貝上🚶30分、登山口より🚶30分

三国街道を越後から上野(現、群馬県)の永井に至る国境の三国峠へは、現在の国道17号線三国トンネルの入口付近からたどることができる。三国トンネルへは、越後湯沢駅からバスと徒歩で1時間40分ほどで到着する。トンネル入口付近から国道を離れ、峠に通じる脇道を歩く。江戸時代初期に伊那備前守忠次のつくった石畳跡が残る、旧三国街道の道を30分ほどのぼると三国峠に出る。三国峠の名は、ここに上野の赤城大明神・信濃(現、長野県)の諏訪大明神・越後の弥彦大明神の3国の一の宮をまつる三社大権現がおかれていることから生まれた名といわれている。

峠越えは難所であることから、お助け小屋がおかれ、旅人を遭難から守る役目

三国街道脇本陣跡池田家

国境の要衝と通行の史跡

小説『雪国』の宿

コラム 泊

川端康成が小説『雪国』を執筆した部屋を公開する

川端康成の『雪国』の舞台となった湯沢温泉は，すでに近世以前から存在が知られ，1769(明和6)年，現在の湯元温泉で通年営業が行われるようになった。1931(昭和6)年の国鉄上越線開通と，その後の国道17号線の完全整備，JR上越新幹線・関越自動車道の開通で，季節を問わずおおいに賑わうようになった。

湯ノ沢川付近の出湯地に建つ温泉宿のうち，1934(昭和9)年から37年の3年間にわたり，川端康成が滞在し，小説『雪国』を執筆したのが高半ホテルである。川端康成が執筆した「かすみの間」は，現在も当時のまま保存され公開されている。1959年に映画化された「雪国」では，この部屋がロケ地にもなった。高半ホテルには映画「雪国」にまつわる，当時の書簡・写真・書画などを収集した展示室もある。

また，越後湯沢駅から温泉街の下り方面500mほどの所にある湯沢町歴史民俗資料館には，小説『雪国』の世界が再現されており，小説の舞台となった雪国の農山村の暮らしと湯沢の歴史を知るのによい。

もはたした。三国峠は，塩沢方面から上野へ通じる清水峠と並んで，越後と関東を結ぶ重要地点で，上杉謙信はここを越えて何度か関東に出陣している。

また，越後湯沢駅からバスで45分ほど揺られ，浅貝バス停で下車する。浅貝集落の南東側山寄りに400mほど入った所には，謙信が三国峠の守りのために築いた浅貝寄居城跡があり，内郭だけが，リゾート開発のなかで，かろうじて残っている。

江戸時代の参勤交代で三国街道を利用するように決まっていたのは，越後の諸大名のうち長岡藩と村松藩だけだったが，越後から江戸へは三国街道が最短コースなので，新発田藩や与板藩もしばしば利用した。そのため，三国峠を挟んだ宿場には，大人数の宿泊に備えて本陣・脇本陣などの施設が用意されていた。今，往時の姿をとどめているものとしては，越後湯沢駅よりバスで20分ほどの三俣入口で下車し，三俣集落内を600mほど進んだ所に三俣宿の三国街道脇本陣跡池田家(県史跡)がある。切妻造・木羽葺きの2階建てで，大名玄関と上段の間は大名の休泊専用になっており，他の部屋よりも一段高い書院造，床板は二重張りという，重々しいものである。

三国峠から清津川沿いに，南から浅貝・二居・三俣と続く三国三宿から湯沢に至る道筋には，川沿いの八木沢に口留番所がおかれていた。ここから十日町市の清津峡温泉にかけての約20kmが清津峡(国名勝・天然)で，国道17号線沿いから片道1時間半から2時間ほどのトレッキングのルートも整備されている。柱状節理がよく発達し，新緑や紅葉の時期には多くのハイカーが訪れる。

八木沢から湯沢へ至る芝原峠の尾根上には荒戸城跡(県史跡)がある。1578(天正6)年，上杉謙信の死後，家督相続をめぐって景虎・景勝の両養子が争った御館の乱がおこると，北条氏から養子となっていた景虎を救援するために，北条氏の軍勢が関東から攻め込んできた。荒戸城は，その軍勢を防ぐために上杉景勝の命により築造された。遺構の保存状態がよく，築造年代や政治的背景・目的が文献上で確認され，新潟県の山城史上重要な遺跡である。

関興寺 ㊼　〈M▶P.54, 113〉 南魚沼市上野267　P
かんこうじ
025-783-2111　JR上越線石打駅🚶20分

JR石打駅駅前の，上越線敷設に尽力した岡村貢の銅像をみながら線路を西に越えると，静かな木立の中に，1410(応永17)年の開山と伝える関興寺(臨済宗)がたたずむ。関興寺は，鎌倉公方の保護を受けて以来，上田長尾氏から上杉景勝に至る篤い尊崇を受け，数次にわたる焼失の後も再興された。1578(天正6)年におきた御館の乱でも焼失，再建されたが，上杉氏の会津(現，福島県)移封にともない，米沢(現，山形県)に移った。現在の寺は，寛文年間(1661～73)に米沢から戻り，末寺嘉祥庵を改め現地に再建された禅道場である。

当地に残る代表的な禅宗寺院の由緒と利益を語る2つのことわざに，「雲洞庵の土踏んだか」と「関興寺の味噌なめた

関興寺

御館の乱と関興寺味噌の由来

塩沢・石打周辺の史跡

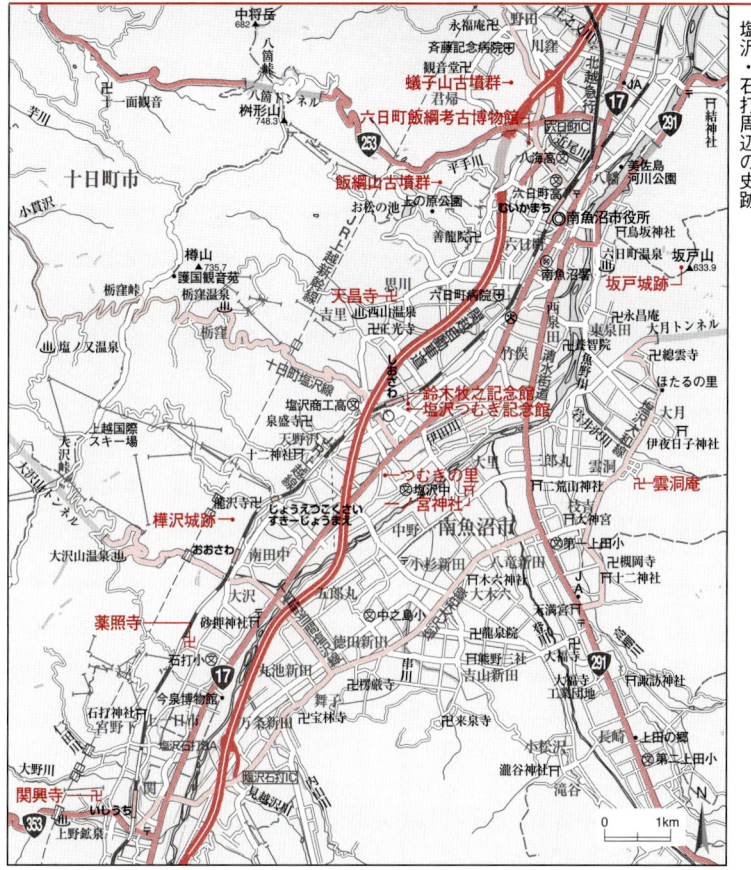

か」がある。禅宗の古刹雲洞庵にならび，関興寺のことわざが地元に伝わるのは，御館の乱の際に戦火を逃れるため，当時の住職雨天是鑑が上杉氏から寄進された大般若経600巻を味噌桶の中に埋め込み，難を逃れたという故実によるものである。なお関興寺という寺号は，開山当初，近傍の関山の山中にあった関興庵を一寺としておこしたことによる。

薬照寺 ㊽
025-783-2510

〈M▶P.54, 113〉南魚沼市君沢851
JR上越新幹線・上越線越後湯沢駅🚌六日町行東之木🚶10分

ビルマの首相隠棲の寺

東之木バス停から西へ800mほど坂道をのぼると，カツラの大木がみえてくる。これが薬照寺(真言宗)の樹齢400年を超す日本一の

小千谷・魚沼

薬照寺

大カツラ(県天然)である。ビルマ(現, ミャンマー)の首相であったバー・モウが亡命・隠棲したのもこの薬照寺である。宝物殿には，ミレーや藤田嗣治らの絵画を始め，中国の陶器・俑・古鏡などが展示されている。

　薬照寺から山沿いの道を六日町方面に6kmほど行くと，思川の天昌寺(曹洞宗)に至る。寺歴は曹洞宗以前の奈良時代前期を偲ばせる。観音堂には木造観世音菩薩坐像・木造持国天立像・木造多聞天立像(いずれも県文化)がある。3体とも鎌倉時代前期のものである。

樺沢城跡 ㊾　〈M▶P.54, 113〉南魚沼市樺野沢
JR上越線上越国際スキー場前駅 🚶 5分

　JR上越国際スキー場前駅から線路沿いの北側道路を南西に300mほど進むと，城ノ入川の対岸に樺沢城跡(県史跡)が残っている。城下は上越線の敷設と土地改良工事でかなり地形がかわってしまったが，城跡一帯は比較的よく原型を残している。頂上までは15分ほどでのぼることができ，途中，階段状の多数の曲輪(帯曲輪)と空堀や土塁をみることができる。

御館の乱で攻防の山城

樺沢城跡

　樺沢城は樺潟城ともよばれ，戦国時代に上田長尾氏の出城であったと考えられる。城下の樺野沢・大沢の両集落にかけて，城主居館跡の御屋敷・鷹匠屋敷・宮島屋敷・小泉屋敷・黒金・綿

中越

貫など,上田長尾氏の家臣の集住を推察させる地名や,古町・桜町・町屋敷などの城下町屋敷の存在を知ることができる。上杉謙信の死後におこった御館の乱のときには,関東から侵攻してきた北条勢が上杉景虎方を援助するため,一時この城を占領し,春日山城(現,上越市)・坂戸城攻撃の拠点としたこともある。1598(慶長3)年,上杉氏の会津への移封にともない廃城となった。

鈴木牧之記念館 ㊿
025-782-9860 〈M▶P.54, 113〉 南魚沼市塩沢1112-2
JR上越線塩沢駅🚶10分

『北越雪譜』の著者

　鈴木牧之は,1770(明和7)年塩沢に生まれた。牧之の家は,代々縮の仲買と質屋を家業としていた。傾きかけた家業を20歳で継ぎ,質素倹約を旨として家業に精を出し,飢饉救済にも尽力して,鈴木家を塩沢屈指の地位に築き上げた。そのかたわら,牧之は多くの著作を残した。少年の頃から文学や絵に興味をもっていた牧之は,家業の合間に文筆活動に携わった。牧之はその努力の様子を書き綴り,子孫への教訓とした『夜職草』などを著している。またよく旅行して,そのつど紀行文も書き記した。几帳面な性格であった牧之は,『秋山記行』で秘境の人びとの暮らし・習慣などを客観的に記録し,民俗学的にも高い評価を得ている。

　20代後半から雪国の生活風俗を描写した『北越雪譜』(全2編7巻)を書き始め,山東京山の尽力でようやく出版されたのが1837(天保8)年,牧之68歳のときであった。江戸ではたちまち評判となり,評判書番付で小結になったほどである。好評に気をよくした版元の催促で第2編に取り掛かったが,中風で不自由な体になりながらも執筆し,完成させた。まだ続編を書くつもりだったらしいが,1842(天保13)年5月15日,中風が再発して亡くなった。

　商用で江戸へ出る機会の多かった牧之は,戯作者の滝沢馬琴・山東京伝・十

鈴木牧之記念館

小千谷・魚沼　115

返舎一九・式亭三馬や狂歌の太田蜀山人，儒家の亀田鵬斎，南画家の谷文晁，浮世絵師葛飾北斎ら多くの文化人と交際していた。鈴木牧之の遺品を集めた鈴木牧之記念館は彼らとの交流を示す書画や，牧之の作が展示されている。

坂戸城跡 �51

〈M▶P.54, 113〉南魚沼市坂戸
JR上越線・北越急行ほくほく線六日町駅🚶15分

上田長尾氏の居城

六日町は，関東に通じる三国越え・清水越えの分岐点で，魚野川水運の終点でもあった。南北朝時代の新田氏一族や戦国時代の上田長尾氏は，魚沼地方の水陸交通の要衝であるこの地に支配拠点をおき，坂戸山(634m)に山城を築いた。

坂戸城跡(国史跡)へはJR・北越急行六日町駅東口から駅通りを400mほど東に進み，魚野川を渡って下坂戸集落を400mほど，坂戸山を正面にみながら進むと登山口に到着する。

集落から頂上の富士権現のまつられている実城へは，登山口から，尾根伝いの登山道を約1時間の行程である。これとは別に，集落にある鳥坂神社近くから杉林に延びる道を進んで，石垣に囲まれた居館跡をみながら，正面の沢伝いについた道をのぼると，山上に築かれた複雑な曲輪や空堀などの構造をたどりながら実城まで至ることができる。

下坂戸集落からスギの造林地の中を約300m東方に進むと，戦国時代に長尾房長・政景の住んだ，石垣や土塁で囲まれた約100m四方の館跡や武家屋敷跡が残っている。この遺構から尾根に至る道を進むと，上杉氏についでこの地に入部した，堀氏在城時代のものと考えられる，整った構造をもつ曲輪の遺構をみることができる。

長尾政景の子で上杉謙信の養子となり，その跡を継いだ上杉

坂戸城跡

景勝と、彼を補佐した家老直江兼続の生誕地を記念する石碑が、居館跡にある。また、六日町駅より東に直進して魚野川を渡り、右折して県道434号線を600mほど進んだ上坂戸には、1564（永禄7）年に没した長尾政景の墓が、山裾の杉林の中に立っている。

坂戸城は、上杉景勝が春日山城に移って以来、番城となり、1598（慶長3）年の上杉氏会津移封以後は堀直寄が在城したが、1610年、直寄の信濃飯山（現、長野県）転封により廃城となった。現在、六日町駅から魚野川を渡って旧坂戸城下に入ると、かつて騎馬武者が往来した辺りは温泉旅館街や新興住宅地となっている。

坂戸山西麓から国道291号線を北に約4km進み、三国川を越えてさらに約2km行った下原新田に管領塚がある。1510（永正7）年、越後国守護上杉氏救援のため、関東より攻め込んで、長森原の戦いで越後守護代長尾為景らに敗れた関東管領上杉顕定の墓とされ、今は石碑とともに史跡公園として整備されている。

管領塚から北へ約1.8km進むと、麓集落の北東に六万騎城跡を望む。この城は坂戸城の出城と考えられ、天文年間（1532～55）に福島大炊介政為が居城としたと伝えられる。上杉氏の会津移封とともに廃城となったが、空堀や曲輪などがよく残る。

管領塚から国道291号線を南下し、新堀新田交差点で左折、県道479号線を東に2.5kmほど行くと法音寺（真言宗）がある。この寺は

天平年間(729〜749)に行基によって建てられた草庵を初めとするという寺伝をもち、のちに真言密教を空海から授けられたという。戦国時代には上杉氏の篤い信仰と保護を受け、さらに坂戸城主堀直竒の寄進を受けた。

雲洞庵 ㊼
うんとうあん
025-782-0520
〈M▶P.54,113〉南魚沼市雲洞660
JR上越線・北越急行ほくほく線六日町駅🚌清水・沢口行雲洞入口🚶25分

魚野川沿いの地域には、六日町・五日町を始めとして市場集落の名残りをとどめる地名が残っている。JR塩沢駅から東に約2km、大里の一ノ宮神社では、毎年3月12日に行われる春季例祭の際、雪の上に露店が並び、冬の手仕事としてつくられた藁細工・木製品、農機具などが売られ、古い市の形態を今に伝えている。

塩沢付近は、「越後上布」で知られる高級麻織物や、塩沢お召し・塩沢紬とよばれる高級絹織物の産地である。国道17号線塩沢駅前交差点から1kmほど行った目来田にあるつむぎの里と、塩沢駅から下り方向200mほどの所にある塩沢つむぎ記念館では、越後上布の原料である麻の内皮などが展示されており、織物ができる工程をみることができ、実際に作業を体験することもできる。

雲洞入口バス停より東へ約2km直進すると、坂戸山の峰続きの金城山を背にし、スギの巨木に包まれて立つ雲洞庵(曹洞宗)に着く。雲洞庵は、越後曹洞宗禅四箇道場の1つにあげられる名刹である。『新編会津風土記』によると、養老年間(717〜724)に藤原房前が創建し、その後長く衰えていたが、1420(応永27)年に関東管領上杉憲実が、耕雲寺(村上市)の顕窓慶字を招き、中興開山したという。往時は本堂・大庫裏・禅堂・衆寮や5つの塔頭があり、

上杉景勝・直江兼続が学んだ寺

雲洞庵

寺内に僧堂もあって、多数の修行僧がいた。

　本堂・開山堂・観音堂や宝物館に寺宝が並べられている。ていねいな説明もつけられているので見学しやすい。

　この地域では「雲洞庵の土踏んだか」と言いならわされている。これは雲洞庵の石畳の下に法華経の一字を一石ずつ小石にしたためて埋めてあり、石畳を踏むことによって経典の教えが身につくという言い伝えによる。

六日町飯綱考古博物館 53
025-773-5444

〈M▶P.54, 113〉南魚沼市余川1590
JR上越線・北越急行ほくほく線六日町駅🚶10分

　JR・北越急行六日町駅から西へ約1km行くと、国道253号線と関越自動車道とが交差する南側、標高220〜260mの丘陵上にある飯綱山に12基の円墳があり、飯綱山古墳群(県史跡)とよばれている。この古墳群の北約600mを流れる平手川の浅い谷を隔てた蟻子山にも、大小90基余りの円墳があって、蟻子山古墳群(県史跡)とよばれているが、現在ほとんど破壊されていて、2基が残るだけである。

飯綱山古墳群

大塚古墳群の出土品を展示

　飯綱山古墳群の中でも最大の大塚古墳からの出土品は、県道74号線と124号線との交差点すぐ西側にある六日町飯綱考古博物館でみることができる。このほか、同館では、坂戸城主堀氏の鎧・兜・矢壺・陣中笠や、農具・養蚕用具・生活用具などが収蔵・展示されている。

普光寺 54
025-777-2001

〈M▶P.54, 117〉南魚沼市浦佐2495
JR上越新幹線・上越線浦佐駅🚶15分

　JR浦佐駅西口を出て浦佐の町なかを通る旧三国街道(県道363号線)から、石段を山側に約100mのぼると普光寺(真言宗)がある。

小千谷・魚沼　119

勇壮な裸押し合い祭り

普光寺

平安時代初期、坂上田村麻呂が蝦夷を討つためにこの地を訪れ、国家鎮護を祈って毘沙門堂を建立した際、その別当寺として創建されたという。本尊は大日如来である。本堂は1680（延宝8）年の建立で、江戸時代には寺内に6つの塔頭があったという大きな寺であった。この寺を有名にしているのは、本堂と回廊でつながる毘沙門堂で、毘沙門天像をまつる。現在の堂は1931（昭和6）年に火災にあって、1937年に再建されたものだが、焼失する前の堂は築約700年と伝えられて、国の特別保護建造物にも指定されていた。

毘沙門堂が多くの人びとで賑わうのが、毎年3月3日に行われる裸押し合い祭りである。春を待ちわびた雪国の人びとの熱気が伝わるこの祭りは、古い由緒をもつ。江戸時代の記録では、正月3日、近くの村々から老若男女が立願のためにと、男は裸、女は単または袷を着て集まり、稲刈りの姿をして踊っては左右に分かれて押し合う、これを「一踊り一押し」といい、7回繰り返す。5回目のとき酒を堂上にそそぎ、7回目が終わると肩車に乗り、ささらをすりながら歌う。このとき童子は、堂にぎっしり立つ人びとの頭の上を踏んで縦横に歩き回ったという。

現在は、近郷から奉納された30〜50kgの巨大な蠟燭が照らす中を、不動明王の滝で身を清めた若者が堂内に入り、裸で「サンヨ、サンヨ」の掛け声で押し合う。この間に年男が人馬に乗ってあらわれ、櫓にのぼって群衆に福盃を撒く。これを拾えば幸運を得るという。

普段は静かなたたずまいをみせる境内庫裏の一角では、寺に伝わる鎌倉時代からの古文書や寺宝が参詣者に公開されている。

浦佐から魚野川を渡って5kmほど南の大崎集落には、国道291号線沿いに龍谷寺（曹洞宗）がある。本尊は阿弥陀如来。境内の大

観音堂は，ハワイの日系人などの寄付により1965(昭和40)年に完成したもので，1979年に完成した妙高堂は百数十体の仏像を納める。この寺は，もと天台宗で近くの堂平山中にあったという六万寺が前身とされ，その後真言宗となり，大永・天文年間(1521〜55)に曹洞宗に改めたと伝えられる。境内には，同寺周辺地域にあった南北朝・室町時代の自然石に梵字を刻む供養塔婆40基が集められている。

⑥ 三条・燕・加茂

三条の金物・燕の銅器・加茂の桐たんすなど，江戸時代以来の伝統産業が今も脈々と受け継がれている。

三条別院 ㊺ 〈M▶P.54,122〉三条市本町2-1-57
JR弥彦線北三条駅🚶5分

JR北三条駅を出て東へ300mほど進むと，ひときわ大きな甍の屋根がすぐに目に入る。市民から「御坊さま」とよばれる東本願寺三条別院（浄土真宗大谷派）である。東本願寺16世の一如が，越後での布教のために1690（元禄3）年においたもので，米山より北の大谷派の寺院を統轄している。毎年11月5〜8日に宗祖親鸞の法要として行われるお取越（報恩講）は，近郷の信者の参詣で賑わい，周辺では植木の露天市が開かれる。

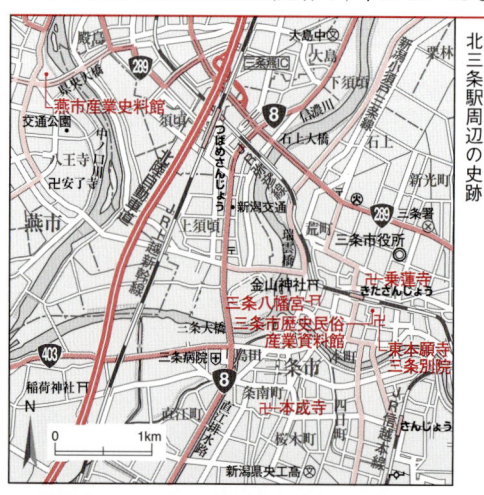

三条別院の西隣には三条市歴史民俗産業資料館がある。産業展示室では，三条の金物産業を分野別・時代別に知ることができ，鋸鍛冶の作業場も復原されている。また，保内三王山古墳群の出土品や，三条出身の画家岩田正巳らの作品，1887（明治20）年8月19日の日食を日本で

北三条駅周辺の史跡

植木の露天市が賑わう

三条別院

初めて科学的観測したことに関する展示などがある。

三条八幡宮 56　〈M▶P.54, 122〉三条市八幡町12-18
0256-33-1278　　JR弥彦線北三条駅🚶4分

三条の総鎮守
三条祭りで神楽を上演

　JR北三条駅から，線路沿いに西へ400mほど進み左折すると，三条の総鎮守**三条八幡宮**（祭神誉田別命・比売大神・気長足姫命）がある。社伝によれば，885（仁和元）年に京都の石清水八幡宮から勧請したものという。もとは東大崎の八幡山にあったが，1599（慶長4）年に現在地に遷されたと伝えられている。境内は公園になっており，金物の神をまつる金山神社や良寛の詩碑がある。社宝としては，長さ約152cm・反り約7cmの**大太刀**（県文化）がある。室町時代の作であり，太刀先の方がより大きく反った姿が力強い。また，「文明三（1471）年」銘の鰐口は，三条市歴史民俗産業資料館に展示されている。

　三条八幡宮では，毎年1月14日夜から15日の朝にかけて**献灯祭**が行われる。江戸時代から続く三条の冬の風物詩で，氏子から献納された巨大な御神灯に火がつけられ，人びとの繁栄と幸福な前途を照らすとして広く信仰されている。5月15日の春季大祭は**三条祭り**とよばれ，格式ある大名行列が呼び物となっている。町内を練り歩いた神輿が神社に戻ってくると，子どもの無事の成長を祈って，2～3歳の幼児を肩に乗せ，神輿・太鼓と一緒に神殿の外側を3周し，拝殿まで一緒に入り込む「舞い込み」という独特の風習がある。また，春と秋の祭礼時には**三条神楽**（県民俗）が奉納される。32舞もの曲目の多さが全国的にも珍しい。

　八幡宮からJR弥彦線の踏切を渡り，北三条駅の北側へ500mほど進むと**乗蓮寺**（時宗）がある。この本尊の**木造阿弥陀如来立像**（国重文）は鎌倉時代の作で，洗練された品格のある美しい像である。数度の火災に

大太刀（三条八幡宮）

三条・燕・加茂

遭いながら，その都度信者らによって守られて難を逃れてきた逸話が伝えられている。ヒノキの寄木造で，衣の薄さを強調する彫りの深い衣文線が印象的である。なお，上保内の長泉寺(浄土真宗)には，平安時代後期の作とされる木造阿弥陀如来立像(県文化)もある。

本成寺 (57)

0256-32-0008

〈M►P. 54, 122〉三条市西本成寺1-1-20
JR信越本線三条駅🚶20分

節分の鬼おどりが名物

JR三条駅からまっすぐ西へ1.3kmほど進むと，本成寺(法華宗)がある。日蓮の孫弟子の日印が，1297(永仁5)年に開いた寺で，室町時代には守護上杉氏，江戸時代には大名溝口氏などから保護を受けて栄えた。現在は，末寺約200カ寺をもつ法華宗陣門流の総本山である。

三条駅から行くと，まず黒門をくぐる。かつての三条城の門で，1642(寛永19)年に本成寺へ移築された。境内入口には，堂々とした三門(山門，県文化)がある。全体に朱が塗られていることから，赤門ともよばれる。1786(天明6)年に再建され，楼上に一切経を納める，県内でもまれな大きさである。本堂は1899(明治32)年の再建である。境内にはこのほか多くの堂塔が並び，寺宝は宝物館に展示されている。

本成寺は，毎年2月3日の節分会に本堂で行われる鬼おどりでも知られる。金物の町三条にふさわしく，鋸や刃物をもった鬼たちを，年男などが豆を投げて退散させるというものである。多彩な色合いの鬼たちの，恐ろしくも滑稽なしぐさが独特で，多くの見物客で賑わう。

鬼おどり(本成寺節分会)

燕市産業史料館 ⑤⑧

0256-63-7666

〈M▶P.54, 122〉燕市大曲4330
JR上越新幹線・弥彦線燕三条駅🚶30分

洋食器の町の原点と未来

　JR燕三条駅から北西にある県央大橋を渡って大曲交差点を右折,その先200mでさらに右折すると燕市産業史料館がある。ここでは,江戸時代初期の和釘生産に始まり,現代の洋食器・金属ハウスウェアに続く,燕の金物産業の軌跡をみることができる。本館2階では,江戸時代からの和釘・ヤスリ・鎚起銅器・煙管・矢立など,金物技術の発展の様子を,それぞれの「手作り仕事場」を中心にわかりやすく解説してある。

　別棟として旧三王淵村庄屋田野家の米蔵を移築・復原した,生活用具館と工芸館がある。また別館の矢立煙管館では,燕市出身の丸山清次郎収集の煙草入れや煙管(徳川綱吉・清水次郎長・犬養毅旧蔵など)が展示されている。2008(平成20)年11月にリニューアルされ,新館が誕生した。燕市の金物産業のほか,世界のスプーンも展示している。スプーン擬似制作体験も可能となった。

燕市産業史料館の内部

諸橋轍次記念館 ⑤⑨

0256-47-2208

〈M▶P.54〉三条市庭月434-1
JR信越本線・弥彦線東三条駅🚌八木鼻温泉行記念館前🚶すぐ

旧下田村の名所めぐり

　JR東三条駅から国道289号線を下田方面に16kmほど車を走らせると,右側に「漢学の里」の立看板がみえてくる。右折し,なだらかな坂道をのぼりきった丘に,『大漢和辞典』の編纂で著名な文学博士諸橋轍次の生家と,隣接して建設された諸橋轍次記念館が立つ。館内には,諸橋の遺品・遺墨,そして『大漢和辞典』編纂にかかわった人びとの資料が展示されており,博士の偉業に触れることができる。また,『大漢和辞典』編纂所として使われていた茶室「遠人村舎」も東京より移築・復原され,「漢学の里」を彩っている。

三条・燕・加茂

諸橋轍次記念館

諸橋轍次記念館から三条方面に約8km戻り，市立下田中学校前の信号を右折，飯田大橋を渡って600mほど行くと，右側に「ウェルネスしただ」があらわれる。その2階が三条市下田郷資料館で，下田郷出土の石器・土器などの考古資料，1971(昭和46)年に過疎地対策として集団離村した，旧下田村最奥の吉ケ平集落の生活用具を始め，下田郷全域から収集された民俗資料を展示している。大谷地紙のすき舟など，現在では姿を消した名産にかかわる資料もみることができる。

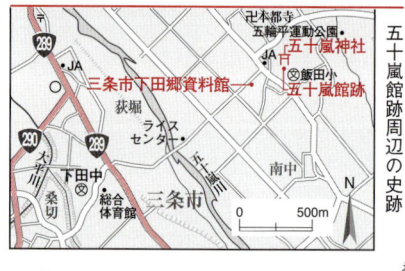

下田郷資料館の南東100mほどの所に，五十嵐館跡(県史跡)がある。鎌倉時代から室町時代にかけての下田郷の豪族五十嵐小文治の館と推定され，幅約10mの堀や土塁，館2棟の存在が認められた。館跡から北に200mほど行った段丘に，下田郷開拓の祖とされる五十日足彦命をまつる五十嵐神社がある。鬱蒼としたスギの巨木に囲まれた石段をのぼりきった所には，1874(明治7)年建立の社殿，その横には「五十日帯日子命陵墓」の碑が立つ。参道にあった注連縄懸けの大杉は，根元から切られたが，その一部をかたわらの堂の中に安置している。五十嵐小文治が館より力試しに投げた石が木にめり込んだという，伝説の「子抱き杉」をガラス越しに覗くことができる。

青海神社 ⑩ 〈M▶P.54, 127〉 加茂市加茂229 P
0256-52-0671   JR信越本線加茂駅 ★ 5分

JR加茂駅東口から県道9号線を400mほど歩き，宮大門交差点を右折すると，赤い鳥居が目に入る。ユキツバキの群生地としても有

青海神社

名な,加茂山(やま)の入口でもある。鳥居をくぐって石段をのぼると,アスファルトの道があり,さらに,正面に続く石段をのぼりきると,青海神社の社殿が姿をあらわす。青海郷開拓の青海首(おびと)一族の守り神であった椎根津彦命(しいねつひこのみこと)・大国魂命(おおくにたまのみこと)をまつる青海神社,賀茂別雷命(かもわけいかづちのみこと)を祭神とする賀茂神社,多多須玉依姫命(たたすたまよりひめのみこと)・賀茂建角身命(かもたけつぬみのみこと)を祭神とする賀茂御祖神社の3社を合祀した神明造(しんめいづくり)で,「お明神(みょうじん)さま」として市民に親しまれている。また拝殿は,神社には珍しい鶯(うぐいす)張りの廊下で社務所と結ばれている。この廊下は,1757(宝暦7)年に新発田藩主溝口直温の命により造営されたものである。参詣者も渡ることができ,天候条件が整えば,鶯張り特有の「リーン」という共鳴音が響くという。

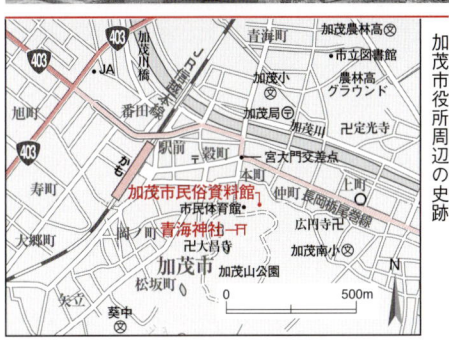

加茂市役所周辺の史跡

石段をくだり,右に曲がると木造の加茂市民俗資料館がある。そこでは,特産物の桐箪笥(きりたんす)・組子(くみこ)・建具や,往時の名産である漢方薬・加茂縞(しま)・加茂紙など,加茂の歴史と生活文化をみることができる。そして左に行くと池の畔(ほとり)に出て,奥に続くリス園など加茂山散策の第一歩となる。

北越の小京都加茂市

善作茶屋(ぜんさくちゃや) ⓰
0256-53-4502

〈M▶P.54〉加茂市黒水(くろみず)1185
JR信越本線加茂駅 🚗 10分

一本箸でトコロテンを食する

JR加茂駅東口から県道9号線を加茂川沿い南東に約5.5km進むと民家が途切れ,右手に小さな店がみえてくる。名物のトコロテンで知られる善作茶屋である。創業130年を数え,清水で冷やしたテングサを目の前で天突きで押し出してくれ,それを箸一本で食する。

三条・燕・加茂

県央地域の地場産業

コラム

金物と織物

金物の町として知られる三条市、洋食器生産で有名な燕市。両市の金属産業の発展は、和釘の生産に始まる。江戸時代、水害に苦しむ農民を救済するため、出雲崎代官が江戸から鍛冶職人を招いたという伝承もある。

三条では、農家の副業に導入された和釘生産を基礎にして、鎌・鋸・包丁という日常生活の道具として使われる三条金物が登場する。現在、利器工匠具・作業工具を始めとした金属加工が市の中心産業となっている。元町のさんじょう鍛冶道場では、その伝統の技を体験する各種の講座が開かれており、和釘をつくることも可能である。

一方、燕市では、和釘から自家用鋸の目立てとしてのヤスリ、銅板を繰り返し鎚で打ち起こした銅器、煙管などが発展してきた。第一次世界大戦の最中、金属洋食器製造が始まり、第二次世界大戦後は金属ハウスウェアの生産など、新分野への挑戦が結実したのが現在の燕の金属産業である。その過程は燕市産業史料館で実際にみることができる。

「北越の小京都」とよばれる加茂市は、木工と織物の町として発展してきた。なかでも特産である桐箪笥は天明年間(1781〜89)に指物師による生産が始まり、江戸時代末期に加茂桐箪笥として全国的に知られるようになった。明治時代以降は国外へも販路の広がりをみせてきた。和から洋、チェストなど、時代の変化とともに製品も増加してきている。三条市から田上町までの国道403号線沿いには、市街から郊外に移った桐箪笥工場が点在しており、3年間じっくりと乾燥させるというキリ材が立ち並んでいる姿は、圧巻である。

最初はとまどうが夏に恋しくなる味である。盆は帰省客で混雑する。不定休なので、事前に確認したほうがよい。営業は4〜10月頃まで。

Kaetsu 下越

旧新潟税関庁舎

阿賀野川ライン舟下り

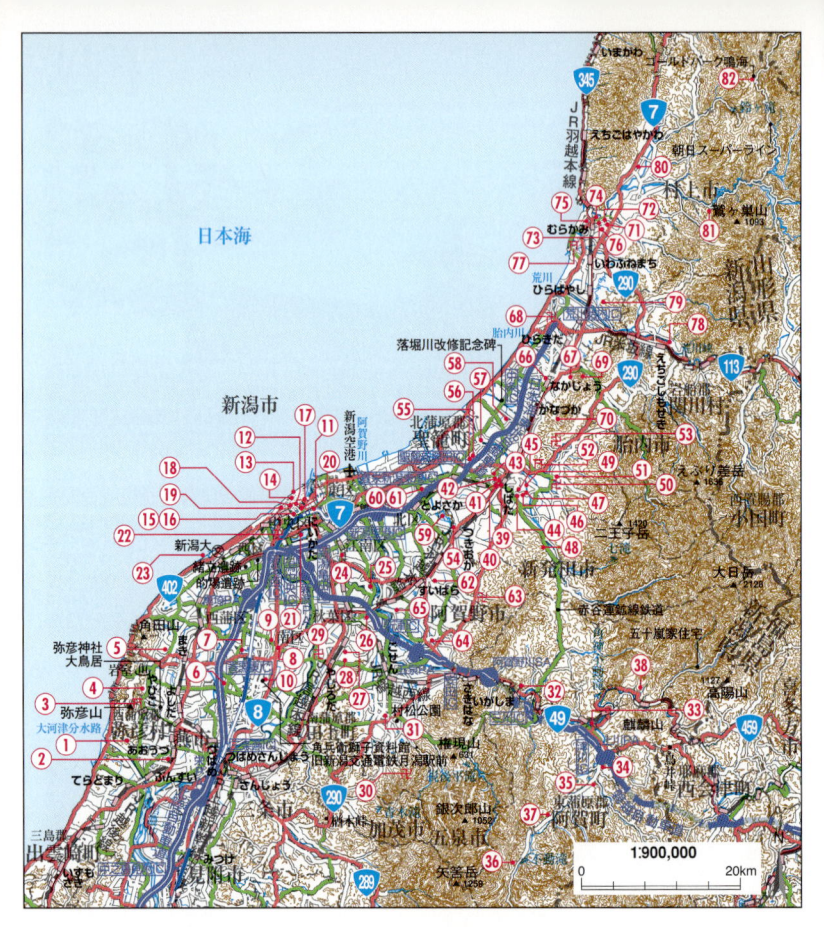

①国上寺と塔頭五合庵	⑩角兵衛獅子地蔵尊	㉑新潟県立文書館	㉚慈光寺
②燕市長善館史料館	⑪萬代橋	㉒西方寺	㉛五泉市村松郷土資料館
③弥彦神社	⑫柾谷小路	㉓新川河口	㉜平等寺薬師堂と将軍スギ
④種月寺	⑬西海岸公園	㉔新潟市亀田郷土資料館	㉝津川城跡
⑤菖蒲塚古墳	⑭護国神社	㉕北方文化博物館	㉞極楽寺の野中ザクラ
⑥澤将監の館	⑮白山公園	㉖新潟市新津鉄道資料館	㉟高徳寺鰐口
⑦潟東樋口記念美術館	⑯新潟県政記念館	㉗新潟県埋蔵文化財センター	㊱室谷洞窟
⑧しろね大凧と歴史の館	⑰新潟市歴史博物館	㉘中野邸美術館	㊲小瀬ヶ沢洞窟
⑨旧笹川家住宅	⑱新津記念館・西堀通	㉙茂林寺	㊳護徳寺観音堂
	⑲戊辰公園		
	⑳蒲原神社		

◎下越モデルコース

国上・弥彦山麓コース　　JR上越新幹線・信越本線ほか新潟駅 70 国上山ビジターサービスセンター(駐車場) 3 国上寺 10 五合庵 10 国上山ビジターサービスセンター(駐車場) 2 乙子神社草庵 20 弥彦神社・宝物殿・十柱神社 5 蛸ケヤキ 10 弥彦参道杉並木 5 宝光院・婆々スギ 60 JR新潟駅

「新潟島」南部コース　　JR上越新幹線・信越本線ほか新潟駅 15 新潟県政記念館 1 白山公園・白山神社 10 新津記念館 15 どっぺり坂 5 会津八一記念館 10 西海岸公園・川村修就の記念像 15 坂口安吾文学碑・護国神社 20 JR新潟駅

新津・五泉コース　　JR信越本線・羽越本線・磐越西線新津駅 7 新潟市新津鉄道資料館 10 北方文化博物館 15 新潟県埋蔵文化財センター 5 中野邸・石油の世界館 15 五泉市村松郷土資料館 10 慈光寺 30 JR磐越西線五泉駅

阿賀町コース　　JR磐越西線五十島駅 20 平等院薬師堂・将軍スギ 20 JR五十島駅 15 JR磐越西線津川駅 10 狐の嫁入り屋敷 30 津川城跡・津川郷土資料館 10 上川郷土資料館 10 小瀬ヶ沢洞窟 10 室谷洞窟 30 JR津川駅

城下町新発田コース　　JR羽越本線・白新線新発田駅 5 諏訪神社 5 清水園・旧新発田藩足軽長屋 5 福勝寺・宝光寺 10 蕗谷虹児記念館 5 新発田城跡 20 長徳寺(堀部安兵衛手植えのマツ) 15 JR新発田駅

新発田・会津街道コース　　JR羽越本線・白新線新発田駅 10 新発田市ふるさと会館・旧県知事公舎記念館・五十公野御茶屋庭園 10 市立米倉小学校前(会津街道松並木) 5 山内口留番所跡 10 角石原戦跡の碑 5 赤谷 20 JR新発田駅

阿賀野市コース　　JR羽越本線水原駅 15 天長山公園(越後府跡) 8 水原代官所跡・水原ふるさと農業歴史資料館 4 瓢湖 10 笹神地区郷土資料館 8 華報寺 10 吉田東伍記念博物館 8 安田城跡・孝順寺 15 JR水原駅

胎内市コース　　JR羽越本線中条駅 20 奥山荘歴史の広場 10 熊野若宮神社 5 大輪寺 20 羽黒館跡 60 鳥坂城跡 60 羽黒館跡 10 黒川郷土文化伝習館 5 シンクルトン記念公園 10 乙宝寺 5 荒川神社 10 平林城跡 20 渡辺家住宅・せきかわ歴史とみちの館 5 JR米坂線越後下関駅

村上市コース　　JR羽越本線村上駅 30 西奈弥羽黒神社 10 村上城跡 10 若林家住宅・村上市郷土資料館 5 浄念寺 10 イヨボヤ会館 20 村上堆朱事業協同組合 10 JR村上駅

㊴諏訪神社
㊵清水園と足軽長屋
㊶寺町通り
㊷蕗谷虹児記念館
㊸新発田城跡
㊹新発田市ふるさと会館・旧県知事公舎記念館
㊺五十公野御茶屋庭園
㊻古四王神社
㊼石井神社
㊽旧会津街道
㊾岡田大日堂
㊿宝積寺
㉝香伝寺
㉞藤戸神社と加治の要害山
㉟菅谷寺
㊱市島家住宅
㊲宝積院
㊳絆已楼
㊴加治川旧分水門
㊵紫雲寺潟の干拓と青田遺跡
㊶福島潟
㊷横井の丘ふるさと資料館
㊸木崎無産農民学校跡
㊹瓢湖
㊺華報寺
㊻阿賀野市立吉田東伍記念博物館
㊼梅護寺
㊽奥山荘歴史の広場
㊾鳥坂城跡
㊿乙宝寺
㊱黒川郷土文化伝習館
㊲願文山城跡
㊳村上城跡
㊴若林家住宅
㊵浄念寺
㊶イヨボヤ会館
㊷村上木彫堆朱
㊸西奈弥羽黒神社
㊹石船神社
㊺渡辺家住宅
㊻平林城跡
㊼みどりの里
㊽奥三面歴史交流館
㊾鳴海(高根)金山跡

① 弥彦山麓と蒲原平野西部

弥彦山麓とその東に広がる蒲原平野は，修験道の霊場であるとともに，豪農が生まれた穀倉地帯でもあった。

国上寺と塔頭 五合庵 ❶

0256-97-3758

〈M▶P.130, 132〉 燕市国上1407 P
JR越後線分水駅🚌15分，または北陸自動車道三条燕IC🚗30分

良寛ゆかりの地
酒呑童子伝説

　JR分水駅から県道68号線に出て大河津分水路沿いを西に進むと，県道2号線との分岐点の西約300m，石港バス停留所に夕ぐれの岡がある。大河津分水路ができる以前は，この付近に「円上寺潟」「中島用水溜」などの池沼があり，水面に映える夕日の美しい場所であったという。この地は，国上寺本堂を再建した万元や良寛らが托鉢の際によく立ち寄った所で，「忘れば　道行きふりの　手向をも　ここを瀬にせよ　夕ぐれの岡」（万元），「夕ぐれの　岡の松の木　人ならば　昔のことを　問わましものを」（良寛）などの歌が詠まれている。

　県道405号線で国上山をのぼって行く途中に乙子神社草庵がある。

国上寺周辺の史跡

良寛は，五合庵の老朽化や山坂の行き来が老身にこたえるようになったため，1816（文化13）年から乙子神社脇の草庵に移り住んだ。ここでの10年間が，良寛芸術のもっとも円熟した期間だといわれている。現在の建物は1885（明治18）年に再建されたもので，神社前には良寛歌碑もある。

　県道405号線をさらに600mほど進むと国上寺（真言宗）に至る。国上寺は，709（和銅2）年弥彦神社の神託によって泰澄が開山したと伝えられ，当初は修験道の霊地であった。その後，法相宗・天台宗を経て真言宗の寺院になった。現在の本堂は，万元によって1718（享保3）年に再建されたものである。本堂手前向か

132　下越

国上寺本堂

って右側には、湧き水が出ている枡形の井戸がある。これが『今昔物語集』に登場する雷井戸である。『今昔物語集』巻第12第1（出典は『大日本国法華経験記』巻下第81）は、以下のような話を伝えている。この地に宝塔を建てようとする人がいたが、宝塔造立成就の日になると、3度にわたって15、6歳ほどの雷童に壊されてしまった。泰澄が法力で雷童を縛って聞いたところ、「自分と大変仲のよいこの山の地主神（弥彦大神か）から、山頂に塔が建つと住む所がなくなるため、塔を壊すように頼まれた。しかし、今後は自分も地主神も逆らわない」と答えた。そこで泰澄が「当山の水の便」を雷童に命じると、雷童は泉を掘りあて天空に飛び去った。それ以後、どんな日照り続きでも、この雷井戸は涸れることがないという。

　参堂を五合庵の方へ進み、本堂に隣接する客殿・庫裏を通り過ぎると、すぐに酒呑童子伝説にまつわる鏡井戸がある。1000年ほど前、国上寺に外道丸という稚児がいた。乱暴者だが、遠近の娘たちから恋文を葛籠いっぱいにもらうほどの美しさであった。やがて、娘の1人が自分に恋い焦がれて死んだことを聞き、恋文を入れていた葛籠を開けたところ、恋文が白煙となって立ちのぼり、気絶してしまった。しばらくして起き上がると顔の異変に気づき、この井戸を覗いたところ、鬼面の自分が映っていたという。狂乱した外道丸は国上寺を抜け出し酒呑童子と名乗り、悪行を重ねた後、丹波国の大江山（京都府）に移り住んだという。また、鏡井戸の先には、鎌倉時代に父の仇討ちをした曽我十郎・五郎兄弟の弟で、国上寺で仏道修行に励んだといわれる曽我禅司房の墓がある。

　国上寺から南西へ5分ほどくだると五合庵に至る。38歳で越後に戻った良寛が、59歳までの約20年間住んでいた草庵である。庵名は、良寛より100年ほど前、客僧であった万元が1日5合の米をもらい、住んでいたことに由来する。現在の五合庵は、1914（大正3）年に再

弥彦山麓と蒲原平野西部

建されたものである。

　国上寺からは，五合庵・乙子神社・千眼堂吊り橋・朝日山展望台などを約1時間でめぐるハイキングコースも整備されている。また，分水駅から北東へ徒歩約5分の上諏訪には分水良寛史料館があり，良寛関係の資料が多く展示されている。

燕市長善館史料館 ❷
0256-93-5400

〈M▶P.130〉燕市粟生津97　P
JR越後線粟生津駅🚶10分，または北陸自動車道三条燕IC🚗20分

> 幕末の漢学塾　塾生1000人を超える

　JR粟生津駅から南西へ400mほど行くと燕市長善館史料館があり，長善館関係の史料が展示されている。長善館は，粟生津村の儒者鈴木文臺が1833（天保4）年に創設した漢学塾で，以後，婿養子の惕軒，その長男柿園，2男彦嶽に引き継がれた，近世越後の代表的な私塾の1つである。1912（大正元）年の閉鎖に至るまでの約80年間に1000人余りの門弟を送り出した。著名な門人としては，幕末に尊王攘夷を唱え諸国を遊説した長谷川鉄之進，第一大学区医学校（現，東京大学医学部）校長の長谷川泰，大東文化学院（現，大東文化大学）学長の小柳司氣太，衆議院議員大竹貫一らがいる。2代館主惕軒の5男鈴木虎雄も，長善館で学んだ後，東京帝国大学漢文科（現，東京大学文学部）を卒業し，30年間京都大学教授に奉職して文化勲章を受章した。館内には，最盛期の長善館の模型，歴代館主や塾生たちの漢詩・書簡・硯などが展示されている。

弥彦神社 ❸
0256-94-2001

〈M▶P.130, 135〉西蒲原郡弥彦村弥彦2887-2　P
JR弥彦線弥彦駅🚶10分，または北陸自動車道三条燕IC🚗25分

> 『万葉集』にも詠まれた越後国一宮

　三条燕ICから国道289号線に出て弥彦村に入ると，すぐに「弥彦神社」の大きな社号扁額がかかった高さ30mの大鳥居をくぐる。1982（昭和57）年秋に上越新幹線の開業を記念して建てられたものである。

　弥彦山（634m）東麓にある弥彦神社は神武天皇の命を受けて野積浜（現，長岡市寺泊野積）に上陸し，人びとに製塩や漁労・農業技術を教えたといわれる，天照大神の曽孫天香山命が祭神である。山頂には，天香山命と妃神熟穂屋姫命をまつった御神廟（奥宮）

弥彦神社本殿

がある。

　弥彦神社は古くから「おやひこさま」とよばれ，親しまれてきた。『万葉集』には，「伊夜比古　おのれ神さび　青雲の　たなびく日すら　小雨そぼ降る」，「伊夜比古　神の麓に　今日らもか　鹿の伏すらむ　皮衣きて　角つきながら」の２首が収載されている。『延喜式』神名帳には越後国の名神大社と記されており，江戸時代には幕府から500石の朱印地（神領）が与えられた。

　天香山命は，神武天皇に神剣を献上して東征を助けた，大功のあった神として，武将の崇拝も集めた。境内の宝物殿には，1326（嘉暦元）年に奥山荘（現，胎内市）の豪族相次郎孝基が奉納した大鉄鉢（鉄製仏餉鉢，国重文），1415（応永22）年に古志郡夏戸（現，長岡市寺泊夏戸）の豪族志田三郎定重が奉納した志田大太刀（大太刀 附革鐔，国重文），上杉輝虎（謙信）が1564（永禄７）年に奉った「上杉輝虎祈願文」（県文化），徳川家康の６男で高田城主であった松平忠輝が1612（慶長17）年に奉納した青磁香炉（砧青磁袴腰大香炉，県文化）などの収蔵品が展示されている。

　現在の本殿（国登録）は，旧本殿が1912（明治45）年に焼失したため，1916（大正５）年に場所をかえて建てられたもので，旧本殿は一の鳥居の正面にあった（現，宝物殿脇）。

　また，境内末社十柱神社社殿（国重文）は，1694（元禄７）年に長

弥彦神社周辺の史跡

岡藩3代藩主牧野忠辰が奉建したもので，絵様彫刻に桃山文化末期の様式を伝えている。当初は「五所宮」として大己貴命と牧野家の4霊神をまつっていたが，1873(明治6)年，大河津分水工事にともない，時の県令楠本正隆の命令で，牧野家4霊神が廃祀され，大己貴命と土木関係の9神をまつった「十柱神社」になった。

神事も多彩で，とくに弥彦神社燈籠おしと舞楽は国の重要無形民俗文化財に指定されている。舞楽は，4月18日に全13曲が奏される「大々神楽」，正月の夜宴神事と2月の神幸神事に奏される「小神楽」，一社秘伝の舞として7月25日に奏される「神歌楽・天犬舞」の3種からなる。大阪の天王寺舞楽の流れを汲み，稚児舞楽の形式をよく残しているといわれている。7月25日を中心に行われる燈籠おしは，県内各地の大燈籠講と地元氏子中から献燈されたさまざまな大燈籠や田楽燈籠が，2基の神輿とともに渡御巡行するものである。

神社脇の旧北国街道沿いに，350mほどにわたって弥彦参道スギ並木(県天然)が残っている。1957(昭和32)年の文化財指定時には538本あったが，樹齢400〜500年の老木であることや排気ガスなどによって減少しつつある。

この杉並木を北に5分ほど歩くと宝光院(真言宗)がある。宝光院は弥彦神社の神宮寺のうち，廃仏毀釈を生き延びた唯一の寺院である。本堂には，本尊の木造阿弥陀如来坐像の右側に，木造多聞天立像(県文化)が安置されている。像の内部背面には，「嘉暦三(1328)年八月一日」の日付と，「龍池寺(かつて弥彦山中にあった天台宗寺院)住人律師頼円」という墨書があり，鎌倉時代の仏像彫刻の特徴をよく残している。宝光院の裏山には，弥三郎婆々の伝説をもつ婆々スギ(県天然)の巨木がある。

弥彦神社前の温泉街を南へ約100m進み，「けやき通り」という西側の小道に入ると，弥彦神社末社の住吉神社に至る。神木である蛸ケヤキ(県天然)は，その名のとおり太い幹のすぐ上から大枝が四方八方へ伸びて，神社の祠堂を覆っている。樹高約30mで，樹齢800年以上と推定されている。蛸ケヤキ下の祠堂は，もとは前原一誠と親交の深かった見附出身の志士・教育者大橋一蔵が創始した明

訓校の中庭(現，弥彦商工会館敷地内)にあったが，同校廃校時に氏子たちが譲り受けたものといわれる。森敦の小説『かての花』には，弥彦の自然と村人の暮らしが描かれている。

種月寺・菖蒲塚古墳 ❹❺
0256-82-2160(種月寺)

〈M▶P.130,135〉新潟市西蒲区石瀬3356／新潟市西蒲区竹野町
JR越後線岩室駅🚗10分，または北陸自動車道巻潟東IC🚗20分／JR越後線巻駅🚗7分，または北陸自動車道巻潟東IC🚗16分

修験道の霊場
日本海側北限の前期古墳

　弥彦神社から県道2号線に出て約2km北上すると，かつて修験道の霊場として知られた石瀬集落がある。集落内の県道は旧北国街道とほぼ一致しており，集落入口近くにある浄専寺(浄土真宗)には，江戸時代末期のすぐれた枯山水式の庭園(県名勝)がある。庭師は，当時「猫」とよばれていた三条の人だと伝える。

　県道をさらに200mほど北に進み，集落中央の交差点を西に曲がると，行基が開山したと伝えられる青龍寺(真言宗)に至る。石瀬霊場の中心地で，脇には祓川が流れている。西約100mには，多宝山山中にあった薬師如来像を移し，まつった薬師堂がある。

　青龍寺から400mほど北に，種月寺(曹洞宗)がある。1446(文安3)年，守護上杉房朝の援助により創建されたと伝え，耕雲寺(村上市)・雲洞庵(南魚沼市)・慈光寺(五泉市)とともに，越後曹洞宗四箇道場に数えられている。本堂(国重文)は1699(元禄12)年の建立で，三島郡出雲崎の大工小黒甚七が棟梁であったことが棟札によって知られる。『続鼓缶軒記』など，同寺を開山した南英謙宗の墨跡・書籍22点(県文化，非公開)も所蔵している。

　弥彦山から角田山に至る山麓には，縄文時代以降のさまざまな遺跡や古墳などが多数存在している。福井集落にある山谷古墳は4世

種月寺参道

弥彦山麓と蒲原平野西部　　137

紀中頃に造営された前方後円墳で，墳形の特徴から能登半島とのつながりが指摘されている。そこから約2.5km北東にある菖蒲塚古墳は4世紀末～5世紀初頭に造営された全長約54mの前方後円墳で，新潟県内最大規模の古墳であるとともに日本海側前期古墳の北限とされる。江戸時代の盗掘により，鼉龍鏡（県文化，東京国立博物館寄託）や硬玉勾玉・碧玉管玉（越後国菖蒲塚古墳経塚出土品の附 指定の一部として，国重文）が出土している。

澤将監の館 ❻
025-375-1300
〈M▶P.130〉 新潟市西蒲区打越甲434 P
北陸自動車道巻潟東IC🚗5分

中世領主の城館跡の面影を残す大庄屋邸

巻潟東IC南方約2.5km，打越集落の中心部に，敷地約2713坪（9013m²）の広大な澤家の邸宅跡がある。初代の澤将監は，もともと甲斐（現，山梨県）の武田信玄の家臣であったが，1612（慶長17）年に同地に移住，1616（元和2）年に村庄屋に任命されたといわれる。その後，同家は新田開発を積極的に推し進め，打越組の大庄屋として力を振るった。邸宅の周囲は，中世領主層の城館跡と同様に，土塁と堀がめぐらされている。敷地内は，1994（平成6）年，旧中之口村によって建物の復原がなされるとともに資料館が設置され，澤将監の館として公開されている。

澤将監の館から南下，県道55号線に出て東へ約2km行き右折すると，2000（平成12）年に開館した中之口先人館がある。ここには，羽黒山政司（36代横綱）・小柳司氣太（文学博士）・大川博（東映の創業者）ら，旧中之口村出身で，さまざまな分野で活躍した人びとの業績を示す資料が展示されている。

澤将監の館

樋口記念美術館周辺の史跡

潟東樋口記念美術館 ❼
0256-86-3444

〈M▶P.130,139〉新潟市西蒲区三方92 P
北陸自動車道巻潟東IC🚗10分

　巻潟東ICの北東約3.5km，新潟市西蒲区役所潟東出張所・潟東地域保健福祉センター・潟東ゆう学館などの公共施設が集中したエリアに，旧潟東村出身で青果卸商として成功を収めた樋口顕嗣が村に寄贈した美術品を収蔵・展示した潟東樋口記念美術館がある。

潟東樋口記念美術館

収蔵品は300点を超え，絵画では藤田嗣治「猫」・小林古径「しゃくやく」・浅井忠「風景(雪)」・黒田清輝「あじ」，彫刻では朝倉文夫「鷹(雄叫)」などが展示されている。隣接して潟東歴史民俗資料館があり，1階には山辺習学(元，大谷大学学長)・福富雪底(元，大徳寺管長)・赤塚不二夫(漫画家)ら，旧潟東村ゆかりの人びとの書画が，2階には農具や鎧潟で使われた漁具などの民俗資料が展示されている。

浅井忠・黒田清輝らの作品を展示

しろね大凧と歴史の館 ❽
025-372-0314

〈M▶P.130,141〉新潟市南区上下諏訪木1181-1 P
北陸自動車道巻潟東IC🚗15分

　巻潟東ICから国道460号線を約8km東進すると，白根総合公園内にしろね大凧と歴史の館がある。毎年6月上旬，中ノ口川の両岸の白根地区と味方地区で行われる大凧合戦にちなんだ凧の博物館で

大凧合戦にちなんだ凧の博物館

弥彦山麓と蒲原平野西部

しろね大凧と歴史の館

ある。当地の大凧合戦は，伝承によれば，1737(元文2)年，中ノ口川の堤防工事の完成を祝って西白根(白根地区)の人びとが大凧を揚げたところ，東白根の民家に落下，怒った東白根(味方地区)の人が凧を揚げて西白根の民家に叩きつけたことが起源だという。

館内には，大凧合戦の歴史や白根地区の歴史のほか，世界と日本各地の凧が展示されている。

旧笹川家住宅 ❾
025-372-3006

〈M▶P.130, 141〉新潟市南区味方216 P
万代シティバスセンター🚌味方経由月潟行・味方経由潟東営業所行笹川邸入口🚶3分，または北陸自動車道巻潟東IC🚗15分

蒲原平野大庄屋の住宅

巻潟東ICから国道460号線を約6.7km東進，中ノ口川の直前で左折し約2.5km行くと旧笹川家住宅がある。笹川氏は，もともと甲斐(現，山梨県)の武田氏の家臣であったが，のちにこの地に移住し，江戸時代には村上藩味方組の大庄屋として，9代約220年にわたって味方村など8カ村を支配した。

主屋の表座敷及び台所(附棟札)は1826(文政9)年の建築で，茅葺き屋根の堂々とした表門(附塀)はそれより古い天正年間(1573〜92)と推定されている。この2棟のほか，居室部・奥土蔵・三戸前口土蔵など計11棟と土地が国の重要文化財に指定されている。

旧笹川家住宅表門

1953(昭和28)年，民芸研究家 柳 宗悦らと笹川家を訪れた英国陶芸家バーナード・リーチは「私のこれまでに見た最も魅力ある家屋の一つ…，この家は『下手』ではなく，『上品』だ。しかも，洗練され過ぎない立派さがあり，粗削りな，いなかじみたところは少しもない」(『バーナード・リーチ日本絵日記』)と評した。また，1945(昭和20)年に来訪した俳人高浜虚子は「椎落葉　掃き悠久の　人住めり」と詠んだ。

　隣接して，旧味方村の名誉村民である曽我 量深(仏教学者，元大谷大学学長)・平澤興(医学者，元京都大学学長)の年譜・功績を展示した曽我・平澤記念館がある。道路を挟んだ南側には諏訪神社があり，本殿(県文)は江戸時代初期の神社建築の様式を伝えている。

角兵衛獅子地蔵尊 ⑩
025-372-6905
(新潟市南区役所月潟出張所)

〈M▶P.130〉新潟市南区月潟2919
万代シティバスセンター🚌味方経由月潟行終点🚶3分，または北陸自動車道巻潟東IC🚗15分

江戸時代に盛行した獅子舞曲芸

　巻潟東ICから国道460号線を約6.5km東進，右折して県道325号線に入り2.5kmほど南下すると，市立月潟小学校の南西約400mの所に旧新潟交通電鉄月潟駅跡がある。その南隣に，角兵衛獅子の人びとが古くから芸道上達と旅巡業中の安全を祈願し，守護神としてきた角兵衛獅子地蔵尊がある。7～13歳くらいの子どもが獅子舞を演ずる角兵衛獅子は，江戸時代の中頃，悪魔退散の舞・年頭の祝慶行事として京都や江戸で大流行した。旅先で廻国中の獅子の一行に行き会うと，人びとは「幸多い旅になる」と喜んだという。

　角兵衛獅子地蔵尊は大小2体の石地蔵で，今から400年ほど前につくられたものといわれる。地蔵尊の祭礼は毎年6月24・25日で，

弥彦山麓と蒲原平野西部

角兵衛獅子地蔵尊

この日を目処に、全国各地を巡業していた親方たちは獅子の子たちを連れて一斉に帰郷した。そして、地蔵尊への奉納、親方衆の総会、村民に対する報恩・慰安など、さまざまな意味を込めて境内で無料で興行が行われた。

　角兵衛獅子の芸は、門付け用の芸と小屋掛け興行用の芸とに大別され、276曲の演目があったとされるが、祭礼で公開されたのは軽業芸を中心とする興行用の芸であった。なかでも、「八枕の芸」といわれる大小さまざまな枡を積み上げた上での演技は、獅子芸の奥義とされ、この祭礼以外では披露されなかったという。

　明治時代以降、角兵衛獅子は衰退の一途をたどった。文明開化の風潮のなかで、角兵衛獅子は子どもを虐げる芸能として非難の目を向けられ、また義務教育の定着がその存続を許さなかったのである。こうして大正時代中期から昭和時代初期にかけて一旦は消滅したが、1936 (昭和11) 年に保存会が結成されて再興された。現在は小・中学生の有志によって伝統芸能として受け継がれ、毎年6月第4日曜日の月潟まつりと、9月23日の観光キャンペーン「角兵衛獅子の舞」で披露されている。

　地蔵尊の北700mほどの所に立つ月潟農村環境改善センター内には角兵衛獅子資料室があり、獅子の衣装や太鼓、獅子の親方たちが秘蔵していた源　義経発行の廻国免許状3通、往来手形などが展示されている。

❷ 「新潟島」の散策

新潟市の市街地は，信濃川と関屋分水で囲まれた「新潟島」の中にある。近世以来の計画都市には多くの史跡が残る。

萬代橋 ⓫

〈M ▶ P. 130, 144〉新潟市中央区万代2
JR上越新幹線・信越本線・越後線・白新線新潟駅🚶10分

新潟のシンボル 国重要文化財に新指定

　JR新潟駅前の東大通をまっすぐ西に進むと，信濃川に架かる萬代橋に出る。「水の都」新潟市のシンボル的存在であり，西新潟と東新潟の架け橋として，市の発展に大きく貢献してきた。2004（平成16）年7月には，実用の橋としては東京の日本橋についで2番目の，国の重要文化財に指定され，正式名称も，「万代橋」から建設当初の「萬代橋」へと変更し，大々的に記念式典も挙行された。

　この橋は，明治時代初期に新潟日日新聞社社長内山信太郎・第四銀行頭取八木朋直らによって計画され，総工費約3万円をかけて，1886（明治19）年11月4日，全長782mの木造橋として完成した。当初1人1銭5厘の渡り料をとる有料橋としてスタートしたが，1900年に県が1万5900円で買い取り，無料化した。1908年の大火で焼失して翌年に木造の2代目萬代橋がつくられた。その後，1929（昭和4）年8月に，現在の鉄筋コンクリート造りの永久橋として架けかえられた。当時の最高先端技術を駆使してつくられたためか，1964年の新潟地震で他の橋が崩壊したにもかかわらず，この橋だけは健在だった。6つの連続アーチの織りなす芸術的な曲線を川面に映しながら，今なお，新潟の大動脈としての役をはたしている。

　なお1996（平成8）年の地下工事中に，初代萬代橋東詰のものと思われる，直径約40cm・長さ約6mの12本の橋杭が発見された。現在，万代地下通路「万代クロッシング」に展示されている。また橋の西詰，ホテルオークラ新潟前庭には，1924（大正13）年に当時の木

萬代橋

「新潟島」の散策

橋を渡った際に詠まれた,「千二百七十歩なり露の橋」の高浜虚子(たかはまきょし)句碑がある。

　新潟駅から萬代橋に向かう途中,東大通が明石(あかし)通(どおり)と交差する角の北陸ビル１階に敦井美術館がある。収蔵品のうち,彩磁禽果文花瓶(さいじきんかもんかびん)(国重文)は,日本近代陶芸の開拓者といわれ,陶芸家として初めて文化勲章を受章,重要無形文化財保持者(人間国宝)となった板谷(いたや)波山(はざん)の貴重な作品である。また,江戸時代の画家で南画の大成者 池(いけの)大雅(たいが)の渭城(いじょう)柳(りゅう)色(しょく)(県文化)も所蔵されている。新潟の画家五十嵐(いがらし)浚(しゅん)明(めい)に送別の品として贈ったもので,大雅青年期の作風を知るうえで貴重な遺作である。ともに常設展示はされておらず,企画展示のみの一般公開となる。

柾谷小路(まさやこうじ) ⑫

〈M▶P.130,144〉新潟市中央区下大川前通(しもおおかわまえどおり)～西堀通(にしぼりどおり)
JR新潟駅🚶15分

　萬代橋西詰から直進して東中(ひがしなか)通(どおり)に至る道路が柾谷小路であり,西へ向かって下大川前通・礎(いしずえ)町(ちょう)通・上大川前(かみ)通・本町(ほんちょう)通・東(ひがし)堀通・古町(ふるまち)通・西堀通の順に交差している。本町通との交差点には,国道の道路元標があり,柾谷小路は元標から東側が国道７号線,西側は国道116号線が現在の正式名で,小路の名称は,この本町通７番町角に柾谷四郎右衛門(しろうえもん)が店を構えていたことに由来している。また1872(明治５)年,本町五番町(ごばんちょう)・六番町(ろくばんちょう)が新潟南(みなみ)市場(いちば)に指定され

柾谷小路の道路元標

て朝市が設けられたが、その活気は常設市場となった今も、しっかりと受け継がれている。

東堀通との北側角地は、江戸時代に町政事務を取り扱った新潟町会所跡で、現在は第四国立銀行から発展した第四銀行本店が立っており、行内の金融資料室には、国立銀行時代の銀行紙幣や開業免状、天正大判・慶長大判などが展示・公開されている。また、古町通は最初古本町といわれ、新潟でいちばん古いということから古町通と改称され、長年繁華街として栄えてきた。

さらに西堀通の北側交差点には、現在高層ビルNEXT21(旧新潟市役所)が立っているが、その反対の南側角の新潟三越デパート付近が、江戸時代の新潟奉行所跡であり、当時はここで行き止まりとなっていた。

西海岸公園 ⓑ 〈M▶P.130,144〉新潟市中央区西船見町5932-626
JR新潟駅🚌浜浦町 行西大畑坂上🚶5分

日本海を眺望 新潟の文人探訪ゾーン

柾谷小路西端から東中通に曲がらず、左手に故荻野久作世界不妊学会名誉会長宅があったオギノ通、新潟県知事公舎、右手奥にカトリック新潟教会などをみながらまっすぐ行くと、どっぺり坂に突き当る。どっぺりとはドイツ語「Doppel(二重)」に由来する、旧制新潟高校時代の落第の隠語であり、階段の数も試験の及第点に1点満たない59段となっている。

どっぺり坂をのぼってさらにまっすぐ海に向かうと、浜に出る手前右手に新潟市會津八一記念館がある。會津八一は新潟市古町通に生まれ、新潟県尋常中学校(現、県立新潟高校)を卒業後、早稲田大学に学び、母校の教授として教鞭をとった。1945(昭和20)年戦災に遭って北蒲原郡中条町(現、胎内市)に疎開し、翌年から夕刊新潟新聞社社長となり、晩年を故郷新潟市ですごした。日本を代表する美術史家であっただけでなく、卓越した書家・歌人としても知られ、

「新潟島」の散策　　145

どっぺり坂

名誉市民となったその業績を記念・顕彰するため、1975(昭和50)年に記念館が建設された。書の作品を中心に、原稿・書簡・遺品など約9000点が収蔵・展示されている。

記念館の裏の砂丘一帯は西海岸公園となっている。かつては「ドン山」とよばれ、砂丘上にはドン(午砲)がすえられ、1873(明治6)年から、1924(大正13)年に時報塔ができるまでの52年間、正午に空砲を撃って市民に時を告げ、市民の時計がわりとして重宝がられた。現在は、口径75mm・砲身2mの復元された大砲がある。公園内には、江戸時代、町民生活の向上に尽くし、砂防植林を継承発展させるなどした初代新潟奉行川村修就の記念像、

會津八一記念館

會津八一と良寛の石碑、竹内式部像などが建てられている。竹内式部(敬持)は新潟出身の江戸時代中期の神道家・尊王家で、市立湊小学校背後の共同墓地に墓、白山公園に石碑がある。

護国神社 ⓮
025-220-4345
〈M▶P.130,144〉新潟市中央区西船見町5932-300
JR新潟駅🚌浜浦町行日本海タワー前🚶5分

文学探訪が楽しめる境内 芭蕉・安吾・白秋

柾谷小路西端で左折すると、東中通となってすぐに営所通と交差する。そこから海に向かって右折すると、オギノ通と交差して寄居町に出る。営所とは、1872(明治5)年に東京鎮台第16管区8中隊がおかれたことに由来し、寄居とは、1585(天正13)年に上杉景勝が新発田重家を攻めた際、寄居城を築いたことからつけられた

護国神社

といわれている。

　オギノ通を越え，新潟大学附属小・中学校を右手にみながら海へ向かうと，左手に大きな鳥居がみえてくる。これをくぐって約400m行くと護国神社社殿がある。鳥居前には八木朋直像，参道すぐ脇奥には芭蕉堂降雨庵がある。俳聖松尾芭蕉が，『おくのほそ道』の旅で新潟を訪れ，雨に降り込められて難儀した際，大工源七の母が宿を提供し，もてなしたという。感激した芭蕉は「海に降る　雨や恋しき　浮身宿」と詠んでいる。またそこから社殿まで行く途中に，新潟市生まれで戦後の文学界に新風を吹き込んだ無頼派の代表作家坂口安吾文学碑「ふるさとは語ることなし」と，国民的詩人北原白秋の歌碑がある。安吾文学碑は，高さ2.5m，重さ20tの巨大な花崗岩に刻まれており，彼の告別式の日に建立された。少し離れて並ぶ白秋の歌碑には，彼が1922（大正11）年，童謡音楽会に招かれて新潟を訪れた際，子どもたちと約束して作詞したという「砂山」が刻まれている。「砂山」に歌われ，一面のグミ原が広がっていた砂浜は，今は浸食によって後退し，残念ながらその姿をみることはできない。

白山公園 ⑮

日本最初の市民公園　新潟市民憩いの場

〈M▶P.130,144〉新潟市中央区一番堀通町　P
JR新潟駅🚌昭和大橋経由入船営業所行白山前🚶1分，またはJR越後線白山駅🚶10分

　JR新潟駅から昭和大橋経由のバスで15分ほど，白山駅からは東へ800mほどで，わが国最初の市民公園である白山公園に行き着く。この公園は，1873（明治6）年1月，政府の公園設置の布達を受けて，新潟県令楠本正隆がつくらせたもので，オランダ風の回遊式庭園として市民に開放され，当初は新潟遊園とよばれていた。園内には，新潟遊園建設の由来を太政大臣三条実美が揮毫した石碑があり，県内最初の新聞『北湊新聞』の発行者坪井良作の碑もある。『北湊新聞』は1872年2月に創刊され，翌年経営難で廃刊を余儀なくされ

楠本正隆銅像

たが、坪井は1874年には県内最初の日刊紙『新潟毎日新聞』(初め『新潟隔日新聞』)を発行、県内言論界の先駆者となった。このほか、宝暦・明和事件(1758〜59年・1766年)にかかわった竹内式部の碑、明和義人顕彰之碑なども建てられている。また蓮池の奥には、新潟の大商家であった斎藤家住宅主屋のうち、燕喜館(国登録)とよばれた座敷棟が移築されている。

公園西側に隣接する新潟総鎮守白山神社(主祭神菊理媛大神)の本殿には、井上文昌が新潟湊での御城米積み込みの風景を描いた大船絵馬(県文化)がある。北蒲原郡水原村(現、阿賀野市)の市島次郎吉正光が北越蔵米回漕の命を受け、千石船40隻を建造し、海上安全を祈って1852(嘉永5)年に献納したものである。

新潟県政記念館 ⓰

025-228-3607

〈M▶P.130, 144〉新潟市中央区一番堀通町3　P　JR新潟駅🚌昭和大橋経由入船営業所行白山公園前🚶1分

日本最古の議事堂遺構文化施設の隣りに立地

白山公園の東隣には、屋上に八角形の尖塔をもつ2階建ての木造洋風建築がある。1883(明治16)年に建てられた新潟県議会旧議事堂(附棟札、国重文)そのものを公開している新潟県政記念館で、府県会開設期の議事堂としてはわが国唯一の遺構である。設計は、西蒲原郡巻村(現、新潟市)出身の星野総四郎があたったといわれ、外壁

新潟県政記念館

新潟明和騒動

コラム

長岡藩政への抵抗
新潟町民の集団蜂起

　1768（明和5）年9月26日，新潟町では600人以上もの町人が，蓑笠姿に鳶口や斧・鉄棒などの武器をもって，奉行所・町会所に押し寄せた。

　新潟明和騒動の発端は，当時新潟町を支配していた長岡藩が，1500両もの御用金を賦課したことから始まった。当時の新潟は，入船が減って不景気が続き，米価も値上がりして困窮するものが多数出ていた。そこで町人たちは，9月13日に西祐寺（浄土真宗）に集まって対策を話し合ったが，奉行所側の知るところとなって，21日に首謀者として涌井藤四郎が逮捕され，入牢処分となった。これが引き金となり，26日当日に寺の早鐘を合図に群衆が日和山付近に集まり，涌井を訴えた家や米商人・廻船問屋などを打ちこわし，奉行所へも押しかけたのである。

　騒ぎを抑え切れなくなった奉行所は，翌朝涌井を釈放し，この後しばらくの間，涌井ら町人の手によって町政が行われることとなった。治安維持を始め，米の配給・安売り，借金利子の引下げ，質屋の増設などを行って庶民生活の安定をはかる一方，事態収拾のために長岡藩との対応にも当たった。

　しかし藩側の巧妙なやり方によって，指導者たちは長岡へ召喚され逮捕されることとなり，1770年8月25日，騒動の一切の責任が涌井と岩船屋佐治兵衛に負わされる形で，2人の斬首が断行された。

　さらに町内ごとに，銭2貫文ずつの過料が課されることとなった。この一件は忘れ難い事件として庶民に記憶されただけでなく，芝居や講談としても語り継がれ，1928（昭和3）年には，白山公園内に巨大な明和義人顕彰之碑が建てられた。

明和義人顕彰之碑

は漆喰塗りで，建物の角とガラス窓のまわりは石積みである。館内は，当時の議会場が復原されており，歴代県令・知事や議長の写真，県議会の資料および新潟県の変遷に関する資料などが展示されている。2004（平成16）年10月から内装を含めた修復工事が行われ，2006年11月に再開館した。

　その裏手の県民会館隣には，1998（平成10）年に新潟市民芸術文化

「新潟島」の散策　　149

会館(通称りゅーとぴあ)が新設され，約1世紀を経過した新潟県議会旧議事堂との新旧対比が，また違った情緒をかもし出している。

新潟市歴史博物館 ⓱
025-225-6111

〈M▶P.130, 144〉新潟市中央区柳島町2 Ⓟ
JR新潟駅🚌入船営業所行歴史博物館前🚶1分

開港地新潟の顔
旧新潟税関庁舎

　萬代橋から柾谷小路に出て礎町通を過ぎると，現在新島町通といわれる欅並木の通りと交差する。そこを北に折れて400mほど歩くと，左手に西厩島町の金刀比羅神社がある。社宝の奉納模型和船28点(国民俗)は，幕末から明治時代にかけて日本海沿岸で活躍した北前船を模型としており，船問屋・船主・船頭などが海上の安全を祈願して奉納したものである。遠くは隠岐国(現，島根県隠岐郡)からの奉納もみられる。

　金刀比羅神社から北に1kmほど行くと信濃川に面して，2004(平成16)年3月，2代目新潟市庁舎(1911〈明治44〉年竣工)をモデルとして新設された新潟市歴史博物館(通称みなとぴあ)がある。その一画は旧新潟税関(国史跡)の敷地にあたり，旧新潟市郷土資料館として利用されていた旧新潟税関庁舎(　附　棟札，国重文)があり，新潟の新しい文化ゾーンが誕生した。新潟港は，1868(明治元)年11月開港であったが，事実上は翌年秋の新潟運上所開設後であった。この運上所が1873年に新潟税関と改められ，1966(昭和41)年まで98年間にわたり税関業務が行われた。1869(明治2)年竣工の庁舎は海鼠壁で，木造洋風平屋建ての主棟の中央に櫓風の監視塔がある。

　博物館の対岸には，佐渡汽船ターミナルおよび2003年5月にオープンした日本海最大の高さを誇る，地上31階建ての新潟コンベンションセンター(通称朱鷺メッセ)がある。施設内には県立万代島美術館もあり，最上階には展望室が設けられている。その上流には，新設

新潟市歴史博物館(みなとぴあ)

された柳都大橋，そして萬代橋がみえる。信濃川を挟んで，新潟のシンボル的存在が一望できる，格好のスポットとなっている。

新潟市歴史博物館から信濃川を背に北西へ400mほど歩くと，湊稲荷神社にぶつかる。境内には，台座ごとグルリとまわる珍しい一対の高麗犬がおかれているが，向かって右側が男性の，左側が女性の願いごとをかなえてくれると信じられている。昔，少し離れて現在は横七番町通とよばれる一画に，遊郭が立ち並んでいて，遊女たちは，客となる船乗りたちが西風で出港できないように，高麗犬を西向きにかえて祈ったという話も残されている。ここから1kmほど北の小高い丘の上にある水戸教公園は，昭和時代初期まで続いた水先案内や水難救護を行った水戸教の建物があった所である。

新津記念館・西堀通 ⑱
025-228-5050

〈M ▶ P.130, 144〉新潟市中央区旭町通1
JR新潟駅🚌信濃町経由西部営業所行市役所前
🚶5分

旧寺町西堀通 新潟の歴史を伝える街並み

新潟市役所の北側は医学町通とよばれ，新潟大学歯学部・医学部の附属病院がある。これらを左手にみながら坂をのぼって行くと，新津記念館（国登録）に至る。大正時代から昭和時代初期にかけて石油業で財をなした新津恒吉が，取引先の外国人客を招くための迎賓館として建てた純洋風建築で，地下1階・地上3階建て，「イギリスの間」「フランスの間」などがある。

記念館の東側には，東中通を挟んで寺院群が形成されている。この一帯は，江戸時代には寺町とよばれていたが，現在は西堀通となり，通り沿いに二十数ヵ寺が立ち並んでいる。

西堀通を白山公園側から北上すると，まず最初に，明和騒動（1768年）の発端となった西祐寺跡に建立された本浄寺（浄土真宗）があらわれ，さらに進むと平安時代前期の特色を残す木造菩薩立像（県文化）が伝えら

太田木甫句碑

「新潟島」の散策　151

れている瑞光寺(曹洞宗)に着く。さらに北上すると,柾谷小路手前右手に,弘願寺(真言宗)の30尺(約9m)の弘法大師像がみえてくる。繁華街の中心地に聳え立つこの像は,行き交う人びとに一瞬の安らぎを与えてくれる。

さらに柾谷小路を越えたNEXT21脇には,太田木甫句碑や平出修歌碑があり,そこからしばらく行くと,明和騒動の打ちこわし後に民衆の会議が行われた勝念寺(浄土真宗)が左手にみえる。そのすぐ先に,1874(明治7)年に牛肉の小売店として開業し,のちに西洋料理店として開業されたイタリア軒があり,店前には蕗谷虹児の「花嫁人形」の歌碑が建てられている。

西堀通をさらに進むと,広小路と交差する。ここを左折してまっすぐ行くと,右手に新潟市美術館,左手に西大畑公園がみえてくる。新潟地方合同庁舎の角を左折すると,1881(明治14)年,全国遊説中の板垣退助が国会開設勅諭の電報を受け取ったことで知られる料亭行形亭(主屋ほか10棟,国登録)と,會津八一が晩年をすごした北方文化博物館新潟分館(主屋ほか6棟,国登録)がある。

関屋駅周辺の史跡

戊辰公園 ⓲ 〈M▶P.130,152〉新潟市中央区関屋下川原町2
JR新潟駅🚍信濃町経由西部営業所行新潟高校前🚶2分

かつて新潟島とよばれた新潟市街地から南西に向かうと,県立新潟高校正門前,国道116号線沿いに戊辰公園という小さな公園があ

色部長門追念碑

る。その一角に幕末の米沢藩（現，山形県）家老色部長門の追念碑が立てられている。新政府軍と関屋金鉢山で交戦した際に銃弾を受けて，切腹した場所といわれている。

新潟高校から400mほど東に戻った所には新潟市水道局がある。全国で14番目に完成された新潟市の上水道設置経過を新潟市上水道敷設関係資料（新潟市歴史文化課所蔵，県文化）により詳細に知ることができる。

戊辰公園から国道116号線を西へ400mほど行くと，旧関屋村で代々庄屋をつとめていた斎藤家住宅主屋・土蔵（国登録）がある。そこから浜浦町方面に出てしばらく西進すると，日本歯科大学に至る。構内には医の博物館があり，医学史関係の資料を多数展示してあり，杉田玄白が1774（安永3）年に翻訳・刊行した『解体新書』もみることができる。

さらに西に500mほど進んで行くと，関屋分水路に突き当る。洪水時に信濃川下流の水を放水するもので，1922（大正11）年の大河津分水完成によって一応の洪水対策がなされたものの，完全とはいえず，地盤沈下に悩む沿岸低湿地排水の必要性もあって，1972（昭和47）年に約8年半の年月を費やして完通された。2004（平成16）年の7・13水害においては，この分水路が地域一帯を洪水から救ったことが，分析調査の結果，明らかにされた。

幕末の攻防跡地　信濃川治水の完結路

「新潟島」の散策

③ 新潟市街地の周辺を歩く

淳足柵との関連が推測される沼垂など，市街地周辺には原始・古代以来の遺跡や由緒ある寺社が残る。

蒲原神社 ⑳
025-244-4541
〈M▶P.130,144〉新潟市 中央区長嶺町3-18
JR上越新幹線・信越本線・越後線・白新線新潟駅 🚶10分

亀田郷の総鎮守「淳足柵」の所在地は？

JR新潟駅北口から東に約800m行くと，栗の木バイパス（国道7号線）に突き当たる手前，線路沿いに蒲原神社がある。祭神は木の神である久久廼智命ほか，火・土・金・水とあわせて5神であり，正式には五社神社という。神社の参道正面には神楽殿があり，その奥の拝殿には新発田藩7代藩主溝口直温が献納した「青海社」の扁額が掲げられてる。亀田郷の総鎮守とされ，毎年6月30日から7月3日まで行われる蒲原祭りの起源は鎌倉時代に遡るといわれ，五穀の豊凶を占う託宣を得ようと，近郷近在からのたくさんの人で賑わう。亀田郷一帯ではこの祭礼を，古くから農作業の一区切りとしている。

栗の木バイパスを挟んで，蒲原神社の北東約250mには沼垂白山神社がある。沼垂地区の鎮守で，毎年8月16日の大祭は沼垂祭りとよばれ，各町内会から大灯籠が出され，勇壮にぶつかり合う「けんか灯籠」として有名である。

白山神社から沼垂四ツ角に向かって北に向かうと，右手に「沼垂の寺町」とよばれるように，由緒ある寺院が幾つも立ち並ぶ一角がみえてくる。四ツ角で右折すると，いちばん奥に法光院（真言宗）がある。寺宝のうち，鎌倉時代後期の作という絹本著色不動明王二童子像（国重文）は「荒波鎮めの不動」として伝わっている仏画であり，絹本著色慈恩大師像（県文化）は，唐の玄奘三蔵の弟子であ

蒲原神社拝殿

天曝し観音

る慈恩大師の肖像図で，鎌倉時代末期の作と推定されている。絹本著色三千仏図（県文化）は，過去・現在・未来の三世の仏各1000体を3幅に描いたもので，室町時代に描かれ，県内の類品中もっとも整った構図をもっている。

『日本書紀』にみえる「渟足柵」と，この沼垂地区との関係は深いものがあると考えられるが，古代の沼垂の位置は河川流動により現在と違っており，渟足柵ももう少し北東側にあったのではないかと推定されている。法光院の北東約4km，松崎の薬師庵（真言宗）には木造薬師如来坐像（県文化）が，さらに阿賀野川を越えて北東に約10km行った新潟東工業港入口の北区太郎代には，堂の屋根が何回も吹き飛ぶことから，通称天曝し観音（太郎代観音）とよばれる石造観音立像がある。

新潟県立文書館 ㉑
025-284-6011

〈M▶P.130, 156〉新潟市中央区女池南3-1-2 Ｐ
JR新潟駅🚌女池愛宕行野球場・科学館前🚶4分

JR新潟駅南口から南へ2kmほどまっすぐ行くと，新潟の自然を象徴する鳥屋野潟に突き当る。湖を取り囲む市民憩いの場，県立鳥屋野潟公園の北西部，女池地区の一角に市営鳥屋野野球場・県立自然科学館と隣接して，1992（平成4）年に県立図書館が新設された。この図書館内に併設されている新潟県立文書館には，所蔵資料として長善館学塾資料（県文化），寄託資料として桂家国学関係資料・市島家文書・渡部家文書（いずれも県文化）などがあり，

新潟県立文書館

新潟市街地の周辺を歩く　　155

新潟県立文書館周辺の史跡

鳥屋野潟に臨む自然環境に恵まれた文教施設

図書館にも学塾三餘堂関係資料(県文化)が所蔵されている。

長善館は，1833(天保4)年，粟生津村(現，燕市)の儒者鈴木文臺によって創始された代表的な私塾の1つであり，歴代塾頭の著述草稿文筆や日記・覚書・書簡など283点，県教育史の資料として貴重である。また，江戸時代からの名家である桂・市島・渡部各家に伝わる歴史資料，南条村(現，柏崎市)の私塾三餘堂(のちに藍澤義塾)に残る書籍などによって，近世後期から近代にかけての越後における文化・社会の特徴と変遷をうかがうことができる。

越後七不思議の宝庫 親鸞と順徳上皇の遺跡

西方寺 ㉒
025-283-3916
〈M▶P.130,156〉 新潟市中央区鳥屋野3-1-22 P
JR新潟駅🚌曽川・小須戸方面行鳥屋野🚶5分

　JR新潟駅から信濃川沿いに約3.5km西進すると新潟県庁に至る。さらに南へ約2km行くと，国道116号線鳥屋野交差点のすぐ南東角に西方寺(浄土真宗)があり，その東方400mほどの所に，人家に囲まれながらも西方寺旧跡と広大な藪が存在する。これが鳥屋野逆ダケの藪(国天然)で，親鸞が布教の途上，もっていた竹杖を地面に刺し，自分の教えが仏の意にかなうならば必ずや杖から根が張

鳥屋野逆ダケの藪

り，芽が出ると予言したところ，その後タケが繁茂してみごとな竹林になったという伝説が西方寺に残されている。突然変異によって淡竹（はちく）の枝が極端に下向きに垂れているその姿は，親鸞にまつわる越後七不思議の1つ，「逆竹（さかさだけ）」として知られている。また，1221（承久3）年に佐渡へ流された順徳上皇がこの旧跡を訪ねたといわれており，上皇ゆかりの装束塚（しょうぞくづか）・馬洗いの池・馬繋ぎのエノキなどの古跡が残っている。

国道116号線鳥屋野交差点から南に約200m進むと，旧帝石橋にかわる新しい橋として，1993（平成5）年に架設された平成大橋（へいせいおお）が右手にみえてくる。橋を渡ると，旧黒崎町域（くろさき）に出る。親鸞が「南無阿弥陀仏（みだぶつ）」の名号（みょうごう）を舳先につけたら，風が和らいで対岸の鳥屋野に渡ることができたという平島の波切御名号（へいじまなみきり）や，焼かれたフナを称名（しょうみょう）もろとも池に放ったところ泳ぎ出したという山田の焼鮒（やまだやきふな）など，伝説に由来する旧跡が残されている。

新潟バイパス黒埼ICから新潟西（にし）バイパス沿いに進むと，小新（こしん）ICの南西約500mに的場遺跡（まとば）（県史跡），亀貝（かめがい）ICの南東約500mに緒立遺跡（おたて）（県史跡）がある。的場遺跡は縄文時代後期から室町時代にかけての遺跡で，産業・交通の要所として，奈良・平安時代には官衙（かんが）関連の施設があったと推定されている。現在，遺跡周辺は流通センターになっているが，漁具・木簡（もっかん）・和同開珎（わどうかいちん）などの的場遺跡出土品（県文化）は，北区太郎代にある新潟市埋蔵文化財センター（平成23年〈2011〉度に西区木場（きば）に移転予定）に保管されている。緒立遺跡は，的場遺跡と連続する遺跡群であるが，面積は約4倍にもなり，漁具や木簡だけでなく住居跡も発見されており，古代から中世にかけての，この地域一帯の中心地であったと考えられている。

新川河口（しんかわかこう）㉓

〈M▶P.130〉 新潟市西区五十嵐三の町（いがらしさんちょう）
JR越後線内野駅（うちの）🚶25分

治水工事の成功　西蒲原住民団結の結晶

JR内野駅の西側，赤塚寄りの砂丘地を抜けて海にそそぐ新川（あかつか）は，掘り割って通水された人工の河川である。旧西蒲原郡（にしかんばら）一帯は潟湖（せきこ）が多く低湿地で，信濃川の支流で天井川である西川が洪水をおこすたび，つねに湛水（たんすい）に悩まされていた。その解決策として，内野村金蔵坂の砂丘を掘り割りして日本海へ排水する工事が企図され，その排

新潟市街地の周辺を歩く　157

新川河口の大排水機場

水路としてつくられたのが新川であった。西川の流れをそのまま流す必要から，西川の床下に底樋を伏設して，2本の川を交差させるという難工事であった。金蔵坂工事は，すでに天明年間(1781〜89)から計画されていたが，実現したのは1820(文政3)年で，工事人夫延べ約200万人を動員しての竣工となった。その後，何回か改良工事が行われ，現在河口付近には，農林省国営農業水利事業として1971(昭和46)年に完成をみた世界的規模の大排水機場が配備されている。

新川右岸北東部には，新潟大学のキャンパスが広がっており，その一角にある新潟大学附属図書館には，堀直寄文書(県文化)が所蔵されている。直寄は，上杉氏の会津(現，福島県)転封後に入封した堀氏の一族で，江戸時代初期に長岡・村上藩主を歴任し，長岡藩主時代には新潟町の統治にあたっており，文書は，幕藩制社会成立期の貴重な史料として知られている。

新潟と沼垂

コラム

港町の対抗と変遷／駅誘致をめぐる対立関係

　新潟市は信濃川河口にあり，その左岸には旧新潟町が，右岸には旧沼垂町が位置していた。沼垂町は新潟町よりも早くに湊町として繁栄していたが，河川の流動にともなって地形変化が激しく，たびたびの移転を余儀なくされた。

　それに対して新潟町は，江戸時代になって長岡藩領の湊町として発展し，西廻り航路の寄港地にも指定され，越後米の積出港として繁栄した。1843（天保14）年に幕府直轄領となり，1858（安政5）年には開港地の1つとしても指定されたが，新発田藩領の沼垂町とは，支配管轄が違うこともあって利害が対立していた。明治時代になってからも依然として不和が続いていたが，新潟が市制施行した後の1897（明治30）年，ついに駅の誘致をめぐって爆破事件を引きおこすまでになった。

　信越線は，1886（明治19）年に直江津駅まで開通していたが，その後，直江津と新潟とを結ぶ事業のなかで，起点となる停車場と路線の位置決定が大きな問題となった。経費的な面もあって，一旦，沼垂の竜ヶ島に駅設置が決まり，開通式が行われることとなったが，その当日，反対派の新潟側数人によって，栗の木川鉄橋などが爆破されるという事態に発展した。この問題は，のちに，路線をやや曲げて，新潟駅を沼垂側の弁天町とすることで一応結着した。新潟と沼垂の根強い対抗意識を如実に示す事件であった。

　こうした対立関係も，1914（大正3）年の新潟市と沼垂町の合併によって，ようやく終止符が打たれることとなった。新潟駅を抱える沼垂地区を中心とする東新潟は，1931（昭和6）年の上越線全通なども　あって多数の工業立地がみられ，工業地帯としての整備が進められた。また，1982（昭和57）年の上越新幹線開通後，新潟駅周辺の都市開発は一層進み，西新潟も一帯となった新潟市の発展の象徴ともなっている。

新潟市街地の周辺を歩く

❹ 蒲原平野中東部

鉄道の町「新津」、城下町「村松」、会津との関連を色濃く残す「阿賀」。さまざまな史跡と自然が残っている。

新潟市亀田郷土資料館 ㉔
025-382-1157

〈M▶P.130〉新潟市江南区亀田新明町1-2-3　P
JR信越本線亀田駅🚶15分、または万代シティバスセンター🚌水原行亀田上町🚶5分

今では住宅地や商工業施設の立ち並ぶ亀田の町は、昭和時代初期頃までは土地が海面より低く、常時水が溜まった湿地であった。田とは名ばかりの「芦沼」が広がり、腰まで泥に浸かっての農作業は「舟農業」とよばれ過酷な重労働であった。こうした芦沼を乾田にかえる事業は大正時代から始まっているが、1949(昭和24)年栗の木排水機場がつくられたことにより、より効果的に排水することが可能となり、美田が広がる緑豊かな土地へと改良されたのである。

亀田上町バス停の東約300m、市立亀田小学校の東側に隣接する新潟市亀田郷土資料館には、舟農業の様子を今に伝える写真や農具、当地の特産品であった亀田縞の作業着などが展示されており、亀田郷での米作りの様子を感じることができる。

新潟市亀田郷土資料館の内部

亀田郷の米作り

北方文化博物館 ㉕
025-385-2001

〈M▶P.130〉新潟市江南区沢海2-15-25　P
万代シティバスセンター🚌沢海経由新津行上沢海博物館前🚶2分、または磐越自動車道新津IC🚗5分

新津ICから県道17号線を阿賀野川左岸沿いに約3km北上すると、板塀に囲まれた北方文化博物館がある。この豪壮な構えの一画は、越後の千町歩地主伊藤家の旧邸宅である。戦前の新潟県は「地主王国」として有名であった。全国で9戸あった千町歩地主のうち

千町歩地主の繁栄ぶり

160　下越

北方文化博物館

5戸は本県で，伊藤家は，そのなかでも1370余町歩の田畑を所有する最大規模の地主であった。

代々の当主は文吉を名乗り，江戸時代に金融業・倉庫業などで蓄財を遂げ，明治時代に入って土地を集積して大きく成長した。その繁栄ぶりは「弥彦神社（西蒲原郡弥彦村）まで他人の土地は歩かない」と語り継がれるほどであった。屋敷地には数多くの建物が立ち並び，贅の限りをつくした総ケヤキ造りの大広間座敷，三間続きの茶の間，毎朝1俵（60kg）の米を炊いていたといわれる台所など，部屋数は65を超える。

現在，主屋・大広間・集古館以下計26棟が国の登録有形文化財となっている。集古館には，県内各地の考古資料や地主文書史料を始めとして，雪村友梅墨蹟梅花詩（国重文），古代エジプトの出土品など，歴代当主収集の美術品が収蔵されている。

また，この沢海の地を江戸時代前期に70年余り治めた沢海藩の城下町絵図も保管されている。博物館に隣接する大栄寺（曹洞宗）は，歴代沢海藩主溝口家の菩提寺である。

鉄道の町新津

新潟市新津鉄道資料館 ㉖
0250-24-5700

〈M▶P.130〉新潟市秋葉区新津東町2-5-6
（新津地域学園内）Ｐ
JR信越本線・羽越本線・磐越西線新津駅
🚌 京ヶ瀬営業所行新津工業高校前 🚶 2分，
または磐越自動車道新津IC 🚗 2分

新津は，JR信越本線・羽越本線・磐越西線の3線が交差する要衝で「鉄道の町」として大きく発展した。かつては，市内勤労者の4人に1人は鉄道関係者であったといわれるほどである。現在でも車両製作所があり，首都圏を走る電車もここで製作されている。

こうした「鉄道の町」にふさわしく，鉄道に関するさまざまな資料を紹介しているのが新潟市新津鉄道資料館である。1983（昭和58）年10月14日の「鉄道記念日」に開館し，1998（平成10）年4月1日に

蒲原平野中東部

新潟市新津鉄道資料館

新津南町から，新津ICの西約600mの現在地に移転した。

屋外に展示された新幹線先頭車両実物大模型内では，運転室からみた沿線風景のビデオ映像を楽しむことができる。また館内には，車両・レール・機関車・銘板など21のテーマ展示室が設けられており，鉄道の歴史から車両部品の仕組みまで，あらゆることを知ることができる。

新潟県埋蔵文化財センター ㉗
0250-23-1142

〈M▶P.130, 162〉新潟市秋葉区金津93-1 P
JR新津駅🚌金津行割町 🚶5分，またはJR信越本線古津駅 🚶20分

遺跡と遺物が語る古代ロマン

花と遺跡ふるさと公園周辺の史跡

割町バス停から南へ約150m行き右折，さつき橋を渡ると「花と遺跡のふるさと公園」の一画に，1996（平成8）年に開館した新潟県埋蔵文化財センターがある。ここでは，県内各地の遺跡の発掘調査で出土した土器や石器などの出土品を常時見学することができる。魚沼市堀之内の五丁歩遺跡出土品，上越市柿崎区の木崎山遺跡出土地鎮具（ともに県文化）も展示されており，2階の整理室では土器の復元・図化などの出土品整理の様子も見学することができる。

センターの北側，越後平野を一望できる八幡山の山頂からは，1987（昭和62）年に始まった調査によって古津八幡山遺跡が発見され

懐かしの鉄道

コラム

懐かしの鉄道 悲喜こもごも

　懐かしのSL，なかでもスマートな姿と颯爽とした走りから「貴婦人」の愛称で親しまれたC57形（通称シゴナナ）は，1937（昭和12）年から製作された標準的な旅客用蒸気機関車である。C57-180号は1946年に製作され，1969年に引退するまでの間，総走行距離は約169万km，地球約42周分におよんだ。

　引退後，復活を望む声は多く，1999（平成11）年，「SLばんえつ物語号」として華やかに再登場した。大正ロマン風の客車は懐かしい雰囲気を漂わせ，時折汽笛をあげながら，JR新潟駅から福島県の会津若松駅までの約111kmを約3時間30分かけて走る。車窓にあらわれる阿賀野川と遊覧船，麒麟山・磐梯山などの大自然の雄大な景色に心が弾む。撮影ポイントが近づくと車内アナウンスが流れ，途中停車駅では撮影タイムも設けられている。

　一方，五泉・村松・加茂間21.9kmを結ぶ蒲原鉄道は，1924（大正13）年から1999（平成11）年まで運行されていた。この地域一帯は鉄道路線から離れていたため，鉄道敷設が強く望まれ，開通した頃は活気に満ちあふれていた。

　その後，通勤・通学の大切な足として活躍したが，昭和40年代に入るとモータリゼーションなどの波にさらされ，惜しまれながら廃線となった。蒲原鉄道最後の日には多くのファンがつめかけ，その労をねぎらった。現在，JR磐越西線村松駅と五泉市総合会館前で，ありし日の姿をみることができる。

阿賀野川に面し，SLが間近を通る咲花温泉郷

た。全国でも代表的な弥生時代後期の高地性集落で，外敵を防ぐための深さ約1.8m・幅約3mのV字形の濠が取り囲む。さらに同じ山上で，古墳時代前期に築造された県内最大規模の径55mの円墳，古津八幡山古墳も確認された。これらは古津八幡山遺跡として，2005（平成17）年7月に国指定史跡となり，現在は史跡公園として整備が行われている。

中野邸美術館 28
0250-25-1000
〈M▶P.130, 162〉新潟市秋葉区金津598 P
JR新津駅🚌15分，またはJR信越本線矢代田駅🚶20分

新津市街から南へ約8km行った菩提寺山一帯の丘陵地は，『日

蒲原平野中東部　163

油井

新津が誇る石油王の館

『本書紀』に「燃ゆる水」と記された石油の里で，明治時代から大正時代にかけて日本一の産油量を誇っていた。その新津油田の歴史を今に伝えるのが，JR矢代田駅の北東約2kmにある中野貫一の旧邸宅（中野邸美術館）と，邸内の一画につくられた石油の世界館である。

中野貫一は，金津村庄屋役をつとめながら，付近に自然に湧き出る臭水（石油）を採取・販売した。1896（明治29）年に上総掘りを導入して地下約125mまで掘り進め，本格的な採油を始めた。当時は灯油の需要が大半を占めていたので新津の原油は敬遠されたが，1902（明治35）年頃から日産7万kℓの出油に成功して飛躍的に発展し，大石油会社へと成長した。

中野邸は，こうした事業の成功を背景に，日本の石油王とよばれた中野貫一・忠太郎父子が明治時代から昭和時代にかけて40年の歳月を費やしてつくった大邸宅と庭園である。みごとな庭園は春と秋に一般公開され，秋の2000本余りのもみじ園は絶景である。中野邸美術館として公開されている邸宅内には，古美術品などが展示されている。

石油の世界館には，中野貫一の歩み，石油関連資料・上総掘りの油井やぐらの模型，石油採掘の道具やその様子などを模型や実物で再現したクリマシアターがあり，往時の石油の里の様子を感じることができる。周辺には，堀出神社や山伏が修行した白玉の滝があり，石油の里公園として遊歩道が整備され，里山の散策を楽しむことができる。

茂林寺 ㉙ 〈M▶P.130〉新潟市秋葉区小須戸3362 P
0250-38-2428　JR信越本線矢代田駅 5分

JR矢代田駅から県道41号線を西へ約2.5km行き右折すると，1640（寛永17）年頃に新発田藩小須戸組の大庄屋坂井家によって創

建された茂林寺(曹洞宗)がある。本尊は,子育延命地蔵として庶民の篤い信仰を集めた木造地蔵菩薩半跏像(国重文)である。ヒノキの寄木造で漆が塗られており,総高は1.36m。左手に宝珠を捧げ,右手に錫杖をもち,右足を曲げ,左足を垂らした半跏の姿で,14世紀の作と推定されている。明治時代の大火の際,住職の決死の救出により焼失を免れたが,顔などを破損した。第二次世界大戦後の解体修理により,みごとに往時の姿を取り戻した。毎年5月7・8日に開帳されている。

茂林寺

信仰を集める子育て延命地蔵

慈光寺 ㉚
0250-58-4000

〈M▶P.130〉五泉市蛭野870 P
JR磐越西線五泉駅🚗20分

JR五泉駅から南へ約9km行くと,樹齢200～600年を経たイチョウが立ち並び,秋には辺り一面を黄金色に染める蛭野集落に至る。ここから2kmほど白山山中に入った所に,「お滝谷」として親しまれ,毎年多くの参詣者が訪れる慈光寺(曹洞宗)がある。1403(応永10)年,守護神戸太郎最重が,岩船の耕雲寺より傑堂能勝禅師を招いて開山した,越後曹洞宗四箇道場の1つとされる名刹である。約500mにわたる参道両側には樹齢300～500年を超すといわれる137本のスギ並木(県天然)と,人間のもつ悩みや苦しみを救うといわれる三十三観音菩薩像がさまざまな表情で立ち並んでいる。

六地蔵像脇の石段をのぼると山門にたどり着く。坐禅堂・法堂・庫院・経蔵などが回廊で結ばれた美濃妙応寺式の建築様式が注

古刹の杉並木と巨樹・由緒木めぐり

慈光寺

蒲原平野中東部

目される。これらの建物は1762(宝暦12)年に再建された。長く深い歴史と由緒をもつ慈光寺には，天狗が宿るといわれる大スギといった天狗伝説や，大蛇伝説などが多く残る。また境内は白山登山の入口にもなっており，登山者も多く見受けられる。

　五泉市内にはみごとな巨樹が多い。牧の八幡宮境内には推定樹齢1000年の牧の衛守スギ(県天然)，小山田の小山田ヒガンザクラ樹林(国天然)，切畑にある切畑の乳イチョウ(県天然)などは大自然の神秘を感じさせる。また粟島の粟島公園は，サクラの名所として親しまれている。

五泉市村松郷土資料館 ㉛
0250-58-8293

〈M▶P.130〉五泉市村松乙　P
JR磐越西線五泉駅🚗10分

堀家3万石の城下町

　JR五泉駅の南約4km，村松藩堀家3万石の城下町として栄えた村松には，鉤の手に曲がる通りや小路など往時の様子を偲ばせるものが多く残されている。町の西端に位置する城跡公園には居城の土塁や堀の一部が再現されている。また梅林が広がる園内に五泉市村松郷土資料館があり，堀家時代を偲ぶ品や，矢津遺跡出土の縄文土器など興味深い資料をみることができる。1995(平成7)年には民具資料館も開館し，江戸時代末期から現代に至る懐かしい日常生活品が展示されている。

　町の東方，愛宕山を中心に広がる村松を代表する大きな公園が村松公園である。第二次世界大戦末期には陸軍少年通信兵学校が設置されていた。現在では，新潟景勝100選で3位，全国さくらの名所100選にも選ばれ，3000本のサクラが咲き誇り，花見の季節にはたくさんの人で賑わう。

五泉市村松郷土資料館

チューリップ

コラム

花いっぱいの町と県の花

　五泉・村松(現、五泉市)、小須戸・新津(現、新潟市)地域は、花木の一大産地である。雪が溶け、春の訪れとともにいっせいにさまざまな花が咲き誇る。五泉市には、小山田のヒガンザクラ樹林(国天然)、115品種5000株が咲き乱れるぼたん百種展示園、サクラ・イチョウの巨樹など見所が多い。小須戸では、サツキ・寒梅・アザレアなどの栽培が古くから盛んに行われている。そして新津には、新潟県立植物園や花木の即売所など、花の町にふさわしい施設が充実している。

　多種多彩な色合いで春の訪れを告げるチューリップの栽培を生涯の仕事として、その基礎を築いたのは、小合村(現、新潟市〈旧新津市〉)の小田喜平太である。日本にオランダからチューリップが伝えられたのは1863(文久3)年頃のことだが、栽培が本格化したのは1909(明治42)年頃といわれる。

　県内では、1919(大正8)年に小田が地場産業としての隆盛を目指し、オランダから球根を輸入して栽培に乗り出した。県内でのチューリップ栽培の始まりである。その後、地道に普及活動を続けて、全国一の球根生産県となる基礎をつくった。現在、新潟県はチューリップの切花生産量で日本一になった。新潟県がチューリップを県の花に指定したのは、1963(昭和38)年のことである。

チューリップ畑

平等寺薬師堂と将軍スギ ㉜

0254-99-2639(落書庵)

〈M▶P.130, 168〉 東蒲原郡阿賀町岩谷2103 P
JR磐越西線五十島駅 25分

中世・近世の信仰を偲ぶ落書き
日本一のスギの巨木

　JR五十島駅からU字状に線路を越え、五十島橋を渡ると国道49号線に出る。国道を津川方面に右折直進し、岩津交差点から左側のゆるやかな坂道をのぼると曹洞宗の古刹として知られる平等寺に薬師堂(附 棟札、国重文)がある。寺伝によると、平安時代中期、この地を通りかかった余五将軍平維茂が阿賀野川をくだった際に拾った、黄金の薬師如来像を安置した堂である。

　1517(永正14)年に再興された現在の薬師堂は、桁行3間(約5.4m)・梁間4間(約7.2m)の寄棟造で、屋根は妻入りの茅葺き、室町

平等寺薬師堂の落書き

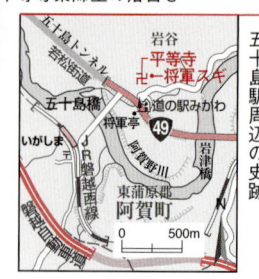

五十島駅周辺の史跡

時代中期の禅宗様(唐様)の特色を残す端正な小堂である。本尊の薬師如来像は，第二次世界大戦後に盗難に遭い紛失したため，五泉市(旧村松町)出身の彫刻家羽下修三が制作したものである。

堂内には，永禄・天正年間(1558〜92)から1624(元和10)年にかけての参詣人などによる墨書や落書きが，いたるところに記されてある。とくに，上杉謙信死去後におきた御館の乱(1578〜80年)で越後に侵入し，上杉景勝の軍勢に敗北した会津(現，福島県)蘆名氏の家臣が，この堂に書き残したものが有名である。堂内の落書きは管理人に頼めば見学できる。境内の脇にある町営の落書庵は，堂内に残された落書きに由来し，誰でも落書きを楽しめる憩いの場である。

境内から50mほど東には，将軍スギ(国天然)とよばれる樹齢1400年，太さ日本一の巨大なスギの古木がある。将軍スギの名称は，晩年をこの地ですごしたという平維茂にちなんだものである。古木のかたわらには，1668(寛文8)年，会津藩初代藩主保科正之が建立した維茂の墓もあるが，今は風化して読むことができない。また，この地域には，村人が船の帆柱をつくるため，このスギを伐る計画を立てたところ，スギは一夜にして枝下の部分まで地下へ沈んでしまったという伝説が残っている。

将軍スギ

津川城跡 ㉝

〈M▶P.130〉東蒲原郡阿賀町津川字津川　P
JR磐越西線津川駅🚶40分，または津川駅🚌津川病院行・日出谷行県立病院前🚶5分

　津川駅からはバスがあまり発着していないので，時間があれば歩いてみるのもよい。駅から南西に120mほど進み，きりん橋を渡り左に曲がると，津川の商店街に出る。商店街を直進し，県立津川病院前の信号を左折すると，阿賀野川と支流の常浪川の合流地点に麒麟山公園がある。バス停からは城山橋に向かい直進し，城山橋を渡る。麒麟山の山頂から西側にかけての山城跡が津川城跡（県史跡）で，一帯が整備されている。麒麟山は標高194.7mでそう高くはないが，岩山のため，キツネものぼれないということから狐戻城ともよばれる。

　城の登り口には，野口雨情の歌碑があり，「津川城山しろきつねこどもが泣くから化けてみな」と刻まれている。登り口から20分くらいで本丸跡に到達し，その間に侍屋敷跡や二の丸跡などの遺構がある。山中にはユキツバキやアカマツなど1000種類以上保護されており（キリン山の植物群落，県天然），植物鑑賞も楽しめる。

　また本丸跡には，青年時代を津川ですごし，小説『姿三四郎』（富田常雄作）のモデルとなった会津生まれの柔道家西郷四郎の碑が建てられている。西郷ゆかりの品などは，公園の南約800m，「阿賀の館」内の西郷四郎資料館に展示されている。

　東蒲原郡地方は，鎌倉時代以来，基本的に会津領に属しており，鎌倉時代に蘆名氏の支族藤倉盛弘が津川城を築いた。それ以後，子孫である金上氏の支配下にあったが，同氏滅亡後は，伊達・蒲生・上杉・加藤と，城主の変遷があった。江戸幕府による一国一城令が

津川城跡碑

阿賀野川を一望できる絶景

蒲原平野中東部

発令され、1627(寛永4)年廃城となり、以後、津川に会津藩の代官がおかれた。なお、上杉景勝が会津を治めていた当時、関ヶ原の戦い(1600年)に際し、徳川方に味方した人物として知られる藤田信吉が、津川城代に就任した時期もある。

　津川は、古くから会津と新潟を結ぶ水陸交通の要衝として栄えた地である。県立津川病院向かいの阿賀町津川郷土資料館には、往時を偲ぶ写真や川舟の模型、生活民具などが展示されている。

極楽寺の野中ザクラと高徳寺鰐口 ㉞㉟

美しい大輪のサクラ
北朝年号を記す鰐口

〈M▶P.130〉東蒲原郡阿賀町両郷甲1101-1　P／豊川甲926
JR磐越西線津川駅🚌室谷方面・丸渕方面行大門🚶3分／支所前🚶2分

　大門バス停から津川方面へ15mほど戻り、最初の小道を右折した後、木柱の案内板に従って行くと極楽寺(真言宗)に至り、境内に野中ザクラ(国天然)がある。主幹はすでに枯れており、まわりから数本の樹幹が並立している。野中ザクラは、野生のベニヤマザクラの変種といわれ、植物学上貴重なものとされる。毎年4月中旬に花序5cm程度で、濃紅な美しいサクラを咲かせている。

　大門バス停から室谷方面に1.5kmほど直進し、左の小道に入ると高徳寺(真言宗)がある。本堂に安置されている銅製の鰐口(県文化)は、上方部分と裏側の一部分が破損しているが、南北朝時代の紀年銘「康永四(1345)年」をもち、県内に残存する最古の鰐口とされる。

野中ザクラ

　上川支所東側の小出地区では、江戸時代初期から400年以上の伝統を引き継ぐ小出和紙(県民俗)の生産がみられる。和紙は丈夫で美しく、半透明でかすかに茶色を帯びている。上川地域にはほかにも、

アケビ蔓細工があり，農閑期の冬場に農作業用の籠をつくったのが始まりとされる。

室谷洞窟・小瀬ヶ沢洞窟 ㊱㊲

〈M▶P.130〉 東蒲原郡阿賀町神谷／神谷丙1372-1
JR 磐越西線津川駅🚌室谷行終点🚶20分／神谷甲1459-1

縄文時代草創期の幕開けを告げる遺跡群

　室谷バス停から南へ約1.4km直進すると，右手に室谷洞窟（国史跡）がある。阿賀野川支流の室谷川（常浪川）上流に位置するこの洞窟は，室谷川の側方浸食によって形成されたものである。高さ約3ｍ・幅約7ｍ・奥行約8ｍのカマボコ型をしており，縄文人が暮らしていた洞窟とされている。1960（昭和35）〜62年の発掘調査で，縄文時代から古墳時代までの土器や石器，獣骨などが出土している。さらに縄文時代前期の層からは，完形に近い女性の人骨ほぼ1体分が屈葬の形で発見された。

　また，室谷洞窟から下流へ8kmほど行った広瀬地内の小瀬ヶ沢橋を渡ったすぐの所に，崖面に生じた幅約1.5ｍ・奥行約3ｍの亀裂を利用している小瀬ヶ沢洞窟（国史跡）がある。1958（昭和33）〜59年に発掘され，縄文時代の土器と石斧・石槍などが多数出土した。なお，小瀬ヶ沢洞窟跡に向かう山道は，集落に住んでいる人しか通れず，洞窟入口の案内板をみることしかできない。

　両遺跡の調査では，当時，まだ知られていなかった縄文時代早期をさらに遡る古い時期の土器や石器が出土し，その存在が明らかになったことから，当時の生活を知るうえで貴重な遺跡といえる。

　阿賀町役場上川支所そばの阿賀町上川郷土資料館には，この地域で出土した土器や石器，民具など，さまざまな資料が展示されている。なお，国の重要文化財指定を受けている新潟県室

室谷洞窟

蒲原平野中東部

谷洞窟遺跡出土品・小瀬ヶ沢洞窟遺跡出土品には，長岡市立科学博物館に収蔵・展示されている。

護徳寺観音堂 ㊳
0254-97-2559

〈M▶P.130, 172〉 東蒲原郡阿賀町日出谷甲3709 [P]
JR磐越西線日出谷駅🚶20分，または日出谷駅🚌津川行
中村観音堂前🚶1分

中世禅宗様式
近世農村住宅式

　JR鹿瀬駅で下車し，鹿瀬大橋を渡り，鹿瀬の町中を600mほど行くと三島神社があり，そこから小道に入ると杉木立に囲まれた長楽寺観音堂(県文化)がみえる。長楽寺観音堂は江戸時代初期の建立とされる。護徳寺観音堂の流れを汲む禅宗寺院様式で，会津仏教文化の変遷を示すものである。

　鹿瀬駅の東隣，JR日出谷駅から阿賀野川沿いに国道459号線を北へ2kmほどくだると，護徳寺(真言宗)の観音堂(国重文)がみえる。建立年代は堂内の墨書から1557(弘治3)年とされている。観音堂は桁行・梁間ともに3間(約5.4m)の寄棟造で，室町時代後期の伝統的な禅宗様式からなり，会津・越後両地方の中世建築の関連を知るうえで，貴重な建築物といえる。

日出谷駅周辺の史跡

　堂内の柱や壁板には，越後と会津を旅した人びとの落書きが記されており，戦国時代から江戸時代の様子がうかがえる。護徳寺の本尊は会津蘆名氏の念持仏だったという木造聖観音菩薩立像だが，秘仏とされている。

　日出谷駅から南へ約7km遡ったJR豊実駅の対岸，豊実菱潟の観音寺(曹洞宗)の境内には，阿賀野川の急流難所で

護徳寺観音堂

狐の嫁入り行列

コラム

幻想的な狐の嫁入り行列

　毎年5月3日に阿賀町の津川地区で狐の嫁入り行列が行われる。この行列は1990（平成2）年から始まったもので，地元の狐火伝説をもとに，狐に扮した花嫁と100匹以上のキツネの化粧をした参加者が嫁入り行列として住吉神社から津川の町並みを練り歩き，最後は花婿と合流した花嫁が，狐火に見送られ小舟に乗り，対岸の麒麟山へ向かう祭りである。

　当日は臨時駐車場とシャトルバスが設けられ，全国からたくさんの見物客が訪れる。また，主役の花嫁・花婿は，コンテストで毎年実際に結婚する全国の応募者の中から選んでいる。

　住吉神社の向かいには「狐の嫁入り屋敷」があり，1階・2階ともいたるところに狐の嫁入り行列の写真が飾られており，目を楽しませる。1階は喫茶・食事・みやげ物の販売のほか，イベントの映像も楽しめる。2階の資料室には全国の狐面と狐人形の展示がある。

狐の嫁入り行列

多くの船や筏が遭難するのを嘆き，大岩を除去するために半生を捧げた，湯殿山行者全海の即身仏（ミイラ）を安置する全海堂がある。毎年7月8日の大祭にはこの即身仏も開帳され，多くの人びとが参詣に訪れている。

　日出谷駅から国道459号線を約2km遡り左折，阿賀野川の支流実川沿いに約8km北上すると五十嵐家住宅がある。主屋（附屋普請萬指引覚帳・祈禱札）と附属屋の上手蔵（附土蔵普請職人控帳・板図）および下手蔵（附板図）が現存し，いずれも国の重要文化財に指定されている。主屋は中門造で，1759（宝暦9）年に

五十嵐家住宅

蒲原平野中東部　　173

建造された。同家は村の鍬頭(百姓代)をつとめた上層農民であり，その家屋は当時の豪雪地農家の典型的なつくりとされる。

⑤ 城下町新発田と潟端の村々

溝口氏10万石の城下町新発田は，新発田城を中心に，中世以来の武士の抗争や新田開発を学ぶ歴史の宝庫。

諏訪神社 ㊴
0254-22-2339

〈M▶P.130, 176〉 新発田市諏訪町1-8-9 **P**
JR羽越本線・白新線新発田駅 **徒** 5分

新発田近郷の総鎮守　勇壮なけんか台輪

　新発田の町は，新発田城を中心に発展してきた。鎌倉時代，源頼朝に従った有力御家人の佐々木盛綱が加地荘の地頭に任じられ，その子孫が加地・竹俣・楠川・新発田などと名乗って土着した。室町時代に有力となった新発田氏は，新発田重家のときに上杉景勝との抗争に敗れ，滅亡。上杉氏が会津（現，福島県）に移封された後の1598（慶長3）年，加賀大聖寺（現，石川県加賀市）からこの地に移されたのが，豊臣秀吉の家臣であった溝口秀勝である。以来，明治時代に至るまで，新発田藩6万石（1860〈万延元〉年には10万石），外様大名溝口氏の城下町として栄えた。

　JR新発田駅正面口から西に200mほど歩を進めると，右手に新発田近郷の総鎮守諏訪神社がみえる。社伝によれば，7世紀中葉の渟足柵・磐舟柵の造営に関連して信濃国（現，長野県）の人びとを柵戸として移配した際に，諏訪大社の浄砂を賜って，現在の聖籠町諏訪山に安置したのが始まりという。溝口氏新発田入封の後，市内中曽根町などを経て現在の地に遷ったのが1688（元禄元）年のことで，本殿は1756（宝暦6）年に造営された。主祭神は建御名方命で，藩祖溝口秀勝も祭神となっている。毎年8月27〜29日の祭礼は賑やかで，とくに各町内から曳き出された台輪が町内に帰る29日の「帰り台輪」の夜は，台輪が先を争ってぶつかり合い，「けんか台輪」の異名をとる壮観なものとなる。市民に親しまれた本殿は2001（平成13）年に焼失したが，2004年に再建された。境内には五十志霊神社

諏訪神社

城下町新発田と潟端の村々

新発田市役所周辺の史跡

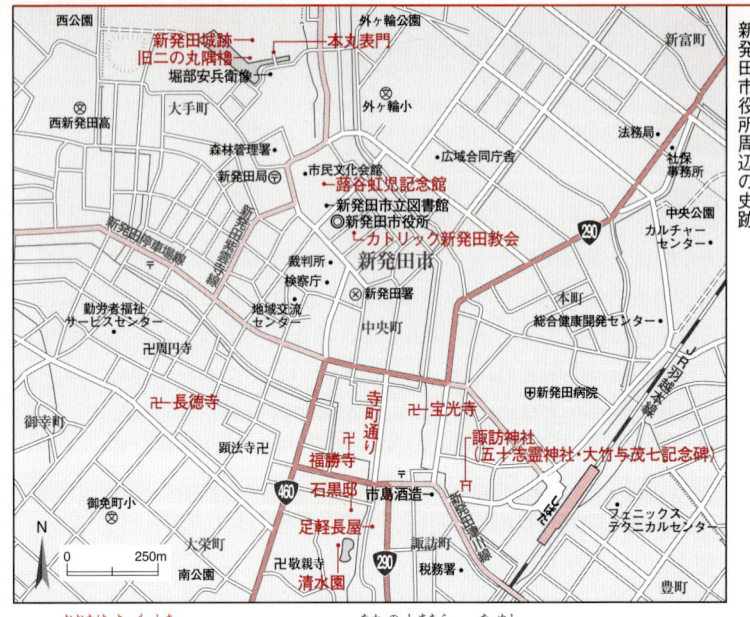

と大竹与茂七記念碑がある。旧中之島村の名主大竹与茂七は，1704（元禄17）年の信濃川決壊の危機から周辺の土地を守ったが，藩林伐採などの理由で大庄屋から訴えられ，城外中曽根町で処刑された。与茂七の霊を鎮めるため藩が建てたのが五十志霊神社で，碑は1993（平成5）年，没後280年を記念して建立された。

清水園と足軽長屋 ⑩
0254-22-2659

〈M▶P.130, 176〉 新発田市大栄町7-9-32ほか P
JR 羽越本線・白新線新発田駅 🚶10分

新発田藩の下屋敷庭園
下級武士の長屋

　諏訪神社の西側，参道入口と道路を挟んだ向かいに市島酒造がある。酒蔵のほか，200年にわたる酒造りと市島家の歴史を伝える収蔵展示室が公開されている。

　さらに西に向かうと，商店街を横切る新発田川がみえる。ここを左に折れれば，名園として知られる清水園（旧新発田藩下屋敷庭園，国名勝）がある。1658（万治元）年新発田藩3代藩主溝口宣直のとき，曹洞宗の高徳寺を近郊に移し，この地を御用地として下屋敷を造営したのが始まりで，一帯が清水谷とよばれていたので「清水谷御殿」と称された。敷地面積は約4600坪（約1万5200m²）で，4代重雄のときに江戸幕府茶道方であった縣宗知を招いて庭園築造が行われ

176　　下越

旧新発田藩足軽長屋

た。中央に草書体の「水」の字を描いた大池泉に近江八景を取り入れた京風の回遊式庭園は，元禄年間(1688〜1704)に完成したと伝えられる。清水谷御殿とよばれた書院は，寄棟造・杮葺き平屋建てで80余坪。園内にはほかに5つの茶室が点在する。この地は，1946(昭和21)年，北方文化博物館の管理するところとなり，「清水園」と名づけられた。園内に移築された米蔵は，現在，新発田藩関係の資料および近隣市町村の考古・民俗資料を展示する。駐車場脇には，江戸時代後期の武家屋敷石黒邸が移築・復原されている。

清水園の入口向かいに，すぐ目に入る建物が旧新発田藩足軽長屋(国重文)である。藩政時代の足軽が居住した茅葺き平屋建ての八軒長屋で，1842(天保13)年に建てられたとされる。1969(昭和44)年に解体修理されて現在のように見学できるようになったが，その前年まで実際に市民が住宅として使用していたという。

寺町通り ⓫
0254-22-3556(福勝寺)，0254-22-4376(宝光寺)，0254-22-3101(新発田市観光振興課)

〈M▶P.130,176〉新発田市中央町2-2-7，諏訪町2-4-17ほか Ｐ
JR羽越本線・白新線新発田駅🚶10分

城下町の風情残る通り
新発田藩主の菩提寺

清水園から新発田川沿いに商店街に戻ると，車道の北側が寺町通りである。かつての寺町は現在，美しい歩道が整備されている。北に向かって歩くと，すぐ左手に福勝寺(曹洞宗)がある。門前にみえるのは，新発田氏最後の城主新発田重家の坐像である。山門を入って左手に「佐々木公」(新発田氏は佐々木氏の支族の1つ)の額を掲げた佐々木堂があり，重家の木造が安置されている。奥には墓所もみえる。さらに北東の宝光寺(曹洞宗)は新発田藩主溝口家の菩提寺である。新発田藩初代藩主溝口秀勝が加賀大聖寺(現，石川県加賀市)で開基した大麟寺が移封に従ってきたもので，1612(慶長17)年頃，現在地に建立された。城下最大の敷地をもち，かつては約8416

城下町新発田と潟端の村々

宝光寺山門

坪の寺域を誇った。文政年間(1818〜30)の大火に類焼し、本堂・庫裏などすべてを焼失したが、1845(弘化2)年に再建された山門は、均整のとれた重厚な構えの入母屋造重層楼門である。本堂裏手には歴代藩主の墓塔が立ち並ぶ。山門左脇のシダレザクラは、「城東窟の桜」の名で知られる。推定樹齢350年、江戸幕府3代将軍徳川家光が贈ったと伝える。戊辰殉難追悼之碑は、左右裏面に計84人の名を刻む。

宝光寺並びの休み処「寺町たまり駅」には「しばたっ子台輪」が展示され、城下町の和菓子も楽しめる。観光ガイドボランティアの申し込みは新発田市観光振興課で受け付けている。

蕗谷虹児記念館 ⑫
0254-23-1013
〈M▶P.130,176〉新発田市中央町4-11-7 **P**
JR羽越本線・白新線新発田駅 **大** 15分

新発田出身の抒情画家 大正ロマン感じる館

駅前通りを北西へ800mほど歩き第四銀行の角を右折、突き当りを左へ曲がると新発田市役所がある。向かい奥の大きな建物が新発田市民文化会館、その隣のしゃれた建物が蕗谷虹児記念館である。「金襴緞子の帯しめながら、花嫁御寮はなぜ泣くのだろ」という哀切な歌詞の「花嫁人形」の作者として知られる蕗谷虹児(本名一男)は、1898(明治31)年12月2日、新発田に生まれた。13歳で母を亡くすが、画才を認められて上京。竹久夢二の紹介で『少女画報』に挿絵を描いたのがきっかけで、挿絵画家として認められた。

記念館は、虹児が1979(昭和54)年に80歳で没するまでに残した、挿絵原画・直筆原稿・書籍など3000余点を所蔵・公開するため、1987年に開館した。モダンな洋風建築と所蔵品の数々が、大正ロマンの世界に誘う。

市役所向かいの新発田市立図書館は、足軽長屋の屋根をかたどった建物。3階藩政資料室には新発田藩にかかわる資料を一括所蔵する。「正保越後国絵図(元禄年間写)」(県文化)は、江戸幕府が国

蕗谷虹児記念館

別の絵図作成を諸大名に命じて提出させた原図を，藩が幕府の許可を得て写したもの。縦5m・横10mで，出羽国絵図とともに日本最大の国絵図といわれる（原本は閲覧不可，分割したカラーコピーは閲覧可能）。

　市役所南東脇の路地を入ると，カトリック新発田教会（1966年竣工）がある。軽井沢の聖パウロカトリック教会の設計者でもあるアントニン・レーモンドが設計した，赤レンガの美しい教会である。

新発田城跡 ⓭

〈M▶P.130, 176〉新発田市大手町6丁目 Ｐ
JR羽越本線・白新線新発田駅🚶20分

城下町400年の顔　サクラ咲く市民憩いの場

　新発田市民文化会館の裏手，北西に位置するのが新発田城跡である。1598（慶長3）年，新発田藩初代藩主溝口秀勝の入封に始まる城下町新発田の顔である。新発田城は，「古丸」とよばれる前城主新発田氏の居城を一部取り入れてつくられた平城で，新発田川の形成した広い自然堤防上に位置した。舟形城・菖蒲城・狐尾曳ノ城など，数々の異名をもつ。

　廃藩後，1872（明治5）年まで，本丸・二の丸・三の丸をあわせて11の櫓，おもな門が5棟あったが，明治政府の城郭破却令によって取り壊され，堀もつぎつぎと埋め立てられた。このため，本丸の一部と石垣が構築されている南側部分の堀，本丸表門，本丸鉄砲櫓跡に移築された旧二の丸隅櫓が現存（ともに国重文）するのみである。表門は桁行9間・梁間3間で，1732（享保17）年に再建さ

新発田城の表門と隅櫓（奥）

城下町新発田と潟端の村々　179

れた櫓門である。旧二の丸隅櫓は，桁行5間半・梁間4間半，入母屋造の二層櫓。1668（寛文8）年の大火後に再建されたもので，再建年代は明らかではないが，1712（正徳2）年の古絵図には描かれている。表門・旧二の丸隅櫓ともに腰回りは瓦張りの海鼠壁で仕上げてあり，往時の城郭の姿を今に伝える。2001（平成13）年，地元市民を中心に「新発田城復元の会」が設立され，発掘調査の成果や古絵図・古写真をもとに城の復原が計画された。2004年，全国唯一の事例といわれた丁字型の屋根と3匹の鯱をいただく三階櫓（陸上自衛隊新発田駐屯地内のため内部は非公開），辰巳櫓の2棟の復原工事が完了した。

　表門前には，赤穂浪士で名高い堀部安兵衛の銅像がある。安兵衛は新発田藩士中山弥次右衛門の子であったが，父は辰巳櫓の管理責任者で，櫓焼失の責任をとって職を辞し浪人となったという。安兵衛は18歳のときに江戸に出て，高田馬場（現，東京都新宿区）の仇討ちによって名を挙げ，播磨赤穂藩主浅野家の家臣堀部弥兵衛の養子となって討ち入りに参加した。新発田市役所南西約700mの長徳寺（浄土真宗）に，安兵衛手植えと伝えられるマツ（2代目）がある。

新発田市ふるさと会館・旧県知事公舎記念館 ㊹
0254-26-8139／0254-23-2525

〈M▶P.130, 181〉新発田市五十公野4930-1／五十公野4926 🅿
JR羽越本線・白新線新発田駅🚌赤谷方面行 東中学校前🚶5分

城下町の歴史を概観　現存最古の知事公舎

　JR新発田駅から南東に約2km，新発田市街の背後に横たわる小高い丘陵が五十公野丘陵である。丘陵の南側に多くの史跡が点在する。東中学校前バス停で降り，住宅地に入ると，市立東中学校の斜向かいに新発田市ふるさと会館がある。新発田藩主溝口氏の家紋で

旧県知事公舎記念館

城下町新発田の菓子

コラム

受け継がれる茶道文化
城復元を記念した市菓

　城下町新発田に伝わる食文化として和菓子がある。藩主の奨励によって茶道が盛んであったことから、和菓子づくりが広まった。現在、旧新発田市内には23軒の和菓子屋があり、その技を競っている。

　銘菓は数々あるが、新発田菓子業組合が中心となってつくりあげた菓子が「新発田市菓・あやめ城三階櫓」である。直径6cmほどのねりごまあん入り、新発田城三階櫓が浮き彫りとなった焼き菓子で、木型は市内にある新潟職業能力開発短期大学校の卒業制作として製作されたものである。新発田城三階櫓と辰巳櫓の復原を記念して、2004(平成16)年から市内のおもな菓子店で販売されている。

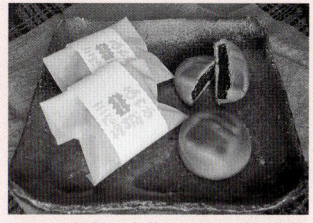

新発田市菓・あやめ城三階櫓

ある五階菱を模した外観をもつ建物で、1階展示室は新発田市の歴史を概観できるようになっている。市内の史跡案内、ビデオによる市の紹介があり、ヒト形土器・壺形土器(村尻遺跡第12号土坑出土弥生土器、県文化、新発田市教育委員会所蔵)などが出土したことで著名な弥生時代の村尻遺跡出土土器などが展示されている。展示の中心は、溝口氏入封後の江戸時代であり、とくに大名行列の様子を再現した模型はみて楽しい。

　会館を出た左手に、新潟県の旧知事公舎を移転・復原した旧県知事公舎記念館が立つ。向かって右側の受付がある和風建築が私邸で、左側の洋風建築が公邸である。山麓の静寂の中に和洋の建物が調和していて、落ち着ける空間となっている。歴代知事の書や愛用品な

五十公野公園周辺の史跡

城下町新発田と潟端の村々

ども展示されており，県政史の一端を垣間見ることができる。

東中学校裏の丘陵は五十公野城跡である。新発田市老人福祉センター金蘭荘脇から丘陵をのぼり，右手を目指すと，空堀を経て本丸跡に至る。新発田氏の一族五十公野氏の拠点であり，1581（天正9）年に始まる新発田重家と上杉景勝との6年にわたる戦いは，1587年，この五十公野城に続いて新発田城の落城によって終結した。

五十公野御茶屋庭園 ❹⑤
0254-22-3715
（新発田市教育委員会）

〈M▶P.130,181〉 新発田市五十公野4926 [P]
JR羽越本線・白新線新発田駅 🚌 赤谷方面行東中学校前 🚶 5分

清水園と並ぶ名園
藩主参勤交代の休息所

旧県知事公舎記念館の裏手には五十公野御茶屋庭園（国名勝）がある。新発田藩主の別邸で，初代藩主溝口秀勝が新発田入封の際，この地に仮住居を構えて，築城と領内経営の構想を練ったのが始まりという。新発田城完成の翌年，1655（明暦元）年には，3代藩主宣直が約3万4000坪の別邸を構え，4代藩主重雄のときに江戸幕府茶道方の縣宗知を招いて庭をつくり，別邸を茶寮とした。歴代藩主は，江戸への参勤交代の行き帰りにここで休息し，旅装を整えたり，また，普段は重臣にも開放して茶会を催したりしたという。

現在の御茶屋は1814（文化11）年に建築された数寄屋造の建物で，開放的な座敷から庭園を望むことができる。庭園は「心」の字をかたどったといわれる池に，美しい老松を植えた島を浮かべ，まわりに築山をめぐらした池泉回遊式庭園である。

御茶屋の池向こうの山頂には豊田神社がある。本殿は，8代藩主直養が歴代藩主の霊をまつるために新発田城内に建てたもので，廃藩後に移築されたものである。

五十公野御茶屋

古四王神社と石井神社 ⑯⑰

〈M▶P.130, 181〉新発田市五十公野4686／五十公野4685の甲
JR羽越本線・白新線新発田駅🚌赤谷方面行東中学校前🚶12分

　五十公野御茶屋庭園から丘陵の麓伝いに北東へ約600m歩くと，市立五十公野保育園の斜向かいに石段があり，これをのぼると古四王神社に着く。古四王神社の多くは，古代豪族阿倍氏の祖先である大彦命を祭神としており，

古四王神社

新潟県を含む東北地方各地に分布している。神社には珍しく北向きの社殿をもつこと，「高志王」「越王」などの字があてられることなどから，古代において北陸地方の経営に功のあった阿倍氏の活動と関連づけて，北方開拓の越の王をまつるとの説などがある。

　丘陵の麓をさらに東に約200m行くと，尾根を挟んでのぞみの家福祉会がある。向かいに立つ赤い鳥居が石井神社への入口である。巨岩の間をすり抜けながら10分ほどのぼると，山頂に広い平坦地があり，中心には小さな祠，その後ろに巨石がある。岩井堂山とよばれるこの山は，古代，下越一帯に名を馳せた黒鳥兵衛の根城であったとも，鬼が住む岩屋であったともいわれる伝説の山であるが，『延喜式』神名帳に載る式内社の石井神社に比定されている。祭神は倉稲魂命である。

> 珍しい北向きの神社
> 山頂に立つ『延喜式』式内社

旧会津街道 ⑱

〈M▶P.130〉新発田市山内・中々山・上赤谷ほか
JR羽越本線・白新線新発田駅🚌東赤谷行大槻🚶3分（米倉小学校前まで）

　五十公野から米倉・山内・赤谷を経て諏訪峠を越える旧会津街道（県道14号線）は，新発田など下越の藩主が参勤交代路とした。丑首から米倉，大槻へと連なっていた松並木は，現在は市立米倉小学校

> 松並木と宿場の町々
> 戊辰戦争激戦の跡

城下町新発田と潟端の村々

角石原戦跡の碑

前(大槻バス停付近)に面影を残すのみである。南へ2kmほど進み，山内バス停付近から左の旧道に入ると旧山内宿で，現在も宿場町の面影を残す。十返舎一九の道中記に「山内といふに至れば，新発田よりの御番所あり。茶屋に案内を頼み，御断り申して打ち通るなり」(『金草鞋』)とあり，会津藩との境界付近にあたるこの宿の南端には山内口留番所がおかれた。現在も関所門の礎石を残す。

県道14号線をさらに南へ約2km進むと，トンネルを抜けた右手に角石原戦跡の碑が立つ。幕末，新発田藩は新政府寄りの立場をとっていたが，戊辰戦争(1868～69年)のさなか，執拗な勧誘によってやむなく旧幕府側に立つ奥羽越列藩同盟に加わった。しかし，新政府軍が新発田領内太夫浜・松ヶ崎浜に上陸すると新政府軍に合流し，先鋒となって会津街道を進軍した。角石原古戦場は，会津藩領境にあたり，1868(慶応4)年8月14日に激しい戦闘が行われた。

さらに南の旧赤谷宿も，町並みに宿場町の名残りを残す。上赤谷の丁字路突き当りには，1710(宝永7)年に建てられたという聿修碑がある。赤谷の草分けと伝えられる片野氏の後裔が建立したもので，祖先の事蹟と赤谷の歴史を刻む。背後の小高い丘は大将陣場(陣場山)とよばれ，1586(天正14)年，上杉景勝が新発田重家攻略のために陣を構えたと伝えられる。上赤谷から600mほど南には右手に会津藩が築いた一里塚がある。江戸時代，街道に1里ごとに築かれたもので，旧会津街道に現在残る4カ所の塚のうちの1つである。

JR新発田駅の東から角石原付近まで延びる全長12.3kmのサイクリングロード「歴史探勝の道」は，赤谷鉄山の鉱石運搬用の赤谷運鉱線鉄道，そして赤谷線として1984(昭和59)年まで使われた鉄道敷地である。

岡田大日堂 ㊾
0254-22-5239

〈M▶P.130, 181〉 新発田市岡田1371 🅿
JR羽越本線・白新線新発田駅🚌蔵光行ほか岡田大日堂前
🚶15分

　JR新発田駅正面口から北東に向かい，踏切を越えて約1km行くと県立新発田商業高校があり，さらに約1.5km進むと加治川を渡る安全橋手前が岡田法音寺大日堂（真言宗）である。法音寺は，奈良時代に聖武天皇の勅願によって行基が開いたといわれ，城氏の時代を経て，鎌倉時代初期に佐々木盛綱によって再興された。境内にある五輪塔は鎌倉時代末期の作風をもつが，盛綱が主君源頼朝の死に際して建立し，菩提を弔ったものと伝えられる。その後，佐々木加地氏の総菩提所として栄えた。現在の大日堂は，1615（元和元）年に建立されたものとされる。

法音寺大日堂五輪塔（伝源頼朝供養塔）

加地源頼朝供養塔総菩提所

宝積寺と香伝寺 ㊿㊼
0254-25-2978／0254-29-2003

〈M▶P.130, 188〉 新発田市上三光1276／蔵光2798 🅿
JR羽越本線・白新線新発田駅🚌蔵光行下三光🚶
10分／蔵光🚶1分

　下三光バス停付近，下三光集落開発センター前の丁字路を東に約800m進むと，佐々木盛綱の子孫竹俣氏の菩提寺として知られる宝積寺（曹洞宗）がある。もとは東の山手にあったものを，1470（文明2）年に村上山辺里の耕雲寺5世宗欽を迎えて，現在地に建立したとい

宝積寺

城下町新発田と潟端の村々

う。

　宝積寺境内を東側に含む東西約200m・南北約160mの範囲は、まわりに幅6〜12mの帯状の田がめぐり、内側に土塁の痕跡を残す。これは竹俣氏の居館跡と考えられる。このほか、付近には竹俣氏関係の城館跡が多く残っている。

　寺の裏手、岡塚集落東のはずれの台地は「館ノ内」とよばれ、「竹俣氏館跡」「三之丸跡」などの標柱がみえる。この岡塚館跡は東西約200m・南北約100mにおよぶ地域を土塁・空堀で囲んだもので、その名残りを今に残している。

　開発センターから北へ約1km行くと、香伝寺（曹洞宗）に突き当る。約700年前の創建になる佐々木加地氏の菩提寺の1つで、もとは東方丸山西麓にあったが、天正年間（1573〜92）、加地春綱のとき、その旧館を寺地としてもらい、移ったという。堀を含めて一辺約120mの正方形に取り囲む高い土塁が、館として機能した歴史を物語る。

竹俣氏・加地氏の舞台
土塁を残す館の数々

藤戸神社と加治の要害山 ㊷

〈M▶P.130, 188〉新発田市 東宮内441ほか
JR羽越本線・白新線新発田駅🚌25分

佐々木盛綱功名の神
加地氏要害の山城

　香伝寺から北西を望むと、坂井川を挟んだ櫛形山脈の南端に椀を伏せたような加治の要害山がみえる。中江神社手前の橋で坂井川を渡り、土手沿いに国道290号線を西へ約500m進むと、右手に「加地（加治）城跡」の標柱がある。土手をおりて、丘陵伝いに西へ向かうと山際に赤い鳥居がみえる。藤戸神社である。創建は1189（文治5）年、祭神は宇多天皇・大己貴命・天照大神である。いわゆる源平合戦における児島（現、岡山県）の藤戸の合戦は、『平家物語』や能『藤戸』で知られる。船をもたない源氏の佐々木盛綱は、

藤戸神社

加治の要害山

対岸の児島に陣をしく平氏を攻めあぐね、地元の漁師からウマで渡れる浅瀬を聞き出すが、ほかの武将に教えられてはと功を焦り、漁師を殺害してしまったという。その漁師を供養するために創建したのが藤戸神社であるという。

　神社に向かって右手が要害山である。加治川・坂井川の流れを眼下に、旧加地荘を一望できる要衝に位置する。この地は、佐々木盛綱を祖とする佐々木氏の宗家、加地氏の要害がおかれた。現在は、加地氏隆盛期の戦国時代の山城の様相を残しているが、その創始時期は南北朝時代あるいは室町時代前期まで遡ると考えられている。

菅谷寺 53
0254-29-2022

〈M▶P.130, 188〉 新発田市菅谷860
JR羽越本線・白新線新発田駅🚌上荒沢行菅谷🚶すぐ

頼朝の叔父が創建親しまれるお不動様

　JR新発田駅からバスで15分、坂井川に沿って国道290号線を北上、菅谷バス停で降りると「菅谷不動尊」として親しまれる菅谷寺（真言宗）に着く。石段をのぼり、1866（慶応2）年建立の堂々とした総ケヤキ造りの山門をくぐると本堂がある。現在の本堂は1770（明和7）年に再建された入母屋造。本堂には、鎌倉幕府初代将軍源頼朝の叔父護念によって比叡山から勧請された本尊不動明王が安置されている。卯と酉年の7年ごとに開帳される。

　『吾妻鏡』第15巻に、1195（建久6）年、護念は鎌倉で頼朝と対面し、頼朝の娘大姫の病悩を加持によって癒したとある。その後、3代将軍源実朝の寄進によって七堂伽藍が建立されたが、1253（建長5）年の春、落

菅谷寺本堂

城下町新発田と潟端の村々

菅谷寺周辺の史跡

雷のためことごとく焼失した。そのとき，本尊のみは「みたらせの滝」の中で多くのタニシに守られて無事だったと縁起は伝える。本堂に向かって左にある「みたらせの滝」は，古くから眼病に効く霊水として人びとに親しまれている。

明治時代初期造営の大邸宅
巨大地主栄華の記憶

市島家住宅 ㊴
いちしまけ じゅうたく
0254-32-2555

〈M▶P.130,193〉 新発田市天王1563 P
JR羽越本線月岡駅🚶15分，またはJR新発田駅🚌天王経由月岡行，乗廻経由月岡行天王🚶すぐ

　JR月岡駅から西へ向かい，国道460号線を越え150mほど直進して右折，バス通りを北に約400m進む。この旧福島潟の東岸に発達した潟端砂丘上の集落の中に，豪農の館として知られる市島家住宅（県文化）がある。

　市島家の先祖は丹波国（現，京都府・兵庫県の一部）に発し，新発田藩初代藩主溝口秀勝の入封に従って五十公野に移ったと伝えられる。のちに水原に居を移して福島潟の干拓を中心に開発を進め，幕末には北蒲原郡の南部を中心に約2000町歩の農地を集積し，越後随一の巨大地主に成長した。この市島本邸が戊辰戦争（1868〜69年）の戦火で焼失した後，1877（明治10）年に現在地に移転・新築し

市島家住宅表門

たのが，市島家住宅である。8000余坪（約2万6000m²）の広大な敷地に，延べ600余坪（2000m²）の邸宅12棟が立つ。

　正面にはケヤキ造り・銅板葺きの堂々たる表門があり，見学者は，左手の門番所（長屋門）から邸内へ入る。正面の玄関を眺めながら右手に歩を進めると，資料館として使われる旧米蔵がみえる。その左から入ると奥が，回遊式庭園の静月園である。起伏のある小道のかたわらには茶室の松籟庵の茶室，會津八一・土井晩翠らの歌碑が立つ。邸内の建物すべてをみることはできないが，83間（約150m）もの長さの渡り廊下，市島家一族の霊をまつる南山亭などを見学しながら，豪農の生活ぶりを感じることができる。なお，1897（明治30）年に竣工した本格的書院造の湖月閣は，市島家最盛期の面影を伝える建物であったが，1995（平成7）年4月，新潟県北部地震の際に惜しくも全壊した。

　市島家住宅の東約3km，月岡温泉入口に位置する月岡カリオンパーク内にカリオン文化館がある。1階は刀剣伝承館として，この地で刀剣製作にあたる人間国宝の天田昭次の作品を展示する。

宝積院と絆己楼 55 56
0254-27-7773（宝積院）
0254-27-2121（聖籠町教育委員会社会教育課）

〈M▶P.130〉北蒲原郡聖籠町諏訪山578／諏訪山447 P
JR羽越本線・白新線新発田駅🚌次第浜行横大夫🚶5分

諏訪山の聖籠観音
蒲原最大の私塾

　日本海東北自動車道聖籠新発田ICのすぐ北側に横大夫バス停があり，ここから北へ約600m行くと，「聖籠の観音様」と親しまれる聖籠山宝積院（真言宗）がある。本尊の十一面観音菩薩はカツラの一木造で，平安時代後期の作とされ，10年に1度開帳が行われる。縁起には，737（天平9）年，泰澄が本尊・二王尊を彫刻して一宇を建立したのを始まりとする。その後，新発田藩初代藩主溝口秀勝が，

宝積院観音堂

城下町新発田と潟端の村々

本堂・二王門を建て，保護を加えた。現在の観音堂・二王門は1756(宝暦6)年に新造営，1859(安政6)年に改修された。

　宝積院の北東約300mの所に代々諏訪山新田の名主をつとめた大野家住宅が残る。車道に面する表門は，水原代官所の門であったが，明治時代中期頃に大野家の所有となり移築された。門を入って右側の2階建ての建物が，幕末の私塾絆己楼である。新発田藩の儒者丹羽思亭の門下であった大野敬吉(恥堂)が，1853(嘉永6)年に塾舎を建築し，1884(明治17)年の没年まで多くの塾生を指導した。なお見学には，聖籠町教育委員会社会教育課への事前申し込みが必要である。

　周辺の砂丘地帯は古代遺跡の宝庫である。国道7号線新新バイパス聖籠IC建設に先立つ山三賀Ⅱ遺跡の発掘調査では，古墳時代から奈良・平安時代にかけての竪穴住居跡・掘立柱建物跡などの遺構のほか，多数の土器・鉄製農耕具などが出土した。とくに奈良時代には大規模な集落が営まれたことがわかり，貴重な成果をもたらした。

　国道7号線新新バイパス聖籠ICから北へ約1km行った，聖籠町役場南側の「結いハート聖籠」内には聖籠町民俗資料館がある。旧聖籠中学校校舎を利用したもので，町内出土遺物や民俗資料を展示している。

加治川旧分水門 ㊼

〈M▶P.130〉新発田市真野原外 🅿
JR羽越本線・白新線新発田駅 🚌 稲荷岡循環線紫雲寺橋 🚶10分

加治川旧分水門

洪水と闘った石造りの水門
サクラ咲く加治川堤防

国道7号線新新バイパス聖籠ICから県道3号線に入り北東に約4km，紫雲寺橋手前を右折すると，加治川沿いに加治川治水記念公園が広がる。サクラの季節には多くの人びとで賑わうこの公園の

片隅に，石造りの加治川旧分水門がある。

　加治川はかつて流路を砂丘にさえぎられ，豪雨のたびに洪水をおこしていた。分水門は，1914(大正3)年，加治川から海まで約5kmの分水路(現在の河口)を建設した際，川の水量を調節するために設けられた。その後，1966(昭和41)・67年の羽越水害を機に河川改修が行われ，分水門はその役目を終えたが，今も往時の姿を堂々と伝えている。近くには分水工事の苦心を伝える記念碑が立つ。

紫雲寺潟の干拓と青田遺跡 ❺⓼

江戸時代有数の新田開発
湖底に沈んだ縄文遺跡

〈M▶P.130〉新発田市真中(落堀川改修記念碑)
JR羽越本線・白新線新発田駅🚌稲荷岡～中条行下真中🚶3分

　聖籠町から旧紫雲寺町を通り，胎内市へと抜ける県道3号線には家々が張りつくように並ぶ。加治川の紫雲寺橋の北東約5km，落堀橋の左岸上流側には落堀川改修記念碑が立ち，この川が大工事により開削された川であることを伝える。県道両側の集落から一段低い南東側は，現在は美田が広がるが，ここは干拓によって姿を消した紫雲寺潟(塩津潟とも)の名残りである。

　東西約2里，南北約1里におよんだ紫雲寺潟新田の干拓は，江戸時代中期に多くみられた，いわゆる町人請負新田のなかでもっとも大規模かつ典型的なものである。信州高井郡米子村(現，長野県須坂市)の竹前権兵衛・小八郎兄弟が計画して幕府に開発許可を出願し，幕府からの許可を得て，1728(享保13)年に干拓工事に着手，1732年にほぼ工事を完了した。その結果，約2000町歩(2000ha)の新田が生まれ，42カ村の新田村が誕生した。

　1999(平成11)年，日本海東北自動車道の建設にともなう発掘調査で，旧紫雲寺潟の中心部に，縄文時代晩期末葉(約2500年前)の集落跡が発見された。この青田遺跡からは，幅約40mの川跡の両側に50棟以上の掘立柱建物跡が確認された。多くの有機質遺物にも恵まれ，丸木舟や櫂，丸木弓，籠状・筌状・簾状の編み物，堅果類(クリ・トチ・クルミなど)の果皮も大量に出土，縄文人の生業を物語る多くの情報を提供した。また遺跡の発見で，紫雲寺潟が9世紀に発生した地震性地殻変動で沈降した結果，形成されたことも明らか

城下町新発田と潟端の村々

になった。遺跡は高速道路の下に眠っているが、2076点におよぶ青田遺跡出土品(県文化)は新潟県埋蔵文化財センターと新潟県立歴史博物館に収蔵・展示されている。

福島潟 �59
025-386-1081(新潟市豊栄博物館)、025-387-1491(水の駅「ビュー福島潟」)、
025-387-1450(新潟県立環境と人間のふれあい館)

〈M▶P.130,193〉 新潟市北区前新田乙493(水の駅「ビュー福島潟」)、新潟市北区前新田乙364-7(新潟県立環境と人間のふれあい館—新潟水俣病 資料館—) P
JR白新線豊栄駅 🚶30分

野鳥とオニバス 自然と公害を学ぶ

　JR豊栄駅から南へ約700m、新潟市立豊栄図書館のみえる交差点を左に進路をとると桜通りとよばれる並木道が出現する。この通りを東へ約600m行くと、左の角に新潟市豊栄博物館がある。常設展は「書聖—弦巻松蔭の世界」で、当地出身で国際芸術文化賞受賞書家である故弦巻松蔭の作品と文房具・郷土玩具などの収集品を展示する。

　桜通りをさらに南東に1.2kmほど進むと、水の公園福島潟に達する。かつて広大な潟湖であった福島潟は、オオヒシクイ(国天然)など220種の野鳥が確認され、自生の北限であるオニバスなどの植物も350種を数える自然の宝庫である。

　周辺低湿地の開発は古くから行われていたが、1730(享保15)年、松ヶ崎堀割によって阿賀野川が直接日本海に流れ出る結果となり、福島潟周辺の排水が良好となった。以後、新発田藩や江戸幕府の奨励によって福島潟は一部を残し、1832(天保3)年までに約1500haが干拓された。新田開発は事業に携わった地主への土地の集中を生み、市島家は越後有数の大地主となった。第二次世界大戦後は、1966(昭和41)年から10年間におよぶ国営干拓事業が進められ、潟は

水の駅ビュー福島潟

福島潟周辺の史跡

遊水池として面積約1.7km²を残すのみとなった。

　潟端に聳える円筒形の建物が，360度の展望が楽しめる水の駅ビュー福島潟である。展示室では，越後平野生成の歴史・干拓の歴史・福島潟の自然や動植物の様子などが映像やパネルで紹介されている。

　ビュー福島潟と放水路を挟んで西側に立つのが新潟県立環境と人間のふれあい館―新潟水俣病資料館―である。福島潟の西を流れる阿賀野川は，高度経済成長期に新潟水俣病発生の舞台となった。1967（昭和42）年に提訴された第1次訴訟は，1971年9月29日，原告被害者全面勝利の判決によって，メチル水銀を流し続けた昭和電工の企業責任を認めた。その後も第2次訴訟は継続されたが，1995（平成7）年に新潟水俣病被害者の会・共闘会議と昭和電工との和解協定が締結された。これを契機に建設されたのが当資料館である。2階建ての館内は，公害の経験と教訓を後世に伝える「新潟水俣病」など3つの主題で，公害の根絶と環境保全の重要性を学ぶことができる。

横井の丘ふるさと資料館と木崎無産農民学校跡 ⑥⓪⑥①
025-386-1081（新潟市豊栄博物館）
〈M▶P.130〉新潟市北区横井255　Ｐ
JR 羽越本線・白新線新発田駅🚌新潟行笠柳🚶8分

　日本海東北自動車道豊栄新潟東港IC北約600m，県道46号線横井交差点の右手に小高い丘がある。丘の南端に立つ古い建物が横井

横井の丘ふるさと資料館

廃校に残る地域の歴史 全国に知られた小作争議

の丘ふるさと資料館である。笠柳バス停からは福島潟放水路沿いに南下し、横井橋を渡り南西へ600mほどの所である。

館の建物は、2002（平成14）年3月まで横井小学校の校舎として使われていたもので、新潟市豊栄博物館分館として旧豊栄市の歴史を展示する。1階には、鳥屋遺跡など旧市内の出土遺物や、木崎小作争議に関する資料が展示されている。2階には民俗資料が並ぶが、階段の壁に飾られている、この校舎で学んだ子どもたちを撮した往時の写真が微笑ましい。見学は隣の市立木崎保育園で鍵を借りる必要があり、日曜日・祝日は豊栄博物館に事前連絡を要する。

木崎村小作争議は、北蒲原郡木崎村（現、新潟市木崎）でおきた小作争議で、1920年代における日本農民運動の代表例である。1922（大正11）年、笠柳・横井に小作組合が結成され、小作料減免を地主側に要求した。一部の地主はあくまでも農民の要求を拒否し続け、これに対抗した小作組合側は日本農民組合（日農）関東同盟に参加し、木崎村連合会を結成した。地主側がおこした耕作禁止・土地返還・小作料請求の訴訟が地主側の勝訴となるなか、執達吏・警察・地主による立入禁止が強制執行され、警察が農民側を激しく弾圧して数十人を検束する鳥屋浦事件がおきた。事件はたちまち全国的反響をよび、農民は日農の指導の下、小学校児童700余人の同盟休校など

木崎村小作争議記念碑

で対抗した。同盟休校は無産農民学校へと発展し,多くの文化人がこれを支持した。1926年7月25日の上棟式当日,1000人を超える農民デモ隊と取締りの警官隊が衝突し,25人が検挙された(久平橋事件)。その後,争議そのものは収束に向かったが,計画されていた農民学校が開校し,村政や区政の民主化も進められた。

　歴史館の北約300m,水田と畑に囲まれた小松の間に木崎村小作争議記念碑が立ち,木崎無産農民学校がこの北東にあったことを伝える。1972(昭和47)年,争議50周年を記念して建立された。

⑥ 中世の白河荘から奥山荘をめぐる

旧北蒲原郡に属す阿賀野・胎内両市は，中世の荘園を偲ぶことのできる史跡などが多い。

瓢湖 ㉖ 〈M▶P.130, 197〉阿賀野市水原 P
0250-62-2690(管理事務所) JR羽越本線水原駅 🚶30分

有名なハクチョウ渡来地
サクラやアヤメの名所

阿賀野市は，2004(平成16)年4月に水原町・安田町・笹神村・京ヶ瀬村の4町村が合併してできた市である。市域は，かつて白河荘とよばれた荘園であった。平安時代末期には，「白川御館」とよばれた城助職が当地域を支配していた。源平の争乱で城氏が滅ぶと，伊豆(現，静岡県)の大見氏が地頭として入り，一族は水原・安田・山浦氏に分派，それぞれ水原・安田・笹神の地を支配した。市内には，これら一族にかかわる城跡などが残っている。市内の移動には阿賀野市営バスがあるが，便数は少ない。

JR水原駅の東約1.5km，水原のハクチョウ渡来地(国天然)として知られている瓢湖は，1639(寛永16)年に新発田藩が13年かけてつくった溜池で，周囲約1.2kmの方形をしている。名前の由来は，かつて大小2つあった池が瓢箪形をしていたからという。多くのハクチョウが渡来するようになったのは，1954(昭和29)年に吉川重三郎が餌付けに成功してからである。ハクチョウは毎年10月上旬頃シベリアから飛来し，3月末頃に帰って行く。この間，多くの人びとがハクチョウの見物に訪れる。瓢湖は約70種類の水鳥の宝庫として，また，サクラやアヤメなど，四季折々の風景を楽しむことができる。隣接する資料館「白鳥の里」では瓢湖の魅力を映像などで紹介している。なお，2008(平成20)年，瓢湖はラムサール条約の登録湿地となった。

瓢湖から瓢湖代官所通り(県道271号

瓢湖のハクチョウ

下越

瓢湖周辺の史跡

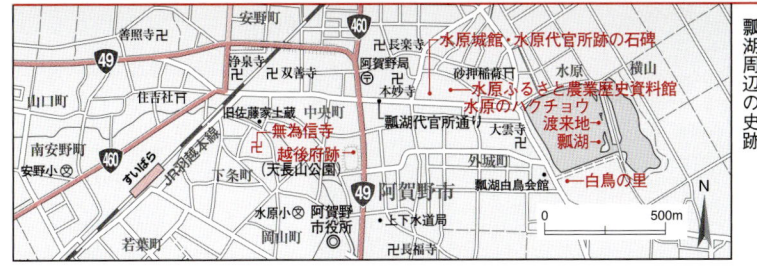

線)を約300m西に向かうと,「水原城館・水原代官所跡」と刻まれた石碑と復原された代官所の板塀がみえてくる。中世には,水原氏の居館があったとみられ,江戸時代には幕府天領を支配する代官所があった。代官所跡には表門や白州などが復原され,内部を見学することができる。隣には水原ふるさと農業歴史資料館があり,代官所関係の古文書・考古資料・農具などが展示されている。

瓢湖代官所通りをさらに西に約300m進むと,国道49号線と交差する。交差点を左折すると,右手に天長山公園がみえてくる。ここは,「新潟県政発祥の地」として知られている越後府跡(県史跡)である。江戸時代までは地主市島家別邸で,天保の飢饉(1833〜36年)の際に市島氏が農民救済のために賃銭を与えてつくらせたものであった。戊辰戦争(1868〜69年)で建物は焼失し,1869(明治2)年に越後府の庁舎がおかれた。越後府は越後・佐渡を管轄したが,のちに管轄がかわり水原県と改称,翌年には新潟に県庁が移り,新潟県となった。

天長山公園の西,水原駅の北東約500mに無為信寺(浄土真宗)がある。親鸞の高弟の1人無為信房の開基と伝えられ,宝暦年間(1751〜64)に地主の佐藤伊左衛門が再興した。金剛頂経曼殊室利菩薩五字心陀羅尼品・藤原氏系図(ともに国重文)など,貴重な資料を伝えている。

華報寺 ⓰

空海開基の寺
温泉と石造物

〈M▶P.130, 198〉 阿賀野市出湯794
JR羽越本線水原駅🚌20分

瓢湖から県道271号線を東に約6km進むと,国道290号線と交差する。この交差点は出湯温泉の入口にあたる。交差点を越え旅館街を通り抜けると,奥に華報寺(曹洞宗)がある。大同年間(806〜810),空海(弘法大師)が五頭山麓に堂宇を建立したのが始まりという。

中世の白河荘から奥山荘をめぐる

華報寺

出湯は湯治場として知られているが，空海の加持祈禱によって湧出したといわれている。南北朝時代のものとされる『神道集』に「越後国出湯花宝寺」とみえ，文明年間(1469〜87)には曹洞宗に改め，華報寺に改称したと伝えられている。中世において出湯集落は華報寺の寺領で，多くは伽藍の敷地と推定され，周辺の山林や蓮台野とよばれる扇状地は中世墓跡として知られている。経筒・和鏡・板碑・五輪塔などが多く出土し，修験の霊地として信仰されていたものと考えられる。華報寺には「永仁七(1299)年」銘の時宗系六字名号碑が保管されており，周辺に多くの石造物をみることができる。

華報寺周辺の史跡

国道290号線出湯交差点近くの阿賀野市笹神地区郷土資料館は，旧出湯小学校校舎を改装した建物で，「五頭山麓の自然と文化」を主題に展示されている。五頭山麓や旧笹神村の歴史・産業・民俗などを知ることができ，華報寺墓跡出土品(県文化)も展示されている。

出湯交差点の西約900m，羽黒集落の東端には優婆尊がある。「出湯のうばさま」として知られ，出湯に逗留していた行基が五頭山麓の木を刻んだとされる優婆尊像が安置されている。

阿賀野市立吉田東伍記念博物館 ⓜ
0250-68-1200

〈M▶P.130,199〉阿賀野市保田1725-1 Ｐ
JR 羽越本線水原駅🚌15分

日本歴史地理学の先駆者『大日本地名辞書』の著者

出湯温泉から国道290号線を南に約10km行くと，安田瓦や「新潟県酪農発祥の地」として知られている保田に着く。

保田は，歴史地理学者吉田東伍の生誕地でもある。東伍は，1864(元治元)年，旗野家の３男として生まれ，1884(明治17)年に吉田家

吉田東伍記念博物館

の養子となった。『大日本地名辞書』を13年間かけて1人で完成させたことなどで知られ，日本歴史地理学の先駆者といわれている。県道188号線保田（中町）交差点近くに彼の生家が残り，その隣に阿賀野市立吉田東伍記念博物館がある。東伍の著書・遺品などが展示され，彼の研究生活を知ることができる。

保田の史跡

吉田東伍記念博物館から約600m南東に行くと，体育館・公民館・野球場などの施設がみえてくる。ここは，安田氏の居城安田城跡（県史跡）である。主郭は公園として保存され，二ノ郭の一部も残り，周囲には幅約20mの水堀がめぐらされている。1598（慶長3）年の上杉氏の会津移封に安田氏も従うと，村上藩主村上氏の家臣吉武右近がかわって入城した。1618（元和4）年には藩主が堀氏にかわったが，1644（正保元）年に堀氏が村松に移封されたことにより廃城となった。

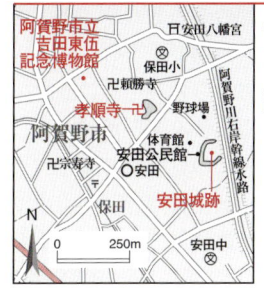

安田公民館の郷土資料室には，旧安田町内出土の考古資料が陳列されている。縄文時代の土石流災害被災遺跡として知られるツベタ遺跡の出土品や，平安時代末期の横峯経塚出土品（県文化）などが展示されている。

安田城跡の西隣には孝順寺（浄土真宗）がある。寺地は，戦前の千町歩地主斎藤家の旧邸である。斎藤家は，江戸時代の保田組大庄屋で，醸造業を営みながら土地の集積を進めた。第二次世界大戦後の農地改革で斎藤家が物納した邸宅を孝順寺が購入した。本堂の大屋根や回遊式の日本庭園は見応えがある。また，親鸞の越後七不思議の1つ「保田の三度栗」の寺として知られている。

中世の白河荘から奥山荘をめぐる

梅護寺 ⑥

親鸞ゆかりの寺　珠数掛ザクラと八房の梅

〈M▶P.130〉阿賀野市小島377　P
JR羽越本線京ヶ瀬駅🚶30分

　JR京ヶ瀬駅から国道460号線を西に約2km，阿賀野川に架かる阿賀浦橋手前を左折しさらに約2km進むと，小島集落に入る。県道586号線の小島バス停近くには，親鸞の越後七不思議の「珠数掛ザクラ」（国天然）と「八房の梅」で知られる梅護寺（浄土真宗）がある。越後配流となった親鸞は，1209（承元3）年から翌年にかけて当地に滞在したと伝えられている。親鸞滞在中，佐吾助という人が親鸞の弟子となり，当寺を開いたという。境内の八房の梅は，八重咲きの梅で1つの花に8つの実がなる。4月中旬に花が咲き，5月下旬から6月中旬にかけて実をみることができる。珠数掛ザクラは，県道を挟んで門前の石垣に囲まれた一角にある。珠数の房のような八重桜の見頃は5月上旬だが，すでに主幹は枯れてしまい，現在のものは支幹が育ったものである。2002（平成14）年から樹勢の回復治療が始まり，2004年に樹勢回復祝いの式典が行われた。

梅護寺

　京ヶ瀬駅から北へ約3.5km，曽郷地区のふるさと公園隣に阿賀野市京ヶ瀬地区民俗資料館がある。ここには旧京ヶ瀬村の歴史・生活を物語る貴重な遺物や生活用品などが展示されている。

奥山荘歴史の広場 ⑥
0254-44-7737（奥山荘歴史館）

全国的に有名な荘園　中世中条氏の拠点

〈M▶P.130, 201〉胎内市本郷町・あかね町107-10　P
JR羽越本線中条駅🚶20分

　胎内市は，2005（平成17）年に中条町と黒川村が合併してできた市であり，市域はかつて奥山荘とよばれた荘園であった。市内には中世の遺跡や往時を偲ぶ地名が多く残っており，このうち江上館跡などが，奥山荘城館遺跡として国の史跡に指定されている。JR中

条駅から線路沿いを800mほど北東に進んで乙街道踏切を渡り、150mほど先で左折すると、2002（平成14）年に復原整備された奥山荘歴史の広場がある。ここは、奥山荘惣領地頭中条（三浦和田）氏の居館江上館跡であり、古くから土塁などの遺存状態がきわめてよい館跡として知られていた。数次にわたる発掘調査の結果、約60m四方の主郭と南北に郭をもつ館の外観、建物跡などの内観が明らかになった。また、貿易陶磁器など多くの遺物からは、館内での日常生活や儀礼などの様子をうかがうことができる。土塁・水堀・櫓門・橋などが復原された広場の南西に隣接する奥山荘歴史館には、江上館跡を中心に、町内の遺跡からの出土品が多く展示されている。なお、広場南西側の住宅地は下町・坊城遺跡で、近年の発掘調査により、江上館築造以前の奥山荘の中心地、「政所条」と推定されている。

市内にはほかにも多くの館跡があるが、比較的良好な状態で残っているのは古舘館跡である。奥山荘歴史の広場の北約4kmの古舘地内にあり、現在は常光寺（曹洞宗）の境内となっている。東西約106〜120m・南北約53〜73mの規模をもち、土塁・水堀跡がしっかりと残る。2次にわたる発掘調査により、江上館跡との共通性や同時期の廃絶、さらに中条氏の一族高野氏との関連が想定されている。

乙街道踏切から南東に向かうと東本町に入る。町の西端に位置する鎮守の熊野若宮神社は、初代奥山荘地頭和田宗実が、紀伊の熊野本宮大社（和歌山県田辺市）から若一王子宮を勧請したものと伝えられる。本殿内の宮殿（附棟札、県文化）は一間社流造、柿葺きの素木造で、1690（元禄3）年現在地に遷座された際につくられたものである。

熊野若宮神社から北東に400mほど行くと、大輪寺（曹洞宗）がある。寺は中条氏から寺領寄進を受けるなど中条氏との関わりが深く、1598（慶長3）年、中条氏に従って出羽（現、山形県・秋田県）に移転したが、江戸時代初期に現在地に戻ったといわれている。境内には、

中世の白河荘から奥山荘をめぐる

「貞治五(1366)年七月十日」銘の板碑などがある。

鳥坂城跡 ❻❼ 〈M▶P.130, 201〉胎内市羽黒
JR 羽越本線中条駅🚌10分(登山口まで)

板額御前奮戦の地
戦国時代中条氏の山城

鳥坂城跡

　大輪寺から中条の市街地を東へ抜け，国道7号線を横切ると羽黒集落に入る。さらに東へ700mほど行くと集落東側の段丘上に羽黒館跡がある。中条氏一族羽黒氏の館跡で，徳岩寺(曹洞宗)と羽黒三社を含む東西約200m・南北約100mに土塁や空堀が残っている。

　羽黒館跡から東に進み，登山道を約1時間のぼると，標高296mの白鳥山の山頂に，中条氏が有事の際に立てこもった鳥坂城跡がある。平安時代末期以降，平氏の一族城氏によって築かれたといわれる。『吾妻鏡』の1201(建仁元)年5月14日条によれば，城資盛は鎌倉幕府に背き，鳥坂城に立てこもった。資盛の叔母板額御前の奮戦によって幕府軍は苦しめられたが，城は陥落し，城氏は滅亡した。「百発百中之芸」の弓の名手として，板額御前の武勇は鎌倉まで聞こえたという。2001(平成13)年，胎内市役所(旧中条町役場)玄関前には板額御前を偲んで像が建てられた。鳥坂城跡に現存する遺構は，その大半が15世紀後半以降，中条氏によって築かれたものと推定される。6条の堀切や20段以上の段築敷状の山上の遺構と，土塁・空堀に区切られた麓の居館群から構成されている。山頂からは旧奥山荘域が一望できるほか，村上城跡，新潟港まで遠望できる。山頂へは，羽黒の白鳥公園や黒川村樽ヶ橋からのぼるルートなどもある。

乙宝寺 ❻❽
0254-46-2016
〈M▶P.130, 203〉胎内市乙1112　Ｐ
JR 羽越本線中条駅🚌坂町駅行乙🚶3分，または平木田駅🚌10分

祈願の霊場
サルの伝説

　JR 平木田駅の北西約4kmの所に，「乙の大日様」と親しまれて

乙宝寺三重塔

いる乙宝寺(真言宗)がある。736(天平8)年に行基と婆羅門が創建し,聖武天皇や後白河天皇らの勅願所であったという。婆羅門が釈迦の左眼を納めて乙寺と名づけ,その後,後白河天皇が左眼を納める金塔を寄進し,乙宝寺に改名したといわれている。また,この寺でサルが法華経を書写してもらい,その功徳により越後の国司となって生まれかわったという話が,『今昔物語集』などに載せられている。別名猿供養寺といわれる由来である。1対の石灯籠の間を進むと,「如意山」の扁額を掲げる朱塗りの仁王門がある。門の手前右手には,江戸時代初期に建てられた弁天堂(県文化)がある。仁王門をくぐると,右手には杉木立に囲まれた高さ約20mの三重塔(附棟札,国重文)が聳え立っている。村上城主村上忠勝が願主となり,1614(慶長19)年起工,1620(元和6)年に完成した。京都から招いた棟梁が苦心してつくったもので,純和様で柿葺きの屋根が美しい塔である。正面には,鉄筋コンクリート造りの大日堂がある。1937(昭和12)年の火災で本尊の国宝大日如来像などとともに大日堂も焼失し,その後再建された。堂内の地下室には宝物殿があり,釈迦の左眼という左眼舎利を納めた塔や,サルのために木の皮に書経した木皮経などが展示されている。大日堂の左には,格子戸にスギの皮を結んで祈願すると良縁が得られるという朱塗りの六角堂がある。堂の地下には奈良時代の塔心礎があり,寺の創建を考える貴重な資料である。

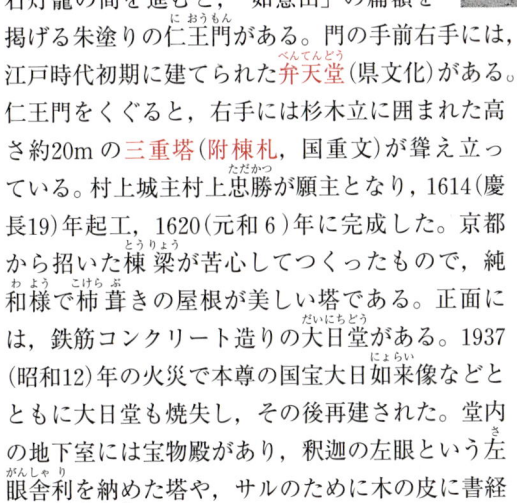

乙宝寺周辺の史跡

六角堂の奥には八所神社がある。奥山荘黒川条内乙郷44カ村の総鎮守として崇敬されてきたといわれ,現在の宮殿(県文化)は1620(元和6)年に造営されたものである。1689(元禄2)年7月1日,『おく

中世の白河荘から奥山荘をめぐる

乙まんじゅう

コラム

乙宝寺参詣のみやげ　風味と特異な皮が特徴

乙宝寺参詣のみやげとして知られる乙まんじゅうは，文化年間（1804〜18）に京都から乙宝寺に移った僧裕範が麦まんじゅうを製造していた初代店主に新しい技法を教えたのが始まりという。

鼻にプンとくる芳純な吟醸酒のような風味の饅頭は，餅米に糀を混ぜて発酵させたやわらかい皮に，北海道産小豆を秘伝の技で練るこし餡を包み込んで蒸してつくられる。現在は，門前通りの本店のほか，きのと観光物産館などでも購入できる。

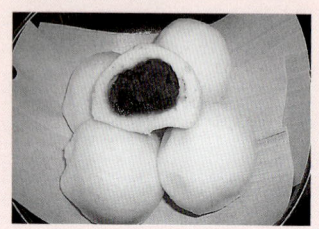

乙まんじゅう

のほそ道』の旅の途中，松尾芭蕉が当寺を訪れている。

乙宝寺から約2.5km北に進むと，桃崎浜の集落に入る。桃崎浜は，荒川が日本海にそそぐ河口西岸に位置し，江戸時代には荒川湊として多くの船が出入りした。鎮守の荒川神社には，江戸時代末期から明治時代初期にかけて，航海の安全を祈願したり，祈願成就を感謝するために模型和船や船絵馬（国民俗）などが奉納された。現在，これらは隣接する桃崎浜文化財収蔵庫に保管されており，観覧希望者は事前に胎内市教育委員会生涯学習課への連絡が必要である。

黒川郷土文化伝習館 ⓜ
0254-47-3000

〈M▶P.130, 201〉胎内市下赤谷387-15　P
JR羽越本線中条駅🚌胎内方面行樽ヶ橋🚶5分

胎内の「燃ゆる水」　越の自然と歴史

中条市街地から国道7号線を約4km北上，追分交差点で右折し胎内川に沿って上流に進むと，景勝地として知られる樽ヶ橋に至る。付近にはホテル・クアハウス・遊園地などの施設や，胎内観音の名で知られる高さ7.3mの青銅製の観音立像がある。観音像は，1966（昭和41）・1967年の羽越水害犠牲者の冥福と国土の安全などを念じてつくられたものである。

観音像の西側に黒川郷土文化伝習館がある。『日本書紀』天智天皇7（668）年7月条に「越国，燃ゆる土と燃ゆる水とを献る」とみえる「越国」は新潟県のことであり，旧黒川村に比定されている。

どっこん水

コラム

乙宝寺境内の清水
飯豊連峰の雪解け水

　どっこん水は、飯豊連峰の雪解け水が胎内川の伏流水として自噴したもので、良質の自然水として知られている。空海（弘法大師）が乙宝寺に立ち寄り修行した際に、独鈷杵をもって、「聖地に清水の湧き出ずる」と唱えたところ、自噴したと伝えられている。以来、これを独鈷水とよび、現在では「どっこん水」とよばれるようになった。この清水は乙宝寺境内から湧出しているが、ミネラルウォーターとして、きのと観光物産館などで購入できる。

黒い川の流れるほどに臭水（原油）が地表に湧出していたことから、黒川という地名がつけられたという。

　伝習館には、石油の歴史を含め、旧黒川村の歩みや郷土芸能に関する展示がなされている。分谷地A遺跡出土品の弥生時代の再葬墓土器や、1436（永享8）年に黒川氏実が蔵王の金峰神社に寄進した鰐口、1331（元徳3）年の鉄製柴燈鉢（いずれも県文化）などもみることができる。

　石油に関しては、樽ヶ橋から約2km北の塩谷にシンクルトン記念公園がある。1873（明治6）年、イギリス人技師シンクルトンの指導で手掘り井戸の原油汲みあげが始まり、数多くの井戸が掘られた。公園内には石油に関する資料を展示する記念館、油坪・油井などがあり、自然湧出の臭水のにおいが鼻を突く。

　毎年7月1日には、古式に則った伝統儀式（胎内市燃水祭）が開催され、この際、カグマ（シダの一種）によって採油された臭水が、同月7日に滋賀県の近江神宮に献上されている。

　胎内川を上流に約10km進んだ夏井には、昆虫を標本・生態展示する胎内昆虫の家と、鉱物を標本展示するクレーストーン博士の館がある。さらに北東の胎内平には胎内自然天文館もある。

黒川郷土文化伝習館

中世の白河荘から奥山荘をめぐる

願文山城跡 ⑦

〈M ▶ P.130, 206〉 新発田市金山
JR羽越本線金塚駅 🚶30分(登山口まで)

承久の乱の戦地　中世金山氏の山城

旧加治川村は胎内市の南に接し、奥山荘の南部地域にあたる。旧村内には、奥山荘城館遺跡(国史跡)のうちの金山城館遺跡がある。JR金塚駅の南東約1kmの金山集落は、中世には金山郷に属し、中条氏の一族金山氏が支配していた。

金山集落の東には標高248mの願文山がある。1221(承久3)年5月、後鳥羽上皇方で乱の張本人とされた藤原信成の家人酒匂家賢は、鎌倉幕府方の加地荘地頭佐々木信実によって討たれた。このとき、酒匂家賢が立てこもったのが願文山城であった。

集落を流れる金山川を上流に進むと、白山神社がある。社殿右手の登山口から、尾根伝いに進み、つづら折りの急坂をのぼると段差2mほどの桟敷状の小段が続き、願文山城跡主郭に着く。広さは約20m四方、北と西に1条の堀切を備えた簡単な構えで、酒匂神社と酒匂家賢の墓がある。

西麓には館跡、集落の南西と北東の端には館を守る形で高館跡とかたつむり山城跡がある。いずれも小規模なものである。

願文山の南東に標高399.5mの大峰山がある。山頂から山腹にかけて広がる橡平サクラ樹林(国天然)は、オオヤマザクラなど約40種のヤマザクラからなる。標高によってサクラの分布が違うことか

願文山城跡周辺の史跡

願文山城跡

ら，開花期・花の色にも変化があることで，広く親しまれている。

村上市・岩船郡

県北の中心地として栄えた城下町村上では、現在でも、その面影を至るところで偲ぶことができる。

村上城跡 ❼

〈M▶P.130, 209〉村上市本町臥牛山ほか Ⓟ
JR羽越本線村上駅 🚶 25分

往時を偲ばせる石垣群　本丸から日本海を一望

JR村上駅を背にし、正面にみえる小高い山が村上城跡(国史跡)である。その形から臥牛山(135m)とよばれる。市民からは「お城山」とよばれて親しまれ、春のサクラ、夏の緑、秋の紅葉、冬の雪景色と四季それぞれに美しい姿をみせてくれる。戊辰戦争(1868～69年)の際、城下が戦場になるのを避けようと、村上藩家老の鳥居三十郎ら親幕府派藩士が城に火を放ったことにより焼失し、現在は石垣のみが往時を偲ばせる。

村上駅前から東へ直進し、羽黒口で道なりに左に向かうと二之町に至る。城跡への入口は二之町の住宅地の細い道の突き当りで、山頂の天守閣跡まではおよそ30分で行くことができる。七曲りとよばれる坂道をのぼって行くと、四ツ門跡にたどり着く。ここを左へ曲がると武具庫や靭櫓跡へ、右へさらにのぼるとみごとな石垣の御鐘門跡・二の丸を経て、本丸・天守閣跡に至る。本丸の累々たる石垣は圧巻である。県内の城跡で、これほど大規模な石垣群が良好に遺存するのはここだけである。本丸からは村上の市街地と日本海が見渡せ、天気のよい日には佐渡島・粟島までも望むことができる。

村上城は、戦国時代、本庄繁長による築城から始まり、「越後国瀬波郡絵図」(山形県米沢市上杉博物館所蔵)には「むらかみようがい」として描かれている。1598(慶長3)年、上杉景勝の会津(現、福島県)への国替えにより村上義明が入り、このときから村上城

村上城跡

村上城跡周辺の史跡

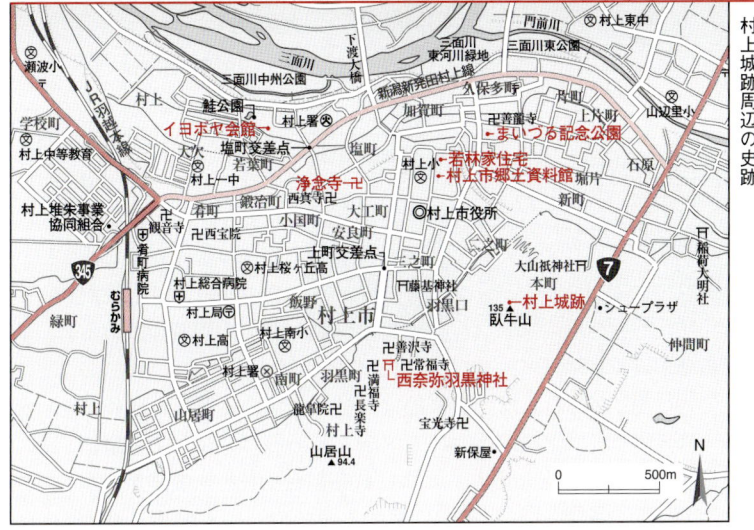

と称するようになり、城の拡張工事がなされた。1618(元和4)年、村上氏の改易後、堀直寄が城主となり、天守閣を始めとする大規模な改築が行われ、城下町も整備され、城下町村上の原型が完成した。堀直定改易後、本多忠義を経て1648(慶安元)年に播磨姫路(現、兵庫県姫路市)より松平直矩が15万石で入封し、城下町村上は最盛期を迎えた。天守閣もつくりかえられ、城下町も拡大した。しかし、1667(寛文7)年に天守閣は落雷で焼失してしまい、以後、再建されることがなかった。

松平直矩以降は、榊原政倫・本多忠孝・間部詮房ら、めまぐるしく城主が交代したが、1720(享保5)年内藤弌信が5万石で入封して以降は同氏が幕末まで治め、ようやく安定期を迎えた。内藤氏は小藩の財政をうるおすため地場産業の育成に努め、なかでも堆朱工芸や三面川のサケは、現在、村上の特産品の1つとなっている。

若林家住宅 ⑫
0254-52-7840　〈M▶P.130,209〉村上市三之町7-13　P
JR羽越本線村上駅 徒歩25分

質実剛健の武家屋敷　村上の街並みの象徴

二之町の村上城跡の登城口から北西へ600mほど歩いた所に若林家住宅(附 旧床板、国重文)がある。この辺りは、村上城三の丸にあたる。

若林家住宅は、18世紀末の建築と推定される禄高150石の中級武

村上市・岩船郡

若林家住宅

士の屋敷である。居室棟と座敷棟をL字型につないだ角屋(つのや)となっており，屋根は寄棟造(よせむねづくり)・茅葺(かやぶ)き。内部は部屋が細かく割り振りされ，柱が細いのが特徴である。

若林家住宅に隣接して，村上歴史文化館と村上市郷土資料館(おしゃぎり会館)がある。郷土資料館は，村上大祭(たいさい)の先導をつとめる笠鉾(かさぼこ)をモデルとした円形の建物で，内部の吹き抜けには村上大祭に曳(ひ)きまわされる「おしゃぎり」とよばれる屋台(やたい)や荒馬(あらうま)・笠鉾が展示されている。2階には歴代藩主に関する資料や刀剣・甲冑(かっちゅう)，戦国時代の村上城復原模型や「越後国瀬波郡絵図」の複製パネルなどが展示されている。

村上には，若林家住宅のほかにも武家屋敷が多く残されている。村上城跡北麓の新町(しんまち)には旧成田(なりた)家住宅があり，皇太子夫妻のご成婚を記念してつくられた庄内町(しょうないまち)のまいづる記念公園には，江戸時代後期の旧髙岡(たかおか)家(け)住宅・旧藤井(ふじい)家(け)住宅・旧岩間(いわま)家(け)住宅が移築・現地保存されている。

浄念寺(じょうねんじ) (73)

0254-52-4524

〈M►P. 130, 209〉村上市寺町(てらまち)3-13 P
JR 羽越本線村上駅 徒歩20分

土蔵造の本堂
歴代藩主の菩提寺

浄念寺本堂

村上市郷土資料館(おしゃぎり会館)から西へ300mほど歩いて行くと，多くの寺が立ち並ぶ寺町にさしかかる。寺町の細い小路に入って，まず目を引くのが浄念寺(浄土(じょうど)宗)の本堂(附棟札(むなふだ)・営造絵

図，国重文)である。1818(文化15)年の建築で，この地方では珍しい白壁の土蔵造でひときわ目を引く。内部は吹き抜けとなっており，2階に回廊があるのが特徴的である。本尊の阿弥陀如来坐像は江戸時代末期の丈六仏で，これも村上地方では類のない大きさである。

　浄念寺は本多家から間部家に至る歴代村上藩主の菩提寺であり，境内には，江戸幕府6代将軍徳川家宣・7代将軍家継の時代に側用人として幕政を動かした間部詮房の霊廟と墓がある。詮房は，紀州藩5代藩主徳川吉宗の8代将軍就任で失脚し，村上に転封となり失意のうちに没した。なお，松尾芭蕉が『おくのほそ道』の旅の途中に参詣したことでも知られている。

イヨボヤ会館 ⑭

0254-52-7117　〈M▶P.130, 209〉村上市塩町13-34　P
JR羽越本線村上駅 ⬆20分

日本初のサケの博物館
サケが泳ぐ人口河川

　村上駅から線路沿いに300mほど北上して丁字路を右折，さらに約1km行った県道3号線塩町交差点を左に曲がり，しばらく進むとイヨボヤ会館がある。「イヨ」と「ボヤ」はともに魚全般を指す方言だが，村上地方では「イヨボヤ」で一語をなして位の高い魚という意味で使われ，とりわけ特産のサケのことをいった。村上のサケは，古くは平安時代にその記録があり，江戸時代には三面川のサケが村上藩の重要な財源とされ，将軍家や大名家への贈答品にもなった。会館では，特産のサケについて詳しく知ることができ，現在では三面川だけに残る居繰網漁（舟2艘が対になってサケを獲る漁法）に使用される川舟などの漁具が展示されている。地階には側面をガラス張りにした人工河川があり，秋にはふるさとに帰ってきたサケの産卵に遭遇できるかもしれない。また，ミニ孵化場では人工孵化したサケを飼育しており，かわいくもたくましい稚魚の姿は，

イヨボヤ会館

みる人に力を与えてくれる。こどもさかな科学館も併設されており，サケを中心として魚について親子で楽しく学ぶことができる。

三面川の河畔に立つイヨボヤ会館一帯は鮭公園（サーモンパーク）として整備されており，広い園内には川や池・芝生広場が設けられ，市民の憩いの場となっている。

江戸時代中期，今から250年ほど前，村上藩の下級武士であった青砥武平治はサケの回帰性に気づき，「種川の制」を考案した。これは，三面川を本流とする人工の川をつくり，産卵を促して孵化を助けるというものであり，世界で初めての試みだといわれている。村上では，1878（明治11）年にはアメリカの技術を取り入れ，日本初の人口孵化にも成功している。このとき東京からきた技師は，江戸時代に考案された種川の制におおいに感心したという。明治時代には，旧藩士族により村上鮭産養育所が鮭漁を続け，その収益の一部は旧藩士族子弟の奨学金にあてられ，彼らは「鮭の子」とよばれた。

サケを愛してやまない村上には，その数百種を超えるサケ料理が今に伝えられている。サケ1尾を頭から尾・内臓まですべてを使いきる料理には，村上の人たちのサケに対する思いがあらわれている。サケの腹は，切腹を連想させることから真一文字に切り裂かず，江戸時代以来，数cmを残して2段切りにされる。城下町村上ならではの風習である。サケに塩を引いて軒先に吊るして干した塩引き，この塩引きを夏まで陰干しした酒びたしを始め，川煮・醬油ハラコ（イクラの醬油漬）・氷頭なます・焼き漬け・飯ずしなど数え出したらきりがないほどである。サケが獲れる10月から12月にかけては，市内の料亭などでサケづくしの料理を堪能することができる。

村上木彫堆朱 ㊿
0254-53-1745（村上堆朱事業協同組合）

〈M▶P.130, 209〉村上市松原町3-1-17（村上堆朱事業協同組合） P
JR羽越本線村上駅🚶10分

村上の伝統工芸品 感動する匠の技

JR村上駅から北へ300mほど進み，羽越本線の跨線橋を越えると，村上木彫堆朱の展示・販売を行っている村上堆朱事業協同組合がある（日曜日・祝日休み。9：00〜16：00）。事前申し込みにより，村上木彫堆朱の彫りの作業が体験できる（実費）。

村上木彫堆朱（県文化）は村上を代表する伝統的工芸品で，丹念に

村上木彫堆朱

彫刻された木製素地に漆を丁寧に幾重にも塗って仕上げられる。華やかさのなかに落ち着きと気品が感じられ、国の伝統的工芸品にも指定されている。村上地方は、平安時代より天然の漆の産地として知られ、鎌倉時代以降は越後北部の中心地として多くの寺社が建てられたこともあり、工芸が盛んとなった。15世紀初め、京都から寺院造営のために村上を訪れた漆工が、木彫りの上に漆を塗る技法を伝え、これが村上堆朱の始まりだとされている。江戸時代、村上藩が漆奉行を設置し、漆樹栽培が奨励されて発展し、現代に至っている。

サケ、そして村上堆朱と並ぶもう1つの村上の特産品が茶である。村上茶は、茶の生産地としては日本の最北限にあり、他県の産地にくらべ、冬の寒い期間が長く、年間の日照時間が短いことから、渋みのもとであるタンニンの含有量が少なく甘みが強く、独特なまろやかさがある。

村上地方で茶の栽培が始まったのは1620(元和6)年、村上藩主堀直竒の時代で、徳光屋覚左衛門が藩財政を支える産業がないことを憂い、京都府宇治から自費で茶の実を購入し栽培したのが始まりといわれている。以後、村上の気候風土にあわせた品種の改良や塩害や飛砂を防ぐための植林など、茶の栽培は発展していき、藩財政をうるおすほどとなった。市内には多くの茶舗があり、ぜひ一度は味わってみたい。

西奈弥羽黒神社 ❼⁶ 〈M▶P.130, 209〉村上市羽黒町6-16 P
0254-52-3617
JR 羽越本線村上駅 🚶30分

絢爛な摂社神明宮 勇壮華麗な村上大祭

JR 村上駅前から東へ直進し、県道286号線上町交差点を右折、400mほど歩くと大きな石の鳥居がみえてくる。ここが、村上の人たちの守り神として信仰されてきた西奈弥羽黒神社(羽黒神社、祭神奈津比売命・倉稲魂命・月読命)である。杉木立の中の急な石段をのぼって行くと本殿があり、向かって左側に摂社神明宮本殿

摂社神明宮

（県文化）が立つ。神明宮本殿は，1690（元禄3）年に村上藩主榊原勝乗（のちに政邦）により寄進されたもので，1879（明治12）年に現在の社殿がつくられるまで西奈弥羽黒神社の本殿であった。三間社流造・銅板葺きだが，当初は茅葺きであった。斗栱の間に極彩色の蟇股を配し，柱や扉廻は黒漆塗りと金箔，正面庇部分は黒漆塗り，社殿の内外は丹塗りとするなど，桃山時代の豪華絢爛さをあらわしている。

西奈弥羽黒神社の祭礼村上大祭（村上まつりのしゃぎり行事，県民俗）は，村上地方最大の祭りである。1633（寛永10）年，村上藩主堀直寄が，神社を城から見下ろすのは畏れ多いとして臥牛山中腹から現地に遷座した際，その祝いとして町の人たちが大八車に太鼓を積んで練り回したのが始まりだといわれている。現在では毎年7月6・7日に行われている。金銀の飾りをつけ，みごとな彫刻や村上堆朱の粋をこらした美しい19台の「おしゃぎり」とよばれる屋台が，町中を優雅に巡行し，沿道からは大きな歓声があがる。

石船神社 ⑰
0254-56-7010
〈M▶P. 130, 215〉村上市岩船三日市1174-2
JR羽越本線村上駅🚌八日市・岩船町駅行岩船神社前🚶2分

『延喜式』に名を残す神社　樹齢400年の巨木

西奈弥羽黒神社から県道286号線を南西へ約5km行き右折すると，岩船港の近く，石川河口の丘陵に石船神社（祭神饒速日命など）がある。平安時代の『延喜式』神名帳に載る式内社で，648（大

石船神社社殿

214　下越

化（か）４）年に磐舟（いわふねのき）柵がおかれたときに石の小祠があったと伝えられる。現在の社殿は1899（明治32）年の造営で，風除けのための囲いがめぐらされている。椿林や樹齢400年を超えるといわれる巨木などの鬱蒼とした社叢（しゃそう）（県天然）は見事である。また，境内には２基の松尾芭蕉句碑と磐舟柵跡の碑がある。磐舟柵は，ヤマト政権によって設置された東北地方平定の拠点である。磐舟柵がどこにあったかは

岩船港周辺の史跡

現在でも不明だが，石船神社・諸上寺（しょじょうじ）付近が推定地の１つとされている。毎年10月18・19日に行われる神社の祭礼が，岩船大祭（たいさい）（岩船まつりのしゃぎり曳行と「とも山」行事，県民俗）である。祭礼は永禄（えいろく）年間（1558～70）に始まったと伝えられ，江戸時代中期から屋台や笠鉾が行列をするようになった。海上安全・商売繁盛・大漁を願って行われ，９台の屋台の先頭に朱漆塗りの「お舟」を載せた「お舟屋台」が行く，全国でも珍しい祭りであり，村上大祭と並んでこの地方を代表する行事である。

石船神社から県道３号線を南へ進み，丁字路を左折し200mほど進んだ所に諸上寺（そうとう）（曹洞宗）がある。境内には多くの堂が立ち，春には杉木立の間にサクラの花が幽玄（ゆうげん）な姿をみせてくれる。創建は文化年間（1804～18）とされており，ツツジを始めとする庭園の美しさは全国的にも知られている。諸上寺の裏山は諸上寺公園となっており，展望台からは日本海を一望できる。

渡辺家住宅（わたなべけじゅうたく） ㊆
0254-64-1002

〈M▶P.130, 216〉岩船郡関川村下関904（せきかわむらしもせき） **P**
JR 米坂線越後下関駅（よねさか） **大** ５分

　JR 越後下関駅を出て左右に延びる道が旧米沢（よねざわ）街道である。旧街

村上市・岩船郡　　215

渡辺家住宅

500坪の大邸宅 18世紀の街並み

越後下関駅周辺の史跡

道を右手に歩いて行くと佐藤家住宅（主屋以下6棟・土地が国重文，非公開），さらに続いて津野家住宅（県文化，非公開），その隣に渡辺家住宅（宅地含む7棟，国重文）があり，昔の面影がよく残っている。

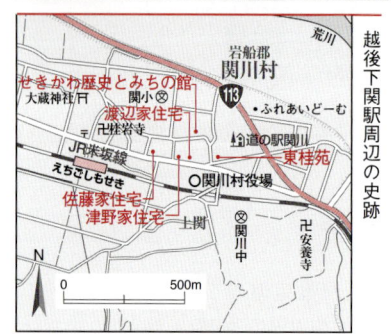

渡辺家初代は村上藩士で郡奉行をつとめたが，1665（寛文5）年に隠居して現在地に土着したと伝えられている。その後，渡辺家は廻船業や酒造業で財をなし，新田開発を行うなど大地主へと発展していった。1720（享保5）年以降，財政難に苦しんでいた米沢藩（現，山形県）への融資を幕末まで続け，その額は10万両を超えた。米沢藩9代藩主上杉鷹山（治憲）の藩政改革にも協力し，鷹山より書幅や弓矢などを拝領している。米沢藩以外にも，江戸時代を通じて鶴岡（現，山形県）・長岡・黒川藩などにも融資を行い，幕府へもたびたび献金していた。江戸時代後期からは土地の集積を進め，1894（明治27）年には1476町歩（山林1080町歩）を経営する大地主となった。戊辰戦争（1868〜69年）に際しては米沢藩のために奔走し，多額の軍費を献金した。

主屋（附 塀・古図）は1788（天明8）年または1817（文化14）年に再建されたもので，中に入ると広い土間が開け，茶の間・中茶の間・台所が土間に面しており，順に1段ずつ低くなっている。柱や丸桁・梁などには厳選された巨木が用いられ，その屋根は撞木造・石置木羽葺きとよばれる珍しいもので，現在この技術を継承している職人は全国でも数えるほどしかいない。敷地内には味噌蔵・金蔵・米蔵（附棟札）・宝蔵・新土蔵・裏土蔵の6つの土蔵があり，厚

コラム

瀬波温泉・えちごせきかわ温泉郷 憩

日本海の夕日絶品の「かじか酒」

瀬波温泉は1904(明治37)年に石油掘削中に噴出した温泉である。JR羽越本線村上駅から車で10分ほどの海岸線にあり、日本海に沈む夕日が美しい。日本海の幸や全国一にもなった村上牛や村上名物のサケ料理を堪能することができる。泉質は弱食塩泉で、源泉や露天風呂で疲れを癒すことができる。1937(昭和12)年には与謝野晶子が訪れ、1日の逗留で45首もの歌を詠んだという。

また、関川村には荒川に沿ってえちごせきかわ温泉郷がある。高瀬温泉・雲母温泉・鷹の巣温泉・湯沢温泉・桂の関温泉の5つの温泉があり、四季それぞれに美しい眺めを楽しむことができる。

山菜・きのこ料理、イワナなどの川魚料理が楽しめ、なかでも名物の「かじか酒」はぜひ味わってみたい一品である。

瀬波温泉

板・鉄桟を使用し、丈夫な海鼠壁に仕上げるなど、火災や盗難に備えた造りがなされている。また庭園(国名勝)は、江戸時代中期に京都より遠州流庭師を招いて築かれた回遊式の庭園である。規模は決して大きくはないが、四季折々にさまざまな姿をみせてくれる。

渡辺家住宅に隣接して東桂苑がある。1905(明治38)年に渡辺家の分家として建てられた本瓦葺き・寄棟造の堂々とした木造2階建て家屋と敷地は、人びとの憩いの場として親しまれている。また渡辺家住宅の裏手には、渡辺家住宅をイメージした外観のせきかわ歴史とみちの館がある。関川村の歴史資料が展示されており、渡辺家住宅を含む18世紀の町並みが模型で紹介されている。さまざまな企画展が常時開催されており、何度訪れても新しい発見がある。

勇将色部勝長の居城 全国屈指の土塁跡

平林城跡 ⑦ 〈M▶P.130, 218〉村上市葛籠山
JR羽越本線・米坂線坂町駅🚌15分、またはJR羽越本線平林駅🚶30分

JR坂町駅から国道7号線に出て左折、荒川橋を渡り400mほどの所で右折すると村立平林小学校に至り、しばらく進んだ所に平林城跡(国史跡)がある。平林城は、戦国時代に阿賀北衆とよばれた北

村上市・岩船郡

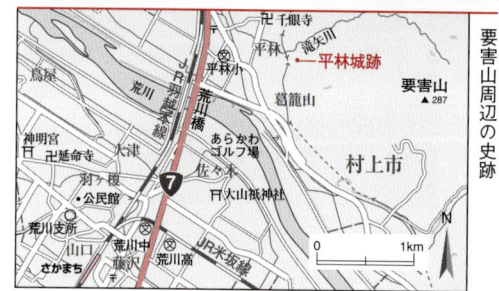

平林城跡

越後の有力国人領主である色部氏の居城で、16世紀前半、色部勝長により本格的な城郭としての縄張りが整えられた。登山口から1時間ほどで要害山山頂にたどり着くことができ、ハイキングコースとしても親しまれている。

色部氏は、鎌倉時代初めに関東からこの地方に土着し、室町時代後半には阿賀北衆の実力者にのしあがっていった。上杉謙信に仕えた色部勝長は勇猛果敢な武士で、甲斐(現、山梨県)の武田氏との川中島合戦などで戦功をあげ、上杉謙信より「血染めの感状」が与えられたと伝えられている。1598(慶長3)年、上杉景勝の会津移封に従い色部氏も平林城から去り、廃城となった。

城跡は土塁が広範囲に残っているのが特徴的で、麓の居館跡には土塁と空堀で囲まれた3つの曲輪がある。要害山山頂は3段階に削平された主郭を中心に、堀切や土塁の遺構がみられ、最頂部には望楼跡がある。要害山からの狼煙は中条・加治・水原と伝わり、わずか1時間ほどで上杉氏の居城春日山城(現、上越市)に届いたという。

平林と山形県米沢市にそれぞれ色部氏が建てた千眼寺(曹洞宗)という同名の寺があり、この縁で現在も住民同士の交流が行われている。

町屋の人形さま巡り・大したもん蛇まつり

コラム

祭

町屋のイベント
世界一の大蛇

城下町村上では、2000（平成12）年から町屋の人形さま巡りが、2001年からは町屋の屏風祭りが開催されている。町屋の人形さま巡りは3月1日から4月1日にかけて行われ、各家で大切にされてきた雛人形を始めとするさまざまな人形を、昔ながらの町屋に展示するイベントである。町屋の屏風祭りは、9月10日から9月30日にかけて、最近では立てることの少なくなった屏風を展示するイベントである。どちらも60軒以上の展示があり、毎年多くの人が訪れ、村上の新しい観光スポットとなっている。

関川村の大したもん蛇まつりは、1967（昭和42）年の羽越水害と村に伝わる大蛇伝説をテーマに1988年から行われている祭りである。大蛇パレードでは、「タケと藁でつくった世界一長い蛇」としてギネスブックに認定されている、長さ約82.8mの大蛇が登場する。

大したもん蛇まつり

みどりの里 ⑧⓪
0254-72-1551

〈M▶P.130, 221〉村上市猿沢1215　P
JR 羽越本線村上駅🚌塩野町・北中行猿沢🚶3分

村上市街地から東へ向かい国道7号線に入り約7km北上、猿沢集落に入ると右手にみどりの里がある。みどりの里は、朝日村の豊かな自然や文化を守り伝えるための拠点で、広大な敷地内にはさまざまな施設が整備されている。日本玩具歴史館では、全国各地から収集した郷土玩具約3万5000点が展示されており、昔懐かしい気分にさせてくれる。またぎの家は、奥三面ダム建設のために閉村した際の民家1棟をそのまま移築し、資料館としたもので、内部にはさまざまな民具が展示され、山村の生活を偲ぶことができる。そ

またぎの家

村上市・岩船郡　　219

のほか，朝日村の特産品を展示・販売する物産会館や地下約1300mから湧き出る温泉施設などもある。

みどりの里からさらに，国道7号線を8kmほど北へ行くと，大須戸集落がある。集落の八坂神社の境内には能舞台があり，大須戸能(県民俗)が上演される。1844(弘化元)年に庄内(現，山形県)の黒川能の役者が大須戸に逗留した際に伝えたといわれ，その後も明治・大正・昭和時代と庄内黒川より師を招き発展してきた。能が神事として演じられるようになったのは，1932(昭和7)年に八坂神社が村社となってからで，現在では毎年4月3日に定期能が，また8月15日にはみどりの里で薪能が演じられている。大須戸能は，庄屋であった中村家を中心に約160年にわたり代々受け継がれて，現在でもドイツを始め海外で公演を行うなど，精力的な活動を行っている。

豊かな自然と文化 160年の伝統の大須戸能

奥三面歴史交流館 🆂🆃

0254-72-1577

〈M▶P.130,221〉村上市岩崩612-118　🅿
JR羽越本線村上駅🚗30分

19の遺跡群の出土品 縄文時代の舗装道路跡

村上市街地から国道7号線を約2km北上し，古渡路交差点を右折，奥三面ダム方面に向かって13kmほど進むと，三面橋の南方に奥三面歴史交流館(縄文の里・朝日)がある。奥三面歴史交流館では，奥三面遺跡群から出土した土器や石器を始め，狩猟・漁労などの奥三面の民俗資料が展示されている。また，火おこし・勾玉作り・土器作りなども体験できる。

奥三面遺跡群は，奥三面ダム建設にともない，1998(平成10)年まで11年間にわたる発掘調査が行われた遺跡群で，後期旧石器時代(約3万年前)から古墳時代を中心とした19の遺跡からなる。調査により，とくに後期旧石器時代から縄文時代にかけての人びとの生活が

奥三面歴史交流館の内部

220　下越

関谷学園

コラム

六・三・三制発祥の地

　1946(昭和21)年7月、関谷村(現、関川村)に六・三・三制の研究実験校として関谷学園が文部省(当時)により設置された。当時の渡辺萬寿太郎村長は、戦後の復興には新しい教育機関による人材育成が重要と考え、積極的に学園開設を国に働きかけてきた結果であった。

　学園では、小中高の一貫教育による自主性や学力の育成が目指され、農産物加工も授業に組み入れられた。連日、大勢の視察があり、全国から注目されたという。1947(昭和22)年の学校教育法の施行により、学園はわずか9カ月で閉園となったが、当時の校長はその後も2年以上にわたり「関谷学園」の看板を掲げ続けたという。学園跡地に立つ村立関小学校には、今でもその看板が残されており、校庭に「日本六三三制発祥の地」の碑が立っている。

「日本六三三制発祥の地」の碑

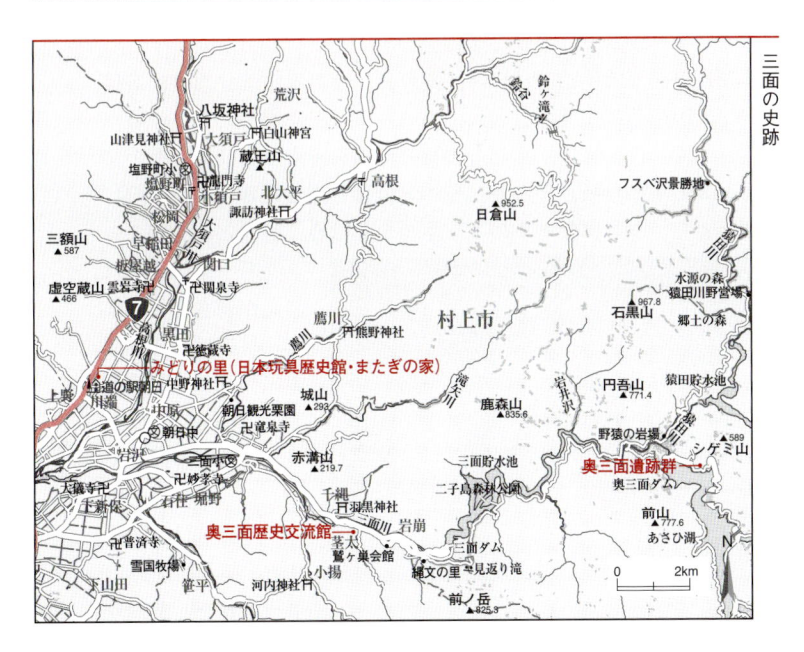

三面の史跡

村上市・岩船郡　221

明らかとなった。多数の土器・石器，ピアスなどの装身具，土偶・石棒など呪術的道具，翡翠・黒曜石など他地域との交流を示すものが発見されている。さらに，縄文時代の舗装道路や川の付け替え工事跡（元屋敷遺跡）などの全国初の貴重な発見があった。

鳴海（高根）金山跡 ㉝

〈M▶P.130〉村上市高根　P
JR羽越本線村上駅🚗1時間30分

奥三面歴史交流館から朝日スーパーライン（県道349号線）を山形県境近くまでのぼって行くと，鳴海（高根）金山跡がある。鳴海（高根）金山は，伝承によると，807（大同2）年に出羽国（現，山形県・秋田県）住人の相之俣弥三郎が，日本海の船上から西日を浴びた山が燦然と輝く姿をみて，川中の砂金を追ってのぼって行き，3日目に発見したという。

江戸時代末期まで採掘が行われ，とくに16世紀後半には全国有数の産出量を誇り，戦国大名上杉氏の重要な軍資金の源であった。記録では，1596（慶長元）年，豊臣秀吉に献上された金の約6割が上杉景勝によるもので，その半分は鳴海金山産であったとみられ，産出量の多さをうかがうことができる。

採掘が終わった明治時代以降，荒れたままになっていた金山跡は，1994（平成6）年に整備が行われ，ゴールドパーク鳴海として一般に公開されている。入口から丘をのぼり山道をくだると10分ほどで黄金坑と大切坑の分岐点となり，左へ5分ほど進むと黄金坑の入口にたどり着く。コンクリートのトンネルをしばらく進むと，やがてコンクリートが途切れ，岩肌が剥き出しになる。坑道はここで二股に分かれ，左手が大千畳坑，右手が洗鉱場坑へと続いていく。

大千畳坑は直径約10m・高さ約5mのドーム状をしており，

ゴールドパーク鳴海

> 上杉氏を支えた金山

下越

生々しい掘削の跡を眼前にみることができる。洗鉱場坑には，直径2mほどの人工池があり，ここで掘り出した鉱石を洗い選別をしていた。大切坑は金山の中でも一番下に坑口があるため，金山の水抜きの役割をはたしていたと考えられ，明治時代初期に新技術が用いられるまでは，あまり金を掘り出すことはなかった坑道である。

現在，一般公開されている坑道は黄金坑と大切坑の一部のみで，いたるところにタヌキ掘(手掘り)や試掘の跡があり，全山でどれだけの坑道があるかははっきりしていない。なお見学ができるのは，6月下旬から11月上旬の土・日曜日と祝日のみで，見学はまさに洞窟探検となるので，服装に気をつけたい。また，砂金取り体験も行うことができる。

Sado 佐渡

北沢浮遊選鉱場跡

薪能

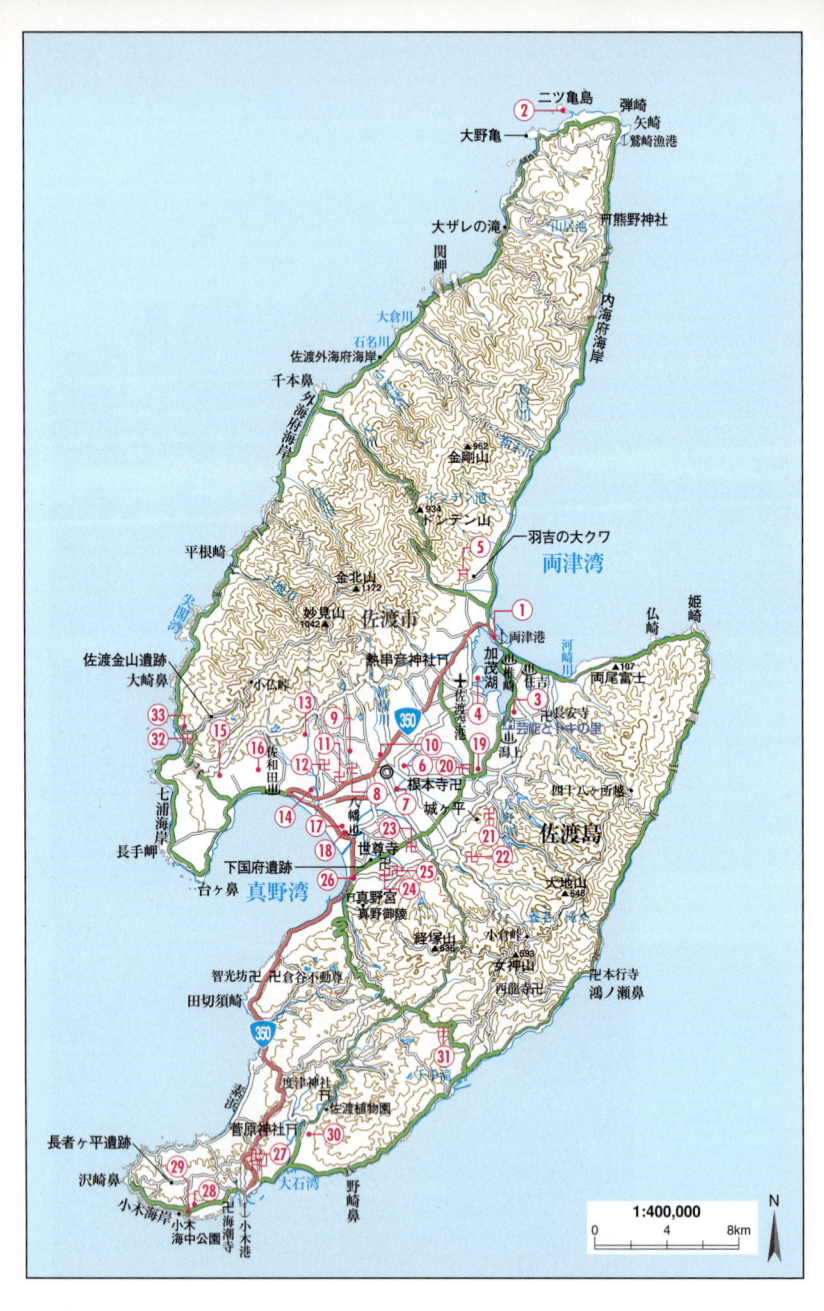

佐渡

主な地名

- 二ツ亀島
- 弾崎
- 矢崎
- 鷲崎漁港
- 大野亀
- 賽の河原熊野神社
- 大ザレの滝
- 関岬
- 内海府海岸
- 大倉川
- 石名川
- 佐渡外海府海岸
- 千本鼻
- 外海府海岸
- 金剛山
- ドンデン山
- 羽吉の大クワ
- 両津湾
- 平根崎
- 金北山
- 両津港
- 加茂湖
- 妙見山
- 佐渡市
- 熱串彦神社
- 姫崎
- 仏崎
- 両尾富士
- 河崎川
- 佐渡金山遺跡
- 大崎鼻
- 小仏岬
- 佐和田
- 根本寺
- 四十八ヶ所霊場
- 佐渡島
- 七浦海岸
- 八幡山
- 城ヶ平
- 大地山
- 長手岬
- 下国府遺跡
- 世尊寺
- 台ヶ鼻
- 真野湾
- 真野宮・真野御陵
- 経塚山
- 女神山
- 本行寺
- 鴻ノ瀬鼻
- 小倉峠
- 西龍寺
- 智光坊・倉谷不動尊
- 田切須崎
- 度津神社
- 佐渡植物園
- 長者ヶ平遺跡
- 沢崎鼻
- 旧原神社
- 小木海岸
- 小木海中公園
- 海潮寺
- 小木港
- 野崎鼻
- 大石湾

縮尺 1:400,000 0 — 4 — 8km

226　佐渡

◎佐渡モデルコース

中世佐渡の史跡コース　　両津港_30_本線泉バス停_3_正法寺_3_本光寺_1_金井歴史民俗資料館_2_黒木御所跡_17_北條家住宅_12_二宮神社_15_妙照寺_10_実相寺_10_本線長木バス停_30_両津港

新穂・畑野の史跡コース　　両津港_20_南線新穂郵便局前バス停_5_佐渡市新穂民俗資料館_10_日吉神社_10_根本寺_12_清水寺_15_南線根本寺バス停_20_両津港

佐渡国分寺をめぐるコース　　両津港_35_南線真野新町バス停_5_尾畑酒造_10_森医院_6_国分寺史跡公園_5_国分寺_17_妙宣寺_5_世尊寺_10_慶宮寺（八祖堂）_3_一宮神社_5_南線宮川バス停_30_両津港

佐渡金山をめぐるコース　　両津港_60_本線佐渡会館前バス停_10_大安寺_3_南沢疎水道_10_法輪寺_3_本典寺_18_水替無宿の墓・道遊の割戸_10_宗太夫坑_15_佐渡金山遺跡_6_相川郷土博物館_7_旧相川裁判所（佐渡版画村美術館）_0_七浦海岸線佐渡版画村バス停_15_本線相川バス停_60_両津港

---

①妙法寺
②二ツ亀
③本間家能舞台
④佐渡市立両津郷土博物館
⑤羽黒神社
⑥万福寺跡
⑦千種遺跡
⑧正法寺
⑨北條家住宅
⑩明治紀念堂
⑪実相寺
⑫妙照寺
⑬瘞鶴碑
⑭河原田城跡
⑮鶴子銀山跡
⑯青野季吉ペンの碑
⑰京極為兼の配所
⑱佐渡博物館
⑲佐渡市新穂歴史民俗資料館
⑳日吉神社
㉑清水寺
㉒長谷寺
㉓慶宮寺
㉔国分寺
㉕妙宣寺五重塔
㉖森医院
㉗蓮華峰寺・小比叡神社
㉘佐渡国小木民俗博物館
㉙宿根木集落
㉚羽茂城跡
㉛東光寺
㉜大安寺
㉝相川郷土博物館

① 両津の水辺の遺産

旧両津市域では，海岸や加茂湖畔に沿って，巨岩の景勝地や灯台などの文化遺産をみることができる。

妙法寺 ❶
0259-27-2577
〈M▶P. 226, 228〉佐渡市両津湊200
新潟港🚢(60分)両津港🚶5分

近京都への憧憬 接する近代の遺産

　両津港から西へ600mほど歩いて行くと両津橋（両津欄干橋）に出る。この橋は「両津甚句」にも歌われている。欄干橋の南側は両津湊とよばれている。佐渡市両津支所近くの妙法寺（日蓮宗）には紙本金地著色洛中洛外図六曲屛風（県文化）が蔵されている。これは廻船問屋本間儀左衛門が大坂から買い入れて寄進したもので，図中に「元和七(1621)年」の年号が書かれた大福帳がみえる。京都の建物や風景・風俗が描かれており，一双を二分して春と秋の景色が対比されている。

　妙法寺の北隣には，勝広寺（浄土真宗）がある。天正年間(1573～92)に出羽（現，山形県・秋田県）から来島した北氏などの門徒が維持してきた。二・二六事件(1936年)で死刑となった国家社会主義者北一輝の菩提寺でもある。寺の南約500mには北一輝の生家があり，加茂湖畔の八幡若宮神社の境内には，一輝とその弟で哲学者・政治家であった昤吉の頌徳碑が立つ。

　両津湊から下久知方面へ1kmほど行き原黒に入ると，自由民権運動家で国会開設運動に奔走した鵜飼郁次郎が，婿入り先で読み集めた書籍などを収めた鵜飼文庫がある。数千冊の蔵書に加えて，生前親交のあった美術史家岡倉天心や新潟県出身の仏教哲学者井上円了らからの書翰も多数残されている。

両津港周辺の史跡

船中からみえる両津の文化遺産

コラム

近代の灯台橋とマツ

　佐渡を訪れた旅行者が，両津航路で新潟から両津湾に入るときに真っ先に眼にする建物が，<u>姫埼灯台</u>である。ゆるやかな傾斜地にある棚田を横にみながら海岸に向かってくだると，灯台に到着する。1895（明治28）年に建設された，鉄筋造では現役国内最古の灯台で，六角形を呈する。近年の新潟県教育委員会による近代化遺産調査でも注目された。島内の灯台の写真などを展示する姫埼灯台館が隣接している。

　姫崎から2 km南西には片野尾集落を遠望することができる。ここでは地域を挙げて地歌舞伎公演が開催されていた。
　加茂湖と海をつなぐ川に架けられた両津欄干橋の際には，<u>村雨のマツ</u>（県天然）がある。「御番所のマツ」ともよばれ，かつては湾に出入りする船からもみえたという。幹回り約6 m，枝は約26m四方に広がっている。一時，樹勢の衰えが心配されたが，樹木医の手当がなされている。

二ツ亀 ❷

0259-27-4170（佐渡市教育委員会文化振興室）

〈M▶P.226, 230〉 佐渡市二ツ亀 Ｐ
両津港🚌内海府線二ツ亀🚶20分

海岸の景勝地奇岩と霊場

　両津港から内海府線のバスに乗り，海沿いの道を約65分ほど走ると島の最北端にある奇岩の<u>二ツ亀</u>がみえてくる。カメ2匹が並んで甲羅を干しているようにみえるので，このようによばれる。陸と岩の間には砂洲が広がり，海水浴場となっている。賽の河原のある願集落に向けて，二ツ亀海岸自然探勝歩道が整備されている。

　徒歩で20分かけて西へ進むと，海岸に臨む<u>賽の河原</u>がみえてくる。ここでは最果ての地のたたずまいがみられる。幼くして死んだ子どもの冥福を祈り，親たちが小石を積み上げて行く場所である。風車の回る音が物悲しさを感じさせる。極彩色の玩具も目につく。奥の洞窟には「小法師」とよばれる石地蔵が多数まつられている。

二ツ亀

両津の水辺の遺産　229

二ツ亀周辺の史跡

内海府線をさらに10分乗り，大野亀バス停で下車すると，高さ約167mの巨岩がみえる。カメの背中のような姿をしており，大野亀とよばれる。頂上からは外海府を一望でき，一帯は初夏に黄色い花を咲かせるカンゾウの自生地としても有名である。一時，雑草の浸食や盗掘などもみられたが，地元集落や旧両津市の保護増殖事業により植生を回復した。毎年6月第2日曜日には佐渡カンゾウまつりが開かれ，郷土芸能も行われる。

またこの先には，佐渡奉行所の課税を逃れるために漁船を隠したと伝える天然の岩石，舟隠し岩がある。また，海上に直接落下する大ザレの滝がある。

大野亀の近くには，佐渡最北端の灯台である弾埼灯台がある。1957（昭和32）年に公開された映画「喜びも悲しみも幾歳月」の舞台となった。毎年秋になるとコスモスが咲き乱れる。

加茂湖周辺の能舞台

本間家能舞台 ❸
0259-27-4170（佐渡市教育委員会文化振興室）
〈M▶P.226, 231〉佐渡市吾潟987
両津港🚌南線能楽の里前🚶1分

能楽の里前バス停の目の前に本間家能舞台（県文化）がある。本間家は佐渡宝生流の家元である。佐渡には現在33棟の独立能舞台が残されているが，ほとんどが神社に併設されている。唯一この本間家の能舞台が個人所有となっている。

建物は1885（明治18）年に建てられたもので，舞台の床下には音響効果を高めるために2つの甕が埋められている。毎年7月の定例能を始め，年間数回の能が

本間家能舞台

佐渡の食べ物

コラム

そばとだんご・餅・イカと牡蠣

　佐渡の食べ物で魅力的なものとして、まず新鮮なイカが挙げられる。町中を歩いていると、イカの一夜干しをよくみかける。夏はマイカ(スルメイカ)、秋から冬はアオリイカ、冬から春はヤリイカと、時期により種類が変化する。また加茂湖畔の牡蠣小屋では、牡蠣の土手焼きが人気がある。

　また佐渡は、そばがおいしいことでも有名である。とりわけ、そば粉100%の小木のそばがよい。小木港に近い七右衛門では石臼で挽いたそば粉を用いている。

　みやげとしては、沢根だんごや餅米とトチの実でつくった栃餅に人気がある。前者は1つ1つが小さく、子どもでも食べやすい。後者には小豆あんをまぶしたものと、あんを餅の中に入れた栃大福もある。いずれも茶席にも出され、好評を博している。

　泊まる場所としては、両津や相川を中心にした海を望むホテルを始め、島内一円に民宿があり、とくに新鮮な魚介類を食べることができるのが魅力である。いわゆる観光シーズンのみならず、海が荒れる晩秋から冬場にかけての、カニ料理を楽しみにしている観光客も多い。

演じられる。佐渡宝生流家元である重要無形文化財保持者(総合認定)本間英孝氏が出演する。

加茂湖周辺の史跡

佐渡市立 両津郷土博物館 ❹

0259-23-2100

〈M▶P.226, 231〉 佐渡市秋津1596
両津港🚌本線秋津🚶20分

漁撈用具の集積民俗誌の集落

　加茂湖の湖面には牡蠣の養殖用の筏が多数みられる。加茂湖は霊峰金北山を見通せる景勝地であり、亀田鵬斎、青野季吉ら文人たちの作品で紹介されている名湖である。

　秋津バス停から南へ、加茂湖や佐渡空港を目印に歩いて行くと、佐渡市立両津郷土博物館がある。この館では「海からの恵み」の展示で両津湾・加茂湖の漁具資料、「木と生活」の展示では佐渡の山

両津の水辺の遺産

の生活を詳しく紹介している。とくに北佐渡の漁撈用具(国民俗)は必見である。さらに1664(寛文4)年の上横山伊藤作兵衛観音堂の絵馬や,直径約3mの味噌樽もみられる。また2階には,佐渡の年中行事・芸能・信仰が取り上げられている。

北鵜島の車田植に代表される加茂湖の突端には樹崎半島がある。ここは,加茂湖八景の1つで,弁天社の鎮守の森を有する。その文化的景観は,「両津甚句」に「桟橋から樹崎が見える 見える樹崎の森恋し」と島民に歌われ,親しまれている。

加茂湖の北西部を歩いてみよう。両津港からバス本線に乗り,長江入口バス停で下車し,長江川を上流に沿って歩いて行くと,熱串彦神社に着く。『延喜式』式内社の1つであり,加茂氏をまつったという。

長江川流域には条里制遺構がよく残っている。近くの丘陵の陣ノ腰遺跡からは「高家」の文字のある墨書土器が出土しており,この辺りは加茂郡衙跡に比定されている。

羽黒神社 ❺
0259-27-4170(佐渡市教育委員会文化振興室)

〈M▶P.226,231〉佐渡市羽吉
両津港🚗10分

京極為兼の歌
柳田国男の採訪地

両津港から北に向かい,県道81号線を1.6kmほど進んだ所を右折して梅津川を越え,500mほど直進すると羽黒神社(祭神稲倉魂尊・大日霎貴・月読尊)に突き当る。山形県の羽黒山同様に,蜂子皇子の伝承が残る。神社の西方の羽黒山(別名五月雨山)が奥の院となっている。6月15日の例祭に,3年に1度,流鏑馬(県民俗)が行われていた。鎌倉時代に佐渡に流された京極為兼は「年を経て積もりし越の湖は 五月雨山の森の雫か」と詠んだという。

羽黒神社から参道入口に戻り,やぶさめ会館の手前を左折して海岸方向へ1kmほど進むと,羽吉の大クワ(国天然)がある。樹齢1300年といわれている。ここから,北の鷲崎までの海岸線に沿った一帯を内海府とよんでいる。その北端近くにある北小浦は,柳田国男の『北小浦民俗誌』資料採訪地として知られている。この集落にある熊野神社社叢は,県指定天然記念物になっている。

❷ 国仲の中世の史跡を歩く

島の中央部に位置する金井地域は，順徳上皇や世阿弥の伝承が，多数残されている。最近では近代建造物も着目される。

万福寺跡 ❻
0259-27-4170（佐渡市教育委員会文化振興室）

〈M ▶ P.226, 233〉佐渡市千種240
両津港🚌本線金井🚶5分

世阿弥の配所 そびえる金北山

金井バス停を降りて中津川沿いに400mほど南下，右折してしばらく歩くと，世阿弥の配所とされる万福寺跡に至る。

能楽の大成者といわれる世阿弥（観世元清）は，1434（永享6）年5月佐渡に流された。その旅程については『金島書』に記されている。多田に到着した世阿弥は，その夜は多田に泊まり，翌日笠取峠（飯出山）を越え，旧畑野町の長谷寺に参詣した後，佐渡国守の代官に身柄が渡された。配所は「万福寺と申小院」であったと書かれている。現在は佐渡市役所のすぐ北西に石碑が残るばかりである。また，国守代官の居城であった新保城は，市役所東方の新保川の間に築かれていたものである。

新保川の辺りから北を望めば，今も「北山」と記される金北山がよくみえる。なお市役所北側には佐渡市立中央図書館があり，郷土資料コーナーでは島内・県内の郷土資料がまとめられ，閲覧に供されている。

佐渡市役所周辺の史跡

国仲の中世の史跡を歩く 233

千種遺跡 ❼
0259-27-4170
（佐渡市教育委員会文化振興室）
〈M▶P.226, 233〉佐渡市千種字橋詰630〜646
両津港🚌本線金井🚶20分

弥生時代の遺跡 中世の城跡

　万福寺跡近くの交差点から，南に延びる畑野方面への直線道路を約1.2km進んだ所，国府川近くの低湿地地帯が千種遺跡である。ここは，国仲平野を横断する国府川に，金井地区を流れる新保川・中津川などの各支流が合流する地帯で，弥生時代末期からの農村地帯の遺跡である。出土品としては卜骨や土器・矢板・たも網などが多数あり，その詳細は新潟県文化財報告書や『金井町史』で知ることができる。

　万福寺跡前の道路を佐和田方面へ200mほど進んだ辺りで発掘されたのが玉作関係遺跡の1つ，二反田遺跡である。さらに南西約600m，国道350号線と県道194号線との交差点の南側，現在新潟県佐渡農業技術センターの所在する中興城跡といわれる辺りには城の貝塚遺跡があり，ともに管玉などの玉類やその製作過程の資料のほか，縄文時代の遺物も出土している。

正法寺 ❽
0259-63-2032
〈M▶P.226, 233〉佐渡市泉字甲504
両津港🚌本線泉🚶3分

世阿弥の配所 近世の民家

　泉バス停から山手に入り3分ほど歩くと，正法寺（曹洞宗）に着く。世阿弥の『金島書』に，「配処も合戦の巷になりしかば，在所を変へて今の泉といふ所に宿す」とある。世阿弥が新保の万福寺から移ったその後の配所は，泉といわれている。

　境内には世阿弥の腰掛石と伝えられる石がある。また同寺には，後藤淑により，「べしみ」面系列に属す鬼面で南北朝時代から室町時代初期の作と鑑定された古面，神事面べしみ（県文化）がある。この面は，旱魃の年に世阿弥が着けて舞ったところ，大雨になったと言い伝えられ，「雨乞いの面」ともよばれている。

　正法寺より北へ200mほどの所に，本光寺（日蓮宗）がある。この寺には木造聖観音立像（国重文）がある。地域住民からは「泉の観音様」として敬われており，ヒノキの寄木造で像高1m，平安時代後期の作，順徳上皇の持仏であったと伝えられている。目尻はつり気味でふくよかな表情をしている。また，日興自筆の曼荼羅が

コラム

佐渡の能楽と能舞台

芸

古記録と能演能の継承

　佐渡の能楽については，広く知られるところであるが，その隆盛は江戸時代になってからといわれている。その頃の事情については，18世紀半ばに成立した『佐渡風土記』『佐渡相川志』『佐渡国略記』，19世紀初めに成立した『佐渡志』（いずれも県立佐渡高校同窓会舟崎文庫所蔵）などの史料によって知ることができる。

　能楽が盛んになる直接の契機は，佐渡奉行（代官）大久保長安の存在である。1604（慶長9）年赴任時の長安一行には，大和国（現，奈良県）の「能師」常大夫・杢大夫を始め，「脇師」や「謡」，囃子方の笛・太鼓・大鼓・小鼓・狂言師がいたという（『佐渡相川志』）。また，島外から佐渡を訪問した能役者も多数いて（『佐渡国略記』『佐渡相川志』），彼らが島民に謡曲や仕舞・囃子を教えたと推測できる。

　さらに島民が能に身近に接していたことは，神社で神事能として演能が行われたことから考えられる。1645（正保2）年に相川の甲賀六右衛門により，春日神社に能舞台が寄進され，能が催された。翌年には相川大山祇神社で神事能が催されている。

　相川を中心とした神社への奉納演能は，その後，1651（慶安4）年山田村（旧佐和田町）の白山神社で神事能が催されている。また1702（元禄15）年には，相川春日神社の神事能を潟上本間家右近が演じている（『佐渡国略記』）。のちに本間家一行は，1753（宝暦3）年に出羽国（現，山形県）鶴岡で勧進能を行っており，その時には黒川能の能役者黒川大夫と能談義をしたとされ，島外での勧進能や交流の様子がみえてくる。

　若井三郎の調査（『佐渡の能舞台』，1978〈昭和53〉年）によれば，佐渡の独立型の能舞台で現存するものは35棟となっているが，佐渡博物館編集による『図説佐渡島』（1993〈平成5〉年）では33棟とし，すでに2棟が姿を消している。ともに老朽化が著しかった舞台であり，現存する舞台をいかに保存していくかが大きな課題であることがわかる。財団法人「佐渡職人塾」の二宮神社修理・保存の取り組みなどは注目される。

　島内で定例の薪能が催されているのは，諏訪神社（旧両津市，5月から10月），熊野神社（旧新穂村，6月），牛尾神社（旧新穂村，6月），羽黒神社（旧金井町，8月）などである。能舞台は，いずれも

薪能（牛尾神社能舞台）

国仲の中世の史跡を歩く

県指定有形民俗文化財となり、保存活用されている。
そのほか定例の演能としては、本間家定例能（7月）、金井天領ゼミナールでの演能（8月）、金井世阿弥供養祭（8月）などがある。詳細は佐渡観光協会に照会するとよい。

ある。日興は日蓮の高弟であり、師の佐渡配流に同行し、常随給仕したという。

本光寺の隣には<u>佐渡市立金井歴史民俗資料館</u>があり、農耕具などの民俗資料2000点、縄文時代の貝塚、弥生時代の玉作（藤津遺跡）、農耕（千種遺跡）に関する出土品など、考古資料3000点が収蔵されている。

本光寺から北へ100mほど行った所に、承久の乱（1221年）で佐渡へ配流となった順徳上皇の配所といわれる<u>黒木御所跡</u>がある。御所の四方に観音・薬師・弥陀・天神の4像を安置して上皇が礼拝したといわれ、本光寺の聖観音像はそのうちの1体といわれている。現在の黒木御所跡は、地元の泉地区の人びとにより整備されたもので、その後ここを訪問した俳人・歌人たちの碑が隣接地に多く建てられている。御所跡の周辺には御所滝など、順徳上皇にかかわると言い伝えのある史跡が点在する。

北條家住宅 ❾
0259-27-4170（佐渡市教育委員会文化振興室）

〈M▶P.226,233〉佐渡市泉字乙33
両津港🚌本線泉🚶40分

黒木御所跡から北へ1.3kmの所に<u>北條家住宅</u>（主屋、国重文）がある。北條家は、長屋門・前庭・茅葺きの主屋・土蔵・納屋・主屋の座敷に面した坪庭などからなり、越後の民家と異なり、構造

北條家住宅主屋

代々の漢方医北條家

西日本との信仰の交流

コラム

僧侶の往来・経典の移動

　佐渡は西日本との，信仰を介した人的交流が存在した。中世の納経所であった小比叡山は顕著な例である。蓮華峰寺（真言宗）骨堂の解体修理時には，東側飛貫の墨書銘に，「貞和四（1348）年」に筑前国（現，福岡県西部・北部）の僧が訪問した事実が示されている。また，同寺の金堂背面飛貫からも，「長禄三（1459）年」に大和国（現，奈良県）西大寺から訪問した僧の残した墨書銘が確認されている。

　古文書にも交流の痕跡がある。旧金井町大和田集落で管理している大般若経（県文化）は，南北朝時代に600巻すべて書写したものである。本来は巻子装であったが，のちに折本に改められている。讃岐国（現，香川県）の「財田庄八幡宮流通物」の扱いを受け，同国の子松荘榎井大明神宮・石井八幡宮の所有に帰したこともあった。1605（慶長10）年に佐渡市長谷寺（真言宗）にもたらされ，その後，大和田薬師に伝来した。現在は10巻ずつ箱の中に収納されている。

　新穂の牛尾神社所蔵の大般若経は，永和年間から応永年間（1375～1428）にかけて書写されたものである。これらは，肥前国松浦荘（現，佐賀県・長崎県）の住人理円房が書写にかかわっている。

大般若経（大和田集落）

には繊細さがみられる。建物は18世紀後半のものとされている。2006（平成18）年，長屋門・米蔵・家財蔵・味噌蔵及び２階座敷が国の登録有形文化財となった。

　北條家の祖は北條道益であり，丹波国（現，京都府・兵庫県の一部）氷上の岩龍寺の僧だったが，1663（寛文３）年寺領のことで直訴した罪で佐渡に流され，在島45年96歳まで生きた。北條家は，道益より代々漢方医として自活し，多くの医学書・医薬品を佐渡に残した。同家には1683（天和３）年，違勅の罪で佐渡に流された小倉大納言実起を治療したときの文書「小倉大納言御病床様体」を始めとするこれらの資料は，北條家医学関係資料として県指定文化財となっている。地方医家の医療信仰を示す薬師如来像や神農像も伝えられている。

国仲の中世の史跡を歩く　　237

明治紀念堂 ❿
0259-27-4170（佐渡市教育委員会文化振興室）

〈M▶P. 226, 233〉 佐渡市千種字丙145
両津港🚍本線金井学校前🚶3分

近代戦争の痕跡
能楽師の石碑

　金井学校前バス停南西側のコンビニエンスストア脇の坂をのぼった所に，佐渡の『北溟雑誌』を発行していた本荘了寛が，日清・日露戦争（1894～95年・1904～05年）の遺品などを集めた明治紀念堂がある。また道路を隔てた西側，本屋敷の本念堂境内には島田君碑がある。この顕彰碑は1880（明治13）年に再来島し，本念堂に住み，地元の人に能楽を教えた，加賀藩お抱えの一噌流の笛方島田磨佐記のものである。島田の墓地は，湯の沢旅館から金井温泉金北の里へ行く坂の途中の左側，中円寺の共同墓地にある。

　明治紀念堂から北へ600mほど進んだ辺りに，1911（明治44）年に建立されたお花塚がある。これは順徳上皇が心を寄せたお花という女性の屋敷があったと言い伝えている所である。この辺りは，本屋敷という地名であるが，それは昔の「花屋敷」が変化したものという。

　また，金井バス停から金井学校前バス停にかけての一帯を「尾花が崎」というのは，「お花が崎」の転訛との説がある。尾花崎の熊野神社境内には，最後の佐渡奉行鈴木兵庫頭重嶺碑文，1875（明治8）年建立の「お花やしきの碑」が立っている。

238　　佐渡

日蓮とゆかりの寺院を歩く

佐和田は日蓮の配所でもあり、これに関連する多様な文化が多く伝えられる。

実相寺 ⑪
0259-52-2955　〈M▶P.226, 240〉佐渡市市野沢856
両津港🚌本線長木🚶10分

日蓮の旧跡　順徳上皇の伝承

長木バス停から200mほど両津に戻った所、佐渡市による「三光の杉」の看板のある所を北へあがると、日蓮史跡案内図があり、そこからすぐ脇の坂道をのぼった所に御松山実相寺（日蓮宗）が立つ。寺宝の日蓮直筆と伝えられる大曼荼羅は、中央の「南無妙法蓮華経」の文字が、ひげのように両側に伸びているという特徴を有しており、「文永十一(1274)年二月」の年月が記されている。同寺にはほかに、釈迦のそばにたくさんの動物たちが寄り添う涅槃図、翁・三番叟絵扁額と三十六歌仙絵扁額（ともに県文化）も所蔵されている。三十六歌仙は平安時代の歌人藤原公任が選んだものである。境内には「日蓮上人袈裟掛けの松」や樹齢1000年余りといわれる「三光の杉」がある。

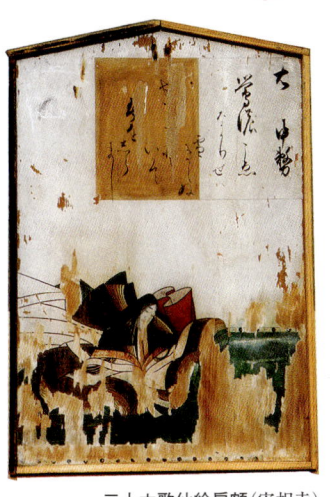

三十六歌仙絵扁額（実相寺）

妙照寺 ⑫
0259-52-2435　〈M▶P.226, 240〉佐渡市市野沢454
両津港🚌本線長木🚶13分

日蓮の配所　順徳上皇の皇女伝承

実相寺から北へ700mほど行った所にあるのが、一谷妙照寺（日蓮宗）である。日蓮は、佐渡へ流された翌年の1272(文永9)年の春、配所が塚原から一谷に移され、一谷入道の阿弥陀堂を居所とした。日蓮は在島期間の大部分をこの一谷ですごし、『観心本尊抄』は、この地で著された。

妙照寺は、1442(嘉吉2)年来島した日朝によって開かれたと伝えられ、天正年間(1573～92)に日蓮の遺跡を探索した京都妙覚寺の日典により建立され、元和年間から寛永年間(1615～44)に相川金銀山の鉱山師味方但馬の庇護により今日の形容を整えたとされる。

日蓮とゆかりの寺院を歩く

日蓮ゆかりの史跡

同寺にはほかに，佐渡市文化財となっている「妙照寺涅槃図」「洛中洛外図屏風」がある。

妙照寺からさらに北へあがると、二宮神社がある。この神社は，順徳上皇の第2皇女忠子を弔うために，建長年間(1249～56)頃建てられたといわれている。境内には忠子の墓がある。

また二宮神社能舞台は，地元の古老によれば30年近く演能されることなく荒れていたが，2003(平成15)年，国際技能振興財団佐渡支局を中心として能舞台の柱の根継ぎ，茅葺き屋根の葺き替え修復作業が行われ，同年10月には薪能が演能された。薪能は2004年以降も催されている。

瘞鶴碑 ⓬
0259-27-4170(佐渡市教育委員会文化振興室)

〈M▶P.226〉 佐渡市真光寺
両津港🚗30分

金北山神社の里社
ツルを弔う石碑

妙照寺や二宮神社のある台地から西におりて，平地をさらに北へ1kmほど行った所に，真光寺とよばれる集落がある。江戸時代には真光寺という佐渡島内有数の寺があった所で，現在は金北山神社里社がある。境内には，文化年間(1804～18)に佐渡奉行柳沢八郎右衛門が建てた瘞鶴碑がある。碑文によると，群れをなして飛んでいたツルの1つがいを奉行に献上する者がいた。柳沢は，泰平の瑞祥と喜んで大切に飼っていたが，惜しくも2羽とも死んでしまい，それを悲しんで真光寺境内に手厚く葬った，ということである。これは，中国の梁の「瘞鶴碑」の故事にならったもので，「瘞鶴」とはツルを埋めるとの意である。佐渡には昔からツルの飛来があって，『佐渡年代記』(県立佐渡高校舟崎文庫所蔵)には，徳川将軍家に献上した記録もある。

河原田城跡 ⓭
0259-27-4170(佐渡市教育委員会文化振興室)

〈M▶P.226,240〉 佐渡市石田567
両津港🚌本線佐渡高校前🚶20分

本間氏紋所を別名にもつ城

真光寺集落から南にくだると，石田川がある。奈良の正倉院所蔵の調布には「石田郷」の地名がみえるが，それはこの一帯であろう。石田川の西側の台地は現在二宮という地名であるが，これは

舟崎文庫（県立佐渡高校同窓会文庫）

コラム

史料の宝庫 高校が保存

　島内で貴重な資料を所蔵する文庫としては，原黒の鵜飼文庫，真野新町の荏川文庫などがあるが，ここでは，江戸幕府の佐渡支配に関する史料類を多く所蔵し，天領であった佐渡の実態を解明するのに役立つ，県立佐渡高校同窓会所蔵の舟崎文庫の一部を紹介する。

　舟崎文庫は，相川町に生まれた旧東京帝国大学教授萩野由之が，生前収集した佐渡関係の史料を，真野町出身の衆議院議員舟崎由之が買い取り，母校佐渡高校の同窓会に寄贈したものである。

　まず，1756（宝暦6）年に相川の町年寄を命じられた伊藤三右衛門の1781（天明元）年までの御用留としての『伊藤氏日記』16巻があり，1976（昭和51）年には，同校同窓会より翻刻出版されている。この日記は，佐渡の寛延一揆（1750年）・明和の一揆（1767年）を間に挟む時期の，佐渡奉行所の経済政策を知ることができる史料である。伊藤三右衛門は『佐渡国略記』も著した。『佐渡国略記』は，1635（寛永12）年〜1836（天保7）年までの記録で，代々の伊藤三右衛門の著である。伊藤とも近い，寛延（1748〜51）頃の地役人永井次芳の『佐渡風土記』，西川明雅・原田久通の『佐渡年代記』は1601（慶長6）から1851（嘉永4）年までの佐渡奉行所広間役記録である。さらに1852（嘉永5）年から1874（明治7）年までを引き継いだのが，この文庫の旧蔵者萩野由之編の『佐渡年代記続輯』である。古文書としては，佐渡金山関係文書の「石田三成宛浅野長吉書状」（1595〈文禄4〉年）がある。これは，越後の上杉景勝に申しつけ，文禄の役後，つぎの朝鮮出兵に備え，急いで金を掘るようにとの，豊臣秀吉の意向を伝える内容である。

　佐渡高校同窓会では，1966（昭和41）年に佐渡高校創立七十周年記念として文庫所蔵『佐州百姓共騒立ニ付吟味落着一件留』（天保九年佐渡一国一揆，川路聖謨の留書），1968年には『佐渡相川志』を，1974年には創立八十周年記念として『舟崎文庫目録』，1997（平成9）年には創立百周年記念として『佐渡名勝志』を刊行した。

　舟崎文庫は，一般公開はされていないので，閲覧希望の場合は，事前に佐渡高校に相談するのが望ましい。

順徳上皇の第2皇女忠子に由来するとの言い伝えがある。石田観音堂は，忠子が持仏であった観世音菩薩を村人に授け，それをいただいた堂であり，その後，1250（建長2）年に石田郷地頭本間氏が観世音菩薩の霊験を仄聞し，堂社を建てたと伝えられている。

日蓮とゆかりの寺院を歩く

台地の南端には河原田城跡がある。城主であった本間氏の紋所が「十六日結い」であったところから、その16の数字にあたる四四に「獅子」の字をあて、獅子ヶ城ともよばれた。1589(天正17)年上杉景勝の佐渡侵攻の際、上杉方と佐渡勢の決戦となった場所で、同年6月落城した。その後、畑地として開墾されていたが、明治維新では新潟府参謀兼民政方奥平謙輔が、9カ月余り役所を相川からこの地に移し政務を執った。城跡は、現在、県立佐渡高校になっており、南側斜面には、タブノキを主とする自然林があり、市の文化財になっている。

　佐渡高校の前身佐渡中学校は、新潟県下第5番目の中学校として1896(明治29)年設置許可となる。二・二六事件(1936年)に大きな影響を与えたとされる北一輝は1回生、そのほか、文芸評論家で日本文藝家協会長を長くつとめた青野季吉、「バターン死の行軍」で悲劇の将軍とよばれた本間雅晴は初期の卒業生である。

④ 佐和田から真野へ

佐和田から真野にかけては，初期鉱山跡や近代文人の痕跡がよく残る。

鶴子銀山跡 ⑮
0259-27-4170（佐渡市教育委員会文化振興室）
〈M▶P.226, 244〉佐渡市沢根五十里
両津港🚌本線沢根学校前🚶50分

初期鉱山の跡　鋳金の異才

相川に向かう本線の沢根学校前バス停近くに鶴子銀山跡の案内図があり，銀山の概要を知ることができる。鶴子銀山は，1542（天文11）年越後寺泊（現，長岡市）の商人外山茂右衛門によって発見されたという。茂右衛門は，この地域を治める本間摂津守に銀100枚を呈上することで，鉱山開発の許可をもらったと伝えられている。鶴子の奥山に，今も「百枚」という地名と旧坑が残っている。島根県大田市の石見銀山で行われていた大陸伝来の灰吹法という鉱石精錬技術が佐渡にも導入される。

1589（天正17）年上杉景勝の佐渡侵攻以降は，上杉氏の代官山口右京が鶴子外山に陣屋（代官屋敷）を構え，また豊臣秀吉の命令を受けて，1595（文禄4）年には石見銀山から石見忠左衛門・忠四郎，石田忠兵衛の3人の山師が再開発に乗り込み，これまでの露頭部中心の鉱石表面採取とは違う，坑道を掘り込む新技術を導入したが，この技術革新が以後，佐渡に本格的な金銀山時代をもたらすものであった。

1596（慶長元）年には，鶴子銀山の裏山に相川金銀山と初期相川町が成立した。沢根港は，この銀山の積出港であった。江戸時代になって銀山の中心が相川に移ると，沢根の町はしだいに活気を失い，銀山も幕末には銅山となって行った。しかし，1848（嘉永元）年には佐渡海防のための大砲鋳造が初代本間琢斎によって行われ，それを契機として沢根には本間琢斎・宮田藍堂らの鋳金家が工房を構

鶴子銀山跡間歩

佐和田から真野へ　243

真野湾周辺の史跡

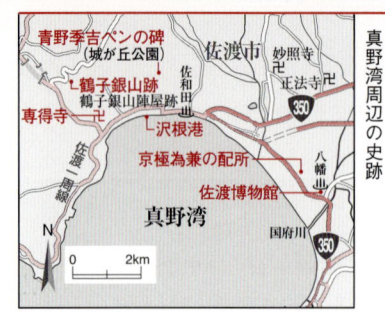

え，今も蠟型鋳金の伝統が代々継承されている(佐渡の蠟型鋳金技術，県文化)。

鶴子銀山跡への林道国仲北線からの入口には案内板が立っており，坑道入口の写真・全景を示す航空写真による地図が掲示されている。この銀山は，1946(昭和21)年に閉山となっている。

青野季吉ペンの碑 ⓰
0259-27-4170
(佐渡市教育委員会文化振興室)

〈M▶P.226,244〉 佐渡市沢根五十里(城之下)
両津港 🚌 本線五十里城之下 🚶 1分

文人の顕彰
私塾の復原

五十里城之下バス停から徒歩1分の所，五十里の城が丘公園とよばれる丘に1960(昭和35)年に建立された青野季吉ペンの碑がある。この地に生まれた青野は，文芸評論家として活躍，日本文藝家協会会長・芸術院会員でもあった。碑には彼の自筆の銘文を鋳金家4代本間琢斎が鋳銅したものが嵌め込まれ，碑の下には彼のペンが埋められている。同じ丘には，1810(文化7)年佐渡に来島した江戸の儒者亀田鵬斎が教授した私塾励風館の復原建物と，すぐ隣には鵬斎の撰と書になる「館記」の石碑が立っている。

本線の沢根質場バス停で下車し，徒歩2分で白山神社に到着する。ここには市指定文化財の白山神社絵馬がある。白山神社の隣，専得寺(浄土真宗)の墓地には宗岡佐渡の墓もある。宗岡佐渡は，佐渡奉行大久保長安に，1600(慶長5)年石見国(現，島根県西部)で召し抱えられ，1603年佐渡にきた。鉱山支配などにおいて功績があった人物である。

専得寺側の播磨川に沿う細い道路を看板に従い北に入り，田上の清水・一里塚・二岩神社への分岐を過ぎて相川に至る道が，中山街道とよばれる旧相川街道である。この旧道は，1628(寛永5)年頃より掘割新道ができる1885(明治18)年までの間，佐渡奉行始め，多くの人と物が通行した幹線道である。現在は，金が運ばれた道を佐渡相川から東京まで歩こうという「金の道」のイベントが行われていて，県内外から多くの人が参加する。

京極為兼の配所と佐渡博物館 ⑰⑱

0259-52-2447（佐渡博物館）

〈M ▶ P.226, 244〉 佐渡市八幡2041（佐渡博物館）
両津港🚌南線八幡学校前🚶1分／両津港🚌南線佐渡博物館前🚶3分，または小木🚌小木線佐渡博物館前🚶3分（佐渡博物館）

　八幡学校前バス停で下車し，徒歩1分の所に京極為兼の配所がある。14番目の勅撰和歌集『玉葉和歌集』（1312〈正和元〉年撰進）の撰者京極為兼は，1298（永仁6）年3月佐渡に流され，1303（乾元2）年帰京までの5年間，「八幡宮の小堂」を配所としたといわれる。為兼より150年ほど後に佐渡に流された世阿弥は，『金島書』の中で，「西の方を見れば，入海の浪白砂雪を帯びて，みな白砂に見えたる中に松林一むら見えて」と為兼の配所を思い，また「鳴けば聞く　聞けば都の恋しきに　この里過ぎよ山ほととぎす」との為兼詠歌を記している。現在も砂丘地帯の松林の中に八幡宮はあり，往時を偲ばせる。

　八幡宮より500mほど真野方面へ進むと，佐渡博物館がある。佐渡では唯一の総合博物館で，島内各地の遺跡から発掘された考古・歴史・民俗資料のほか，化石などの地質・動植物・海洋資料が展示されている。とくに注目されるのは，1887（明治20）年新穂に生まれ，のち竹内栖鳳に師事，近代絵画としての日本画の達成を目指した土田麦僊の常設展示室である。土田麦僊研究にとって欠かせぬ貴重な資料となる，遺族から寄贈された膨大な数の画稿類が所蔵されている。また同館は，佐渡の学術・文化センターとしての役割もはたしている。

鎌倉歌人の歌　佐渡の文化センター

佐和田から真野へ

5 寺社と棚田の景観

新穂には県内最大の玉造遺跡や中世の伝承を伝える社寺がある。

佐渡市新穂歴史民俗資料館 ⑲
0259-22-3117

〈M▶P.226, 247〉佐渡市新穂瓜生屋492 P
両津港🚌南線新穂郵便局前🚶5分

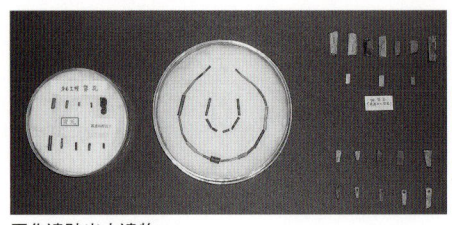

玉作遺跡出土品
土田麦僊の絵画

玉作遺跡出土遺物

両津港からバス南線に乗ると，旧新穂村や畑野町に至る。新穂郵便局前バス停で下車すると，北東250mほどの所に佐渡市新穂歴史民俗資料館がある。ここには，計良由松が生涯をかけて収集・研究した玉作遺跡の出土遺物（佐渡新穂遺跡出土品として，国重文）が保管・展示されている。

佐渡では，細い管玉の製作が弥生時代中期から後期にかけて国仲平野を核に行われており，佐渡産の細型の管玉は近畿地方や長野県の遺跡からも出土する。新穂に所在する新潟県最大の玉作遺跡群の1つに蔵王遺跡がある。1万7000m²の範囲に環濠や掘立柱建物跡が確認されている。大型の礎板や布堀の基礎部分が良好な状態で出土し，とくに枕木が3本の柱を支えている建物跡は全国でも珍しく，神殿であったと考えられている。内行花文鏡や珠文鏡，銅鏃，ガラス玉・管玉，木製品，ミニチュア土器・鳥型土製品も出土しており，その一部が新穂歴史民俗資料館で展示されている。資料館では，これらの考古資料のほか，新穂出身の土田麦僊による日本画や弟の哲学者土田杏村の資料，トキや説教人形・のろま人形を演じる広栄座の人形頭を中心とする芸能資料，新穂地域の民具が展示されている。

日吉神社 ⑳
0259-27-4170（佐渡市教育委員会文化振興室）

〈M▶P.226, 247〉佐渡市上新穂1008
両津港🚌南線新穂小学校前🚶すぐ

佐渡市新穂歴史民俗資料館を出て，南線のバス通りを西へ1kmほど歩くと日吉神社がある。旧号は山王権現で，伝承によると順

246 佐渡

徳上皇に随行していた池清範が勧請したとされる。毎年4月14日の山王祭は，旧新穂荘内の日吉神社7社の神輿が集まって古式ゆかしく盛大に行われる。新穂地域は，新穂荘とよばれる近江（現，滋賀県）日吉社の荘園で，この日吉神社はその中心に勧請されたものと推測される。境内に玉作遺跡の標識があり，神社から西側にかけて新穂玉作遺跡（県史跡）がある。

　日吉神社から西へ700mほど進むと新穂城跡（県史跡）がみえてくる。戦国時代の村殿の居館で，「城之内」とよばれる字名の土地を幅20mほどの水堀が囲んでいる。佐渡では，村殿とよばれる小領主が各地に分立し，低地に館（平城）を構えていたが，新穂にはこれらの館群が残されており，ほかにも，新穂城跡の北東1kmに北方城跡，佐渡市役所新穂支所の北には青木城跡（県史跡）がある。いずれも水堀に囲まれている。

清水寺 ㉑

0259-27-4170（佐渡市教育委員会文化振興室）　〈M▶P.226,247〉佐渡市新穂大野124-1
両津港🚌20分

　日吉神社から南へ600mほど行くと，根本寺バス停に至る。根本寺（日蓮宗）は，佐渡に流された日蓮最初の配所とされる塚原の三昧堂の跡地と伝承される。日蓮が他宗の僧と塚原問答を闘わせ，『開目抄』を著したことで知られる。同寺の入口前の三差路を左に入り，水田景観をみながら40分ほど歩くと清水寺（真言宗）に到着する。京都の清水寺を模して建築され，舞台まである。この寺は新穂銀山の麓に位置しており，本尊の御手洗い金が出たとの伝説もあり，関連がうかがわれる。また佐渡七福神めぐりの対象ともなっている。金色の大蛇がひそむという大銀杏の木がある。清水寺から道を戻り，上新穂へ25分ほど歩くと神宮寺（真言宗）に至る。同寺にある「永仁三(1295)年」銘の銅製梵鐘（国重文）は，鎌倉幕府の連署大仏宣時が結縁助成の祈禱を行った際に鋳られ，佐渡羽黒山正光寺（天台宗，1868年廃寺）に施入されたものと伝える。本堂襖絵は土田麦僊によるものである。

寺社と棚田の景観　　247

❻ 畑野の寺社と棚田をめぐる

畑野には，中世の港や棚田，さらには傾斜地の寺院など，多様な文化をみることができる。

長谷寺 ㉒
0259-66-2052 〈M▶P.226, 250〉 佐渡市長谷13
両津港🚌南線畑野十字路乗換え岩首線長谷🚶1分

奈良の寺院の面影 流人の足跡

　両津港から県道65号線を約10km 南下，新穂郵便局の先で左折してさらに南東へ約2.5km 進むと城ヶ平の山頂に着く。眼下に国仲平野が一望できる景勝地である。堀と土塁が残る中世の山城跡である。西麓には，江戸時代の26人の義民をたたえた佐渡一国義民の石碑が残る。坂をおりて北西へ2kmほど進むと普門院(真言宗)に着く。門前には取子地蔵とよばれる石地蔵が並んでいる。子どもの無事な成長を願うものである。さらに坂を南西へ約1kmくだり，主要地方道を左折すると，松林に囲まれた加茂神社の境内に着く。独立能舞台もある。

　加茂神社から約900m 南下して県道181号線に入り，さらに約1.7km 進むと長谷寺(真言宗豊山派)に至る。奈良県桜井市の長谷寺と同じように，ボタンの咲く寺として知られ，傾斜地に本堂・護摩堂・観音堂・五智堂(県文化)が立つ。世阿弥の『金島書』では，「長谷と申して観音の霊地わたらせ給う」と記されている。

　観音堂の木造十一面観音立像は国指定の重要文化財で，ほかに木造十一面観音立像・木造不動明王立像・木造矜羯羅童子立像が県の有形文化財に指定されている。最近，平安時代後期の木造金剛力士立像と五智堂棟札(「貞享四〈1687〉年」と「延享二〈1745〉年」)が県の有形文化財に追加指定された。また本堂・庫裏・護摩堂・鐘堂・廻廊及び札所・中之蔵・米蔵・寺務所・味噌蔵は，2008

長谷寺五智堂

佐渡の棚田

コラム

山間の中世の棚田
海岸の近世の棚田

　越後にくらべると，従来あまり知られていないが，あらためて見渡してみると，佐渡には傾斜地の水田があちらこちらにみられる。地元では，棚田・千枚田・山田とよばれている。

　佐渡では，慶長年間（1596〜1615）以来の相川の労働人口の増加にともなう米穀の需要が契機となり，新田開発が要請されていった。しかし，平場では開田のできる土地が不足していた。そこで用水・取水を試行錯誤しながら進め，山間部や海岸段丘への進出をはたしていくことになる。

　山間地の例としては，海抜400〜500m，傾斜角25度に広がる旧畑野町の小倉の水田が挙げられる。他地区の棚田と異なり，開発時期が特定される希有な例である。慶安年間から元禄年間（1648〜1704）に本格的な開田が行われ，1650（慶安3）年の「新田開発新家帳」によると，平均して9歩ほどの小さな田が開かれていることがわかる。寛文年間（1661〜73）の「小倉村新田新家改帳」では，千枚田の開田の経緯がつぶさにわかる。ほとんどの田地が等級は下々田であり，新開地には屋敷も設けられている。小倉では，さらに中世に開かれた岩根沢や宮の河内などの水田も現地で比定することが可能である。灌漑用水などの水利や日照・風当りなど気象の諸条件が揃い，水田化される素地があったといえる。

　小倉集落には木地師伝承も残っている。かつて船材や用具を海の村に供給していたことから，山間にもかかわらず，古い船絵馬が残る。佐渡に詳しい民俗学者宮本常一によると，古い木地師はたたら師でもあったという。彼らも開田に関与したと考えられる。

　このほか，海岸段丘のなだらかな地形における水田も広義の棚田として捉えたい。たとえば，地すべり地帯を利用した旧相川町関の棚田が例示できる。小規模ではあるが，鉱山技術を背景に用水路を掘って水を引き入れる技術をもった職人の村がここにあった。天和年間（1681〜84）の開発といわれているが，岩場を切り，懸樋を沢に渡して長い水路を引いて水を落としているこの技法は，海府海岸地帯に多くみられる。鉱山の砂金の採取をするネコ流しをするときにこれを使ったといわれ，江戸時代初期からこうした鉱山技術が，水田に使用され始めたのである。生活の知恵というべきものであろう。

　越後の棚田とは異なり，開発の過程が史料により詳細にたどることができるのが，佐渡の文化的景観の1つである棚田の特徴である。

畑野の寺社と棚田をめぐる

長谷寺周辺の史跡

(平成20)年に国の有形文化財となった。境内には、憲盛法印の五輪塔がある。江戸時代の佐渡の三大百姓一揆の1つ、明和の一揆(1767年)の中心人物で、罪を負って処刑された長谷寺塔頭遍照院の住職智専が憲盛法印と追号され、その供養のために建てられた五輪塔である。近年、寺の整備が進み、古い仏像や仏堂の建築年代が書かれた資料などが、つぎつぎに発見されている。

慶宮寺 ㉓
0259-66-2481
〈M▶P.226, 250〉 佐渡市宮川457
両津港🚗30分

小倉様の八祖堂
小倉の棚田

長谷寺を出て、県道181号線を約2.5km北上すると県道65号線に出る。真野方面に900mほど進むと後山小学校前バス停すぐ北側に、日蓮と赦免状を携えた弟子日朗が劇的対面をした場所と伝えられる本光寺(日蓮宗)がある。

本光寺から東へ500mほど戻ると一宮神社、さらに南へ150mで慶宮寺(真言宗)に着く。寺伝では、順徳上皇の第1皇女慶子をまつる一宮神社の別当寺であった。境内の石段の上に立つ八祖堂(県文化)は1713(正徳3)年建立といわれ、三間堂ながら内陣中央に唐様重層の八角厨子を安置し、回転式になっている構造は希有である。

長谷寺から県道181号線を南下して行くと小倉集落の棚田を経て松ヶ崎に着く。ここは中世においては越後との海運の拠点となった集落で、その雰囲気を伝える松前神社がある。旧来は松前神社が所有していた三十六歌仙絵扁額(県文化)は、檜板に胡粉で下塗りしてから鮮やかに彩色されたものである。慶長年間(1596〜1615)における制作と考えられ、本阿弥光悦書・俵屋宗達下絵の作品に近いものとされる。現在は佐渡博物館で保管している。

7 国分寺と妙宣寺をみる

真野には，国分寺や妙宣寺などの大規模な寺院が点在している。

国分寺 ㉔　〈M▶P.226, 252〉佐渡市国分寺113
0259-55-2059
両津港🚌南線竹田橋🚶35分

古代仏教の中心 国重要文化財の薬師如来坐像

両津港からバス南線に乗り，新町本町バス停で下車，国道350号線を南へ300mほど行き左折すると尾畑酒造がある。ここの酒蔵は予約なしで見学できる。また約200m先に新町十王堂がある。

国道350号線をさらに500mほど進み丁字路を左折し，県道65号線に入り南東へ600mほど行くと真野宮に着く。ここから約900mのぼると真野御陵がある。順徳上皇の火葬塚で，約90m四方に石垣がめぐる。

真野宮から県道を約3km北上した松林に国分寺史跡公園として整備されている佐渡国分寺跡と，江戸時代に再建された国分寺(真言宗)がある。佐渡国分寺跡(国史跡)は，1952(昭和27)年の調査により，金堂・中門・廻廊・南大門・七重塔・新堂などの跡が明確にされた。建物の方向は南北方向から7度東偏している。とりわけ廻廊の存在は，諸国の国分寺の遺構の中でも貴重なものである。伽藍配置は東大寺式といわれている。瓦は単弁・素弁の蓮華文軒丸瓦を主体とし，ほかに軒平瓦・丸瓦がみられる。役人とみられる絵とともに，「三国真人□□」の文字が箆書きされている丸瓦が発見されている。これらの瓦は，国分寺東側の経ヶ峯遺跡と小泊遺跡で焼成されている。瓦や講堂跡・食堂跡比定地からの出土品は佐渡市に保管されている。

国分寺本尊の木造薬師如来坐像(国重文)は，ヒノキの一木造である。像高135.2cm，全身漆箔塗りで，膝・両手首・衣文の折り返しはばきをつけている。右

佐渡国分寺跡

国分寺と妙宣寺をみる　251

国分寺周辺の史跡

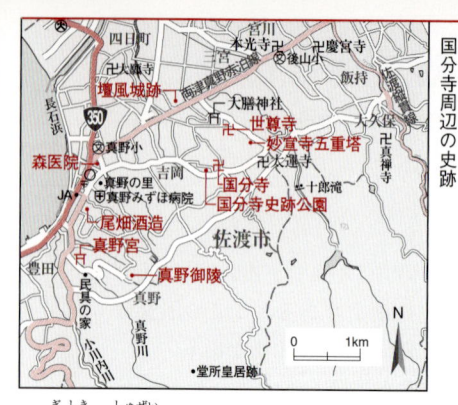

手は施無畏印を結び，左の手のひら上には薬壺を載せている。足の組み方は降魔坐である。目鼻立ちは秀でて，広く張りのある肩や胸，厚い膝，強い衣文の彫りなどにおいて，平安時代前期の特色があらわれている。『延喜式』主税上（巻26）諸国本稲条の佐渡国の項の中に「新造薬師」とあるのはこの仏像である。現在は収蔵庫の中に入っている。

妙宣寺五重塔 ㉕
0259-55-2061（妙宣寺）

〈M▶P.226, 252〉 佐渡市阿佛坊1
両津港🚌南線竹田橋🚶10分

日蓮宗寺院 県内唯一の五重塔

　国分寺から県道189号線を東へ700mほど進むと，水田の中に太運寺（曹洞宗）がある。ここから大きくカーブしている県道189号線を北へ進むと約400mで妙宣寺（日蓮宗）の五重塔（国重文）がみえる。県内唯一の五重塔である。高さが24.1mで組み物はケヤキが多い。彫刻は地方色豊かで，均整のとれた美しい建物である。「文政十（1827）年」銘の相輪が載る金属製の伏鉢には，大坂の鋳工の名がみえる。相輪を受注してから立塔まで100年近くかかったが，各層の高欄や桟唐戸がなく，一部は未完成である。棟梁は，相川と羽茂の職人である。なお寺宝として，日野資朝筆「細字法華経」と日蓮聖人筆書状（ともに国重文）がある。

　庫裏の前から杉林を抜け，みやげ物屋のある道路に出て200mほどくだると三差路があり，左へ進むと世尊寺（日蓮宗）がある。世尊寺は日蓮の高弟日興の開山で，佐渡最初の道場である。当初は旧畑野町域に仏堂が建てられたが，天正年間（1573〜92）に現在地に移ったと伝えられている。本堂は，扁額から1907（明治40）年の建築であることがわかる。この本堂を始め，書院・表門・長屋門・赤門・宝蔵・家財蔵が国登録有形文化財となっている。その先の右側には大膳神社がある。大膳神社から県道189号線に出て300mほど北西へくだると竹田橋バス停があり，ここから県道65号線を西へ行くと

252　佐渡

壇風城跡がある。

森医院 ⓴
0259-27-4170（佐渡市教育委員会文化振興室）

〈M▶P.226, 252〉佐渡市真野新町502
両津港🚌南線新町本町🚶1分

国の登録有形文化財 近代の病院建築

　壇風城跡から県道65号線を南東へ約1.5km行くと、国道350号線と交差する三差路近くに森医院がある。森家は7代続く医家である。主屋は木造2階建てで、切妻造・桟瓦葺きである。このほか、病院棟・味噌蔵・家財蔵・納屋・外便所・門・中門の8棟が国の登録有形文化財となっている。明治時代前期から昭和時代前期の建築である。さらに回遊式庭園もあり、閑静な雰囲気を有している。

8 中世から近世の宗教文化と集落景観

小木には中世から近世にかけての寺社文化と海運を背景にした町並みがよく残る。

蓮華峰寺・小比叡神社 ㉗
0259-86-2530（蓮華峰寺）
〈M▶P.226, 255〉 佐渡市小比叡182 Ｐ
小木港🚌5分

神仏習合の面影／西国との交流

小木港から県道45号線を約1km東進し左折，さらに約2km北上すると，アジサイ寺として有名な蓮華峰寺（真言宗）に至る。境内には寺院と神社が一体の区域の中に建てられており，神仏習合の面影を残している。蓮華峰寺の中心は金堂であり，その西方に守り神である小比叡神社がある。蓮華峰寺の金堂・弘法堂・骨堂，小比叡神社の本殿・石鳥居は国の重要文化財に指定されている。

中世の納経所であった蓮華峰寺には，幾つかの墨書が残る。1983（昭和58）年の骨堂の解体修理時に発見された東側飛貫内面の墨書からは，1348（貞和4）年に筑前国（現，福岡県）怡土庄一貴寺の上野房・讃岐房の僧侶が訪問した事実が知られる。また金堂内陣奥の飛貫からは，1459（長禄3）年に奈良の西大寺から訪問した僧侶にかかわる墨書が確認されている。

1640（寛永17）年に造営された小比叡神社本殿の棟札の墨書によれば，安芸国（現，広島県西部）や江戸・大坂・越前国小浜（現，福井県）・紀伊国（現，和歌山県）などの大工の名前があり，佐渡は西国から大きな影響を受けていたことがわかる。

蓮華峰寺の大門・地蔵堂・密厳堂・仁王門・鐘楼堂・経蔵・八角堂・八祖堂・東照宮・台徳院御霊屋・御霊屋覆屋・無明橋・唐門・客殿・護摩堂・独鈷堂が，2002（平成14）年国の登録有形文化財になっている。このうち八角堂の軒の組み物は，全体で雲中

蓮華峰寺金堂

254 佐渡

の龍を表現した異色の造形を示し，御霊屋にみられる意匠・彩色は日光東照宮(現，栃木県)を彷彿とさせるものがある。

小比叡神社境内では，毎年2月6日に稲の豊作をあらかじめ祝う儀式である田遊び神事が行われる。戦後一時途絶えたが，地元の青年たちにより，近年になって復活されたものである。

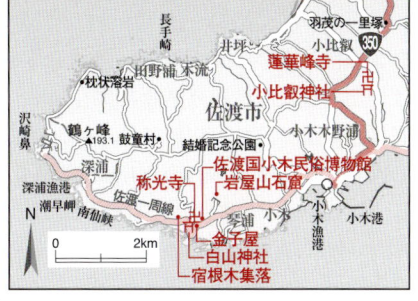

佐渡国小木民俗博物館 ㉘
0259-86-2604

〈M▶P. 226, 255〉佐渡市宿根木270-2
小木港🚌宿根木線小木民俗博物館前🚶すぐ

小木港から県道45号線を約3km西進すると佐渡国小木民俗博物館に着く。

1920(大正9)年に建てられた宿根木小学校の校舎を，現在は博物館として活用している。教室単位で異なるテーマが設けられ，素朴な雰囲気の中に魅力的な資料が展示されている。

とりわけ船大工用具や和船模型，海の信仰など海運の地らしい展示がみられる。サザエやワカメ採りなどの磯漁に使う磯舟と，これをつくるとき使用した船大工用具968点，いそねぎ漁(小舟やたらい舟で魚介を採る)を支えた南佐渡の漁撈用具は国の重要有形民俗文化財に指定されている。

1998(平成10)年に，江戸時代の板図を根拠に復原した千石船の白山丸の展示館が隣接する。この船は全長23.75mである。

佐渡国小木民俗博物館から徒歩10分で岩屋山石窟(県史跡)に着く。岩屋山は佐渡の補陀落山として信仰されている。岩屋山麓の海蝕洞窟の壁面には大日如来・薬師如来・阿弥陀三尊ともいわれる仏たちが彫られている。いわゆる磨崖仏である。これらは称光寺が管理しているが，蓮華峰寺と結ぶ古道もあったと伝えられている。毎月地元のお年寄りがおこもりを重ねている。

宿根木集落 ㉙
0259-27-4170(佐渡市教育委員会文化振興室)

〈M▶P. 226, 255〉佐渡市宿根木
小木港🚌宿根木線宿根木🚶すぐ

佐渡国小木民俗博物館から観喜院・称光寺の門前を通り，十王

中世から近世の宗教文化と集落景観

国の重要伝統的建造物群 廻船主の村

坂を5分ほど歩いてくだると宿根木集落が広がっている。宿根木集落は，国の重要伝統的建造物群保存地区に選定されている。集落は谷間に密集しており，史料によれば，鎌倉時代から南北朝時代にかけて成立したと考えられる。1355（文和4）年時宗8世渡船が直江津（現，上越市）から渡来し，布教したという記録があり，集落内の称光寺（時宗）は三崎道場とよばれている。また称光寺南西の白山神社の創建は1304（嘉元2）年と伝える。集落の成立と信仰面の伝承は一致している。称光寺の境内墓地には美しい石仏群がみられ，宿根木出身の幕末の地理学者柴田収蔵の墓もある。この柴田収蔵が作成した世界地図『新訂坤輿万国全図』には，宿根木の地名も記載されている。

　近世の宿根木は，西廻り航路の廻船主の村として栄え，町並みは船板を用いた独特の家が多い。敷石がすり減った「世捨て小路」や舟形をした「三角家」が有名である。船主の清九郎家と船大工の金子屋が公開されており，町並みの修理・修景事業が進められている。

　集落の入江には，廻船をつないだ船繋ぎ石が残っている。この石や称光寺川に架かる石橋・白山神社の石鳥居などの石材は，宿根木廻船が西廻り航路の帰りに，船のバランスをとるため，尾道（広島県）から船底に積んだものといわれ，一部には尾道の石工の名や安永年間（1772～81）の年紀がみえる。

⑨ 南佐渡の城跡や信仰遺物をみる

小木や赤泊などの南佐渡では，海を望む城や，海を越えてきた信仰遺物をみることができる。

羽茂城跡 ㉚　　〈M▶P.226, 258〉佐渡市羽茂本郷字上ノ平937
0259-27-4170　　小木港🚌小木線羽茂高校前🚶10分
(佐渡市教育委員会文化振興室)

中世の山城
菅原神社の句碑

羽茂高校前バス停から東へ約200mほど歩くと，羽茂城跡(県史跡)に着く。羽茂城は室町時代から戦国時代にかけての羽茂本間氏の居城で，1589(天正17)年に上杉景勝の佐渡攻めにより落城した。本城・北城・馬場跡を始め，館跡や土塁・堀がよく残り，城跡には五所神社が建てられている。

羽茂高校北側の丁字路を左折し羽茂川を渡ると，右手の鬱蒼とした樹木の中に菅原道真をまつった菅原神社がある。ここには中世の遺品が残る。鎌倉時代の作とされる十一面観音像・懸仏，「応永三十三(1426)年」の境内地寄進状を伝えている。境内には，明治・大正時代に活躍した詩人・評論家の大町桂月がこの地で詠んだという，「鶯や十戸の村の能舞台」の句碑がある。この句にみえる能舞台は，すでに焼失してしまった。6月15日の祭りには，この地域に伝わる「つぶろさし」や獅子舞・鬼太鼓が演じられる，佐渡の大神楽舞楽(県民俗)が催される。

菅原神社の北約200mには大蓮寺がある。羽茂本間氏の菩提寺として建立され，末寺十カ寺を有する曹洞宗寺院である。羽茂城東門を移築したという山門は，解体修理が行われ，現在は県指定文化財になっている。近年はツツジの寺としても知られる。

大蓮寺から羽茂川を上流に約1km行くと草苅神社がある。江戸時代には祇園羽茂神社・牛頭天王八王子宮・五社権現ともよばれていた。茅葺きの能舞台は県指定有形民俗文化財になっている。例祭の毎年6月15

羽茂城跡遠景

南佐渡の城跡や信仰遺物をみる　257

度津神社周辺の史跡

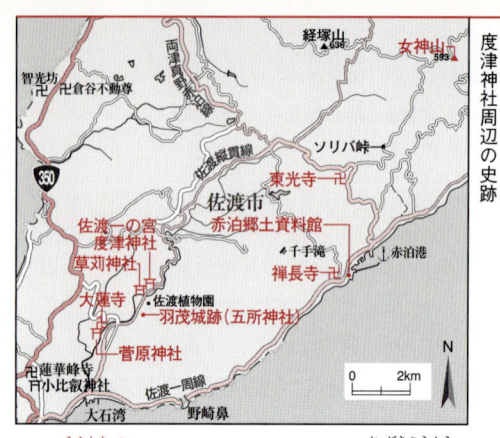

日にはつぶろさしや獅子舞が演じられており,「応永三(1396)年」の墨書のある獅子頭が伝えられている。草刈神社から対岸に出て,県道81号線を約1.5km北上すると,『延喜式』式内社である佐渡一の宮度津神社に着く。境内には尾崎紅葉の句碑が,手前には市立植物園やユキツバキなどがみられる。

東光寺 ㉛
0259-87-2125　〈M▶P.226, 258〉佐渡市徳和3406
小木港🚌赤泊線東光寺前🚶1分

禅宗の古刹信仰の山

　小木港から県道45号線を約14km東進した赤泊港は,寺泊(長岡市)との航路で,佐渡と越後を最短距離で結ぶ渡海場として繁栄した港である。港に面する赤泊郷土資料館は,赤泊地域の歴史と全島の祭りを紹介している。同館には,修験の勝蔵院(現,勝浦家)所有の鍍金装笈および錫杖・数珠(県文化)が展示されている。笈は修験僧(山伏)などが仏像・仏具などを納めて背負ったもので,内部に納める本尊五仏と付属の数珠・錫杖が一体のものとして伝えられる。県内では新潟市石瀬に類例がある。港近くには港の改良に尽力し,北海道で成功を収めた地元出身の田辺九郎平が,鯡場漁家を模し,住宅として建てた望楼が残されている。

　集落西側の山手,上町に所在する禅長寺(真言宗)には京極為兼の伝承が残されている。配流となった為兼が,この寺の毘沙門堂に滞在して詠んだ歌に後二条天皇が感嘆し,都に召し返されたと伝えられる。

　埠頭から赤泊線バス河原田行きに乗ると10分で東光寺(曹洞宗)に着く。この寺は,佐渡奉行が往来した「殿様道」とよばれた街道(現,県道65号線)沿いに位置する。赤泊地域を治めた本間三河守の菩提寺で,切石の門柱が2本立つ総門の奥に,獅子と牡丹の彫刻を施し

た山門がある。屋根は、鐘楼(しょうろう)とともに徳和地域特産のカヤを用いている。同寺は、栃木県那須(なす)の殺生石(せっしょうせき)に宿る白狐の霊を成仏させたという伝承で有名な源翁(げんおう)が開山(かいさん)したと伝えられる。本尊の聖観世音菩薩立像(しょうかんぜおんぼさつ)は、筑前(ちくぜん)(現、福岡県西部・北部)の僧が、旅の途中、源翁に出会い、安置したと伝えられる秘仏である。この寺は、ムジナ信仰の核となっている寺院である。境内の岩山に住むという禅達(ぜんたつ)ムジナと住職の禅問答が有名で、その祠(ほこら)もある。

　道を戻り十字路を左へ進むとソリバ峠に着く。ここからの眺望は素晴らしく、頂上には大小7つの庚申塚(こうしんづか)がある。また北東にみえる女神山(めがみやま)は、佐渡で初めて稲作を始めたおきく・三助のうち、おきくをまつった山であるという伝説が残る。

10 相川の鉱山文化を歩く

相川には近世から近代の鉱山跡と，これに関連した有形・無形の文化遺産が数多く残されている。

大安寺 ㉜ 〈M▶P.226, 260〉佐渡市相川江戸沢町1
0259-74-3924
両津港🚌本線佐渀会館前🚶10分

近世から近代の鉱山跡　大久保長安による創建

　佐渡会館前バス停から西へ進み，佐渡西警察署の前を通り坂道を10分ほどのぼると**大安寺**(浄土宗)に着く。初代佐渡奉行の大久保長安が創建した寺で，長安が自分の冥福を祈って建てた逆修塔がある。また，上杉氏の佐渡代官であった河村彦左衛門供養塔(五輪塔，慶長13〈1608〉年銘)を始め，江戸時代初期の石塔や奉行所役人の墓も多い。墓地の裏手にはタブの木が密生している。

　大安寺からくだり，広い道をのぼると**南沢疎水道**に着く。佐渡奉行荻原重秀が資金を投入し，1691(元禄4)年から6年の歳月をかけて，数万の人足が鑿と槌だけで掘った排水坑である。

　さらに坂を寺町に至る。**本典寺**(日蓮宗)は，元和年間(1615～24)頃，京都から渡来し，相川有数の大商人となった山田吉左衛門が建立した寺で，境内には吉左衛門の墓，周辺には四国八十八観音・三十三観音の石仏がある。**法然寺**(浄土宗)には，1643(寛永20)年から20年間佐渡奉行をつとめた伊丹康勝の3mもある大五輪塔のほか，江戸時代初期の鉱山師味方但馬の舎弟で，同じく有力な山師味方与次右衛門の墓がある。**法輪寺**(日蓮宗)には石仏がある。その北東90mの所に妙円寺(日蓮宗)がある。

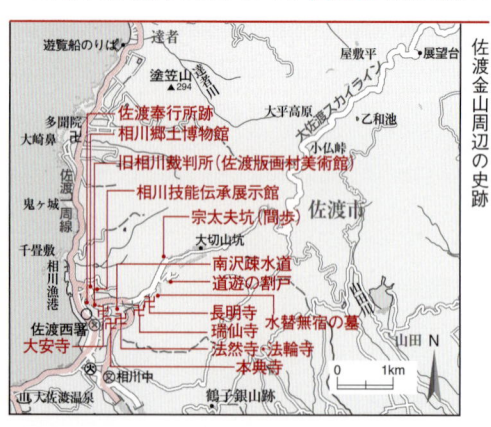

　南沢疎水道から東へ坂をのぼり，県道31号線を越えると**長明寺**(浄土宗)・**瑞仙寺**(日蓮宗)が隣接している。瑞仙寺は鉱山師味方家政が，亡父味方但馬家重の菩提を弔うために建

佐渡金山周辺の史跡

佐渡の鉱山文化と世界遺産登録運動

コラム

　佐渡市では，現在，新潟県と共同で「金と銀の島，佐渡―鉱山とその文化―」と題して世界遺産登録運動を進めている。

　佐渡金・銀山は，17世紀から20世紀にかけて日本最大の金・銀山であり，これまでに金78t・銀2300tを産出し，国内外の社会経済に大きな影響を与えた。一般的には戦国時代や近世の鉱山というイメージがあるが，じつは近代以降も大規模な施設整備のもとで稼業し，国際的な存在意義を有したのである。

　佐渡には，鉱山の繁栄により石見銀山(島根県大田市)からの鉱山技術を始め，全国からも多様な技術・習俗・芸能・宗教が持ち込まれ，全国でも珍しい文化の交差点ともいうべき様相を呈するに至った。これらの価値が認められ，民俗文化財に指定されているものが多い。

　近世の鉱山関係の史跡は価値づけがある程度なされているが，近代の鉱山施設や資料も多く残されている。イギリス人技師に指導された大立竪坑を始め，鉱山局長をつとめた大島高任をたたえた高任坑，さらに道遊坑がある。鉱石を運ぶレール沿いに建てられた機械工場，鉱石を破砕する粗砕場や間ノ山搗鉱場，鉱石を貯蔵した貯鉱舎をみることができる。北沢には，浮遊選鉱場・インクライン・シックナー・火力発電所発電機室棟が立つ。鉱石の搬出や石炭の搬入のために築かれた大間港には，護岸・トラス橋・ローダー橋脚・クレーン台座・レンガ倉庫が残されている。文献資料では多くの設計図類(佐渡鉱山関係施設等設計図)が貴重であり，県の文化財に指定されている。

　現在，佐渡市と新潟県はこれらの有形遺産を核に，無形の遺産もあわせて，鉱山文化の保存と世界遺産登録に向けた活動が進められている。地域住民や所有者の理解，先に世界遺産に登録された島根県の石見銀山からの助言を受け，地道な努力が続けられている。

北沢浮遊選鉱場跡

立した寺である。さらにのぼって行くと大工町に着く。ここは金山の労働者が住んでいた所である。

　細い山道を進むと水替無宿の墓がある。道遊の割戸の眺望は素晴らしく，ひと休みするのに最適な場所である。大佐渡スカイライ

ンへ続く県道463号線を渡ると，宗太夫坑(間歩)がある。ここには資料館が併設され，採掘の技術と過程が人形で再現されている。

相川郷土博物館 ㉝
0259-74-4312

〈M▶P.226, 260〉佐渡市相川坂下町20
両津港🚌本線佐渡会館乗換え七浦海岸線相川博物館前🚶すぐ

佐渡・金山遺跡
近世・近代建造物

宗太夫坑から市街地に向かい道路を戻り，蔵人坂をのぼると京町通りに至る。ここをくだるとL字型の角に旧時報鐘楼がある。楼内に吊り下げられている時鐘は，1713(正徳3)年に鋳造されたもので，大正時代初期までの約200年間にわたり相川町内に時刻を告げた。

時鐘から左折すると旧相川裁判所(佐渡版画村美術館)があり，その北西100mの所に佐渡奉行所跡がある。ここでは，復原された御役所や勝場，出土した鉛，奉行赴任絵巻などが公開・展示されている。

奉行所跡から御帯刀坂をくだると，濁川に面して相川郷土博物館がある。鉱山の中で水を汲みあげた水上輪(アルキメデスポンプ)などを展示する。博物館の建物は旧御料局佐渡支庁庁舎である。相川技能伝承展示館が隣接している。

なお，道遊の割戸・宗太夫間歩・南沢疎水道・佐渡奉行所跡・旧御料局佐渡支庁庁舎・旧時報鐘楼・大久保長安逆修塔・河村彦左衛門供養塔は，佐渡金山遺跡として国指定史跡になっている。

あとがき

　過去2度にわたる『新潟県の歴史散歩』刊行以後，新潟県内では，市町村合併や3度にわたる大きな地震被害などを経験し，本来的な文化や生活にも大きな変化が生じてきました。今回の3度目の『新潟県の歴史散歩』の執筆・編集はそのような大きなうねりのなかで行いました。

　本県の場合，かつて手弁当で集まり，授業実践集や『資料新潟県史』などの優れた日本史教育の副読本を自主的に編集・刊行していた頃とは異なり，教員採用数の減少や公務の多忙化に伴い，教員が自主的に学ぶ研究会活動が停滞していました。

　本書の編集を山川出版社から依頼されたのを機会に，日本史教育を活性化し，新潟県歴史教育の将来の担い手を育成し，地域とのパイプ役もつとめてもらう意味もこめて，本文の執筆については，高校現場で教鞭をとる教員が中心となり担当しました。年齢も40代から30代を核に，4度目の『新潟県の歴史散歩』作成に備え，20代の新進気鋭の教員にも依頼しました。

　今回の執筆に際しては，多くの教員が県内の市町村合併に苦労しながら，地域の章構成をしました。また度重なる地震では担当地域の文化遺産が壊滅し，立ち入れず，また自身が被災した教員もいました。内容的には県内の近代の文化遺産や文化的景観などの新しい文化財も洗い出しました。

　現在の新潟県は，他県同様に道州制の議論が俎上にのぼりつつあります。さらに佐渡の世界遺産登録運動を通じて，地域の特質を世界的に位置づけようとの試みも出てきました。いずれにしても，新潟県の歴史と文化を新しい視点もまじえて総ざらいし，他県と比較し，前述した議論につなげるためにも本書を多数の方に活用いただき，意義あるものにしていただくことを祈念しております。

2009年7月

『新潟県の歴史散歩』編集委員会
竹田和夫

【新潟県のあゆみ】

原始・古代

　新潟県は本州のほぼ中央に位置し，日本海に沿って南北に細長い県域を有している。面積は佐渡島と粟島を含めて1万2582km^{2}で，全国第5位の大県である。上越・中越・下越・佐渡の4地区に分けられ，それぞれ地域意識が強い。県境は東北・関東・中部・北陸の各地方と接しており，相互に密接な関係を有する。海岸沿いには肥沃な平野が広がり，日本有数の穀倉地帯となっている。

　新潟県に人類の足跡が初めて確認されるのは，今から約3万年前の旧石器時代後期のことである。

　福島県境の阿賀町に所在する小瀬ヶ沢洞窟・室谷洞窟（ともに国史跡）は，昭和30年代に発掘調査が行われ，旧石器時代から縄文時代への過渡期を示す貴重な土器・石器などが多量に発見された。とくに土器の中には，縄文土器の起源を考えるうえで重要なものが含まれており，日本を代表する縄文時代草創期の洞窟遺跡といえる。小瀬ヶ沢洞窟からは狩猟用石器やカモシカ・クマの骨も出土しており，狩猟採集が盛んに行われていたことがわかる。

　縄文時代中期の火焔型の深鉢形土器は，信濃川流域の遺跡から数多くみつかっている。このうち十日町市笹山遺跡から出土した土器は，県内で初の国宝に指定されている。魚沼地方は俗に縄文街道とよばれるほど，縄文時代中期の遺跡が多い。たとえば，津南町の沖ノ原遺跡からは，同時期のムラの中の建物や食生活を詳細に知ることができる。富山県境の糸魚川市の長者ヶ原遺跡（国史跡）は，硬玉（翡翠）産地の姫川に近接した縄文集落で，国内初の硬玉製装飾品（大珠など）の生産遺跡として有名である。近年では，青森県の三内丸山遺跡（国特別史跡）など遠隔地との交易の状況が明らかにされつつある。また，佐渡の堂の貝塚などの遺跡からは，屈葬や伸展葬の様子を知ることができる。

　つぎの弥生時代は，県域が，東と西の交流の接点としての性格が明らかになった時期でもある。代表的な遺跡に，県内で初めて発見された本格的な弥生集落，柏崎市の下谷地遺跡（国史跡）がある。弥生土器・木製農具・炭化米などの遺物に加え，住居跡や方形周溝墓の遺構が発見された。中国の正史にも記された弥生時代末期の倭国大乱は，県域にもおよんでいたことが，近年の調査により明確になってきた。佐渡では櫛描文土器の成立とともに，30カ所の玉作遺跡（新穂玉作遺跡・下畑玉作遺跡ほか，県史跡）が成立していた。細形の管玉を大量に生産しており，文化財に指定されている（佐渡新穂遺跡出土品，国重文）。

　古墳時代になると，蒲原地方の首長たちは，北陸や出雲（現，島根県）の首長やヤマト政権などの遠隔の勢力と直接・間接に接触し，古墳の築造に必要な知識や技術を導入した。新潟市西蒲区の菖蒲塚古墳（国史跡）を始め，山谷古墳（新潟市西蒲区）

や三王山古墳(三条市)などの前方後円墳が築造されている。新潟県は前方後円墳や前方後方墳の分布では日本海沿岸の北限となっている。古墳時代中期以降，蒲原地方では古墳が築造されなくなる一方，魚沼地方では飯綱山古墳群，頸城地方では群集墳が形成されるようになる。同時期の佐渡地方では真野古墳群のような小円墳が多くつくられるようになった。

ヤマト政権は新潟県域に部民制や国造制をおよぼしていた。行政区分上は越中国・越後国・佐渡国とに分けられ，蝦夷対策のための2つの城柵(渟足柵・磐舟柵)が設置されている。702(大宝2)年に越中国から頸城郡・古志郡・魚沼郡・蒲原郡が移され，従来の沼垂郡・磐船郡に加え，越後国は6郡となった。9世紀には古志郡から三島郡が分立して7郡となっている。10世紀に成立した『和名類聚抄』では，越後は7郡33郷，佐渡は3郡16〜23郷に分かれていた。郡衙や郡司の実態については不明であるが，近年の遺跡調査から，郡衙に関連すると思われる墨書土器が幾つも発見されるようになった。長岡市の八幡林遺跡(国史跡)からは「沼垂城」と墨書された木簡が出土し，古代古志郡にかかわる遺跡として保存されている。聖籠町の山三賀Ⅱ遺跡の発掘から律令時代のムラの生活もわかるようになってきている。しかし，越後も佐渡も国府の位置が確定できていない。

ちなみに佐渡は，『延喜式』民部省上(巻22)では，「北要」として位置づけられており，異国から渡来したと思われる人びとの痕跡も相川にみられる。

平安時代の越後には，皇室領・摂関家領・公家領・寺社領などの荘園が多数分布していた。佐渡では，新穂荘以外に荘園は確認できておらず，保とよばれた国衙領が大半を占めた。越後・佐渡の荘園の開発領主のほとんどは不明であるが，阿賀野川より北の荘園については，近年，越後城氏との関係を示唆する遺跡が，県内や福島県で調査されている。城氏は鎮守府将軍平維茂の後裔とされる一族であり，在地領主となって，鎌倉幕府と対立し，滅亡した。越後と東北地方との政治・文化の関係を考える素材である。

文化面に目を転ずると，県内に残る平安時代後期の仏像の半数以上が国・県の文化財指定を受けており，優品が多い。

中世

源頼朝が北陸道を支配下におさめた後，越後国は関東御分国となった。越後守護は佐々木盛綱以後は北条氏が掌握し，佐渡守護は北条一門の大仏氏が世襲した。このように鎌倉時代の新潟県域は，実質的には幕府の強い支配下におかれ，関東御家人が荘園の地頭職を与えられている。相模(現，神奈川県)の三浦和田氏と河村氏はその代表例であり，現在の胎内市域にあたる奥山荘には地頭職三浦和田氏の痕跡が多数残されている。このうち，奥山荘城館遺跡が国の史跡，「奥山荘波月条絵図」が国の重要文化財に指定され，県内でも手本となる保存・活用が進められている。

新潟県のあゆみ

鎌倉時代，越後には親鸞が，佐渡には順徳上皇や日蓮・京極為兼らが流されてきたことにより，京都や鎌倉の文化・思想が伝えられた。
　建武新政を迎えると新田義貞が国主となった。新政破綻後は国衙領の関係者は南朝の天皇方についたが，阿賀野川以北の下越の武士たちは佐々木景綱を大将として結集し，足利方についた。当初は阿賀野川流域で戦闘が行われたが，その後，旧三島郡域に広がった。義貞の死を契機に越後国の支配は足利方に移り，上杉憲顕が守護に起用された。一時宇都宮氏綱も守護に任命されたが，氏綱の守護職剝奪後は，ふたたび上杉氏の世襲となった。さらに在地の支配は守護代長尾氏（上杉氏の家臣）に一任された。支配は郡単位で行われ，長尾氏は古志郡・蒲原郡に拠点を有していた。一方，地頭に任じられた武士たちは，在地に根づき領地の地名を苗字とし，国人として守護や守護代に対して自立性を高めていった。
　室町時代の明応年間（1492～1501）の守護上杉房能は，国人不入の地に郡司を介した支配権の行使を志向し，守護代長尾能景以下国人たちと反目する。その後，房能は長尾為景（能景の子）に急襲され，1507（永正4）年に越後国内で自害。為景は逆臣の汚名をうけないために上杉房能の養子定実を守護に擁立したが，阿賀北の国人たちと軍事衝突した（永正の乱，1507～08年）。1509年，房能の兄である関東管領上杉顕定が，弟の仇討ちと越後の関東管領領を守るため越後に攻め込み，府中（現，上越市国府）を手中に入れた。しかし，反攻に出た為景により定実一門は壊滅した。定実の実家の上条定憲は，阿賀北衆と連携し反為景戦線を確立した。これが享禄・天文の乱（1530・1533年）である。為景とつぎの守護代長尾晴景は朝廷に接近し，その権威を利用して，本来は推戴しなければならない守護との微妙な関係の是正や，阿賀北衆を始めとした国内の反対勢力を統率しようとしたが，結局は解決できなかった。
　ここで登場したのが長尾景虎のちの上杉謙信である。1550（天文19）年定実が亡くなり，幕府から儀礼上，国主と同等の待遇を受けるようになった景虎は，さらに関東管領職を上杉憲政より譲渡されている。景虎は北条氏・武田氏・越中一向一揆などの周囲の強大な勢力との駆け引きや戦闘にあけくれた。謙信の死後，2人の養子，景勝と景虎との間で後継者争い（御館の乱，1578・79年）がおこり，景勝が勝利者となった。景勝は，知行制度の再編と出身地の上田衆らを核にした政治を展開した。この時期を代表する城跡には，春日山城跡（上越市，国史跡）・坂戸城跡（南魚沼市，国史跡）・鮫ヶ尾城跡（妙高市，国史跡）がある。
　この頃佐渡では，村殿といわれるムラの支配者が，城を中心に村落経営にあたった。青木城跡・新穂城跡（ともに県史跡）はその拠点であり，水堀により囲郭されている。
　戦乱の中で人びとが祈りを捧げた痕跡は，今も県内各地に残されている。廻国僧や戦乱に巻き込まれた武士たちにより，寺や堂が信仰の対象になっていた。会津（現，

福島県)との国境に近い阿賀町の護徳寺観音堂(国重文)や平等寺薬師堂(国重文),十日町市の松苧神社本殿(国重文),佐渡市の蓮華峰寺金堂(国重文)では遠くから訪れた人びとの墨書が建物に残されている。また,佐渡市の大和田薬師の大般若経612帖(県文化)および小千谷市魚沼神社の大般若経559帖(県文化)は,越中国(現,富山県)から持ち込まれたものである。このような建物の墨書や移動する経典から,僧・武士・庶民の信仰のネットワークや意識を知ることができる。

近世

　豊臣政権により上杉領国は解体され,1598(慶長3)年上杉景勝は会津(現,福島県)へ移封された。その後に入国した堀秀治に対して,越後では上杉遺民一揆がおきた。堀氏改易の後,1610(慶長15)年より松平忠輝の支配を経て,結果として,江戸幕府による小藩分立政策がとられるようになる。こうして村上藩・新発田藩・村松藩・長岡藩・高田藩など多くの藩が誕生した。そして,激しい転封を繰り返した。1616(元和2)年高田藩の松平忠輝改易後は,幕領が各地に成立し,代官による支配がなされた。

　18世紀以降はどの藩も財政面の立て直しに迫られ,年貢増徴や産業奨励策がとられるようになる。しかしこれは農民たちの一揆を誘発した。時代は商品生産社会を迎えており,藩の政策は,各地に特産品が生まれていく契機をつくる。このなかで魚沼の越後縮・柏崎大久保の鋳物・阿賀の和紙・村上堆朱など,後年文化財として評価されることになる生産もみられるようになる。

　諸藩のうち新発田藩は藩政にかかわる資料が地元に多数残されており,幕府の指示により作成した国絵図のうち,「正保越後国絵図」の模写本は県指定文化財になっている。諸藩の活動のなかでは藩校など文化面でも注目すべきものがあり,また民間でも私塾や寺子屋が設立された。越後の学塾では,南条村(現,柏崎市)の藍沢要助が1820(文政3)年に開いた三餘堂,粟生津村(現,燕市)の鈴木文台が1833(天保4)年に創始した長善館などがとくに著名で,他国からも多数が門人となった。これらの塾で使用されたテキストは,学塾三餘堂関係資料・長善館学塾資料として県指定文化財になっている。また,寺子屋などの庶民の教育文化を背景に俳諧や和算などが隆盛し,佐渡では連歌も盛んであった。現在,越後・佐渡の各地の神社にみられる俳額や算額は,農村における知的活動の所産ともいえる。近世越後の文化を代表する良寛や鈴木牧之の業績も,このような越後の在地文化の受容層の水準の高さが背景にあったといえよう。

　佐渡では一国天領となり,幕府から派遣される佐渡奉行の管轄下におかれるようになった。初代佐渡奉行大久保長安の経営により,石見銀山(現,島根県大田市)からの技術移入で,鉱山の稼業が本格化した。水銀アマルガムやアルキメデスポンプ(水上輪)など外国からの技術移入もみられる。また,海岸段丘上の棚田などの水田開発が江戸時代前期に進展しているが,これは水利施設の設営・補修などの面

で鉱山技術の援用がなされたためと考えられる。鉱山の一部は「佐渡金山遺跡」として国の史跡指定を受けている。佐渡奉行所は，近年発掘調査や資料に基づき，復元整備されている。

島内では，鉱山繁栄のための神事能が村々の伝統芸能となり，能楽が全島あげて盛んになる。そして多様な形態の能舞台がつくられ，村人により維持されていく。これは全国的にみても希有なものである。現在，独立能舞台8棟は県の有形民俗文化財に指定されている。

佐渡では，享保年間(1716～36)以降，中国向け輸出品となる俵物の干鮑の生産が全盛期を迎える。しかし幕府による重税がかさみ，寛延年間(1748～51)には島内で大規模な一揆もおこるようになった。

新潟県教育委員会による歴史の道の調査により，北国街道・三国街道の沿道の石造物や文献資料の所在が明確になり，近世の陸上交通の実態が克明にわかるようになった。上越・下越の古道の保存や，これらを実際に歩くイベントも行われている所もある。

一方，水上交通については，全国規模の北前船交通の研究や文献の客船帳，さらに民俗学の船絵馬の研究により，越後のハガセ船の構造やルートなど，その意義について詳しくわかるようになってきた。糸魚川市の白山神社の船絵馬(能生白山神社の海上信仰資料，国民俗)には，これが写実的に描かれている。

近世越後の有形遺産として，雪国独特の骨太な構造の建造物が山間部から平野部まで残っている。旧地主層の建物では，下越の旧笹川家(新潟市南区)・渡辺家・佐藤家(ともに岩船郡関川村)，中越の旧目黒家(魚沼市)・旧長谷川家(長岡市)が国の重要文化財に指定されている。また寺院建築では，上越市の浄興寺本堂(国重文)がある。県内では最大規模で，細部の意匠や型式から由緒と高い格式を有していたことがわかり，その背後に寺院を支えた檀家集団の存在がみて取れる。

近年，越後平野の農の景観が文化的景観として着目されているが，これは近世から近代にかけての，湿地の新田開発や河川の氾濫への対応など，並大抵ではない努力の結果の所産といえよう。信濃川下流域で行われた割地慣行も，このような土地の環境の特性に起因するものである。

江戸時代後期から末期の越後・佐渡は，異国船の来航や新潟が開港場に指定されるなど，箱館(現，北海道函館市)・長崎・神奈川・兵庫ほか国内の他の地域と同じように，世界の動きのなかにさらされていく。このようななかで，開国論を説いた経世家本多利明や，佐渡で世界地図を描いた蘭方医柴田収蔵のように，国際的な視野に立った学者が越後から輩出していることは興味深い。

近代

戊辰戦争(1868～69年)の動乱を経験し，越後・佐渡は新しい時代を迎えた。廃藩置県を経て，1876(明治9)年新潟県が誕生する。しかし，大河津分水一揆や開港の

実現など，新政府の課題は多岐にわたった。1872(明治5)年政府から派遣された県令楠本正隆の開化政策以降，新潟の近代化は急速に進んでいく。現在新潟市の中心部にある白山公園は楠本により整備されたものであり，県内では近代公園の先駆とされるものである。日露戦争(1904～05年)以降，新潟築港・信濃川分水工事が着工された。

明治時代初期の新潟県は，政治・経済・文化の諸方面で全国をリードしていた県であった。しかし，明治20年代以降，太平洋側の関東圏・近畿圏の近代化が進むと，しだいに後進県化していった。湿地帯の沖積平野の多い新潟県は水との闘いに腐心していた。

肥沃な水田地帯を有する越後には多数の大地主が存在した。1924(大正13)年時点で1000町歩以上の土地を所有する者は5家(市島・伊藤・白勢・田巻・斎藤)もあった。このような地主は金融業などもあわせて営んでいた。これ以外の地主は資本家的企業経営者としての性格を有していた。新潟市の鍵富家・斎藤家，長岡市の渡辺家，柏崎市の牧口家，小国町(現，長岡市)の山口家，小千谷市の西脇家である。

地主は文化の分野でも存在感を示している。明治時代に設立された明訓学校(新潟明訓高校の名称のルーツ)・有恒学舎(県立有恒高校の前身)などが学校設立の例となる。また，地主の家の出身で学術に貢献したケースも多い。地方史の白眉である『越佐史料』を編纂した高橋義彦(地理学者吉田東伍の弟)や民俗学研究の小林存らである。明治時代にイギリスの女性紀行家イザベラ・バードやドイツの建築家ブルーノ・タウトらが新潟を訪問した手記が残されているが，在来の農村文化と新しい外来文化の狭間にある県内の様子を知ることができる。

明治時代の文化遺産としては，新潟県議会旧議事堂・旧新潟税関庁舎(現，新潟市)が国重要文化財，近世から継続して稼業していた佐渡鉱山関係施設等設計図一括(現，佐渡市)が県文化財に指定されている。

大正時代に入ると，大正デモクラシー運動が県内でも高揚していく。佐渡出身の哲学者土田杏村らに主導された，魚沼自由大学(現，魚沼市)のような成人教育運動が各地で展開された。また労働争議も増えていった。

この時期の文化財としては，伊東忠太の設計になる弥彦村の弥彦神社本殿などが国登録有形文化財になっている。

昭和時代に入ると恐慌が県内を直撃した。これによりとくに農村からの出稼ぎが増えていく。県では，土木事業により農家収入や購買力を高めようとしたり，経済再建策などを行い，試行錯誤を繰り返している。しかし時局は戦争の時代へ突入していった。新潟港は満州国への移民とその窓口となった。戦争の激化により県内各地は空襲を受け，新潟市への原子爆弾投下の計画もあったが回避された。

現代

GHQの指令で実施された改革の中で，新潟県では農地改革が画期的なものであっ

た。農地委員会が開かれて地主と小作が対立したが、結果として農地改革が進み、地主はその性格を喪失し、小作地のほとんどが農民に解放された。

1947(昭和22)年4月に制定された地方自治法に基づいて、県政は民選知事により主導され、只見川開発などの農工併進政策を進めていった。しかし、これにより県財政は赤字となり、支出抑制策をとった。昭和30年代からは、高度経済成長とともに深刻化した公害である新潟水俣病の問題が表面化していった。

戦後の新潟県史の中で、1964(昭和39)年は、新潟国体の開催とその直後におそった新潟地震という、全県民にとって忘れられない大きな出来事がおこった年である。地域開発とともに復旧が行われていった昭和40年代は、県産業の発展と農政面での変化の時期となった。この頃から、東北電力巻原子力発電所建設是非をめぐる問題もおこってきた。

昭和50～60年代は全国的に高度経済成長から不況へと変化していた時期であり、県は厳しい財政運営をせまられた。そのような中で、新潟県では、関越自動車道や北陸自動車道・上越新幹線の開業など、高速交通体系が整備されていった。1989(平成元)年、環日本海の中核県を意識した積極的な県政運営を行い、その後も「日本海大交流時代」を意識した対外交流事業などを行った。2004年には中越大震災、2007年には中越沖地震を経験し、被災地の復興事業に全力をそそぎ、地域医療や雇用の確保など山積する諸問題に向き合っている。

国の登録有形文化財が建築後50年を過ぎたものを対象としているように、現代に生まれた文化財の価値づけは今後の課題である。

新潟県の文化財の特徴

昔から文化の交差点ともいわれる新潟県の文化財の特徴を具体的に挙げてみよう。第1には、全国的にみても民俗文化財の宝庫である。他地域では姿を消してしまった一昔前の生活の仕組み(狩猟習俗・木地屋習俗・紡織技術)や、有形の資料(船大工資料・漁労用具・積雪期用具)はよく伝存されている。この中で、小千谷縮はユネスコ世界無形遺産の候補となっている。第2に、佐渡に集中している傾向がある。人形芝居・田植え神事や行事・大神楽舞楽など、越後側にも残っていない種類の文化や、海を越えて直接交流した他国の影響をうかがわれるものもある。第3には、伝統的な工芸技術についてすぐれた伝承者を輩出していることである。重要無形文化財保持者として、金工や陶芸などで輩出している。また、県独自の県選定保存技術として屋根葺きの修理技術の顕彰を開始している。

これ以外には、建造物として豪壮な旧地主層の民家建築が多いことや、縄文時代の遺跡・遺物が広範に存在すること、地形や環境に影響された地域性豊かな天然記念物・名勝が多いことなどの特色もある。最近、放鳥された国特別天然記念物のトキは、その好例である。

【地域の概観】

上越

　越後で一番西に位置するこの一帯は、上越後の意味から「上越」と表現されるが、律令制下には頸城郡とよばれた。現在は、関川流域に広がる高田平野を中心とする高田・直江津地域、米山・尾神岳の麓の頸北地域、妙高山の麓の頸南地域、姫川流域の糸魚川地域、魚沼につながる東頸城地域に大別されるが、2005（平成17）年、「平成の大合併」で上越市・糸魚川市・妙高市の3市に再編成された（東頸城地域の一部は十日町市となった）。周囲には、妙高山・焼山・火打山の頸城三山を始めとする山々が連なり、その一角は上信越高原国立公園・中部山岳国立公園などに指定されている。赤倉・関・燕といった著名な温泉群やスキー場も多く、近年は観光地・リゾート地としても人気を集めている。

　今から約3万年前の後期旧石器時代、この地に人類の足跡が断片的にみられるようになるが、遺跡数が大幅に増加するのは縄文時代からである。姫川や小滝川の河床から産出する翡翠の加工工房と考えられる糸魚川市長者ヶ原遺跡・寺地遺跡などが知られる。弥生時代の遺跡には、玉作工房の吹上遺跡、わが国最大の高地性集落といわれる妙高市斐太遺跡などがある。古墳時代には、上越市宮口・水科・菅原の各古墳群など、高田平野の縁辺部を中心に300基を超える群集墳が築かれた。

　8世紀には、越後国府や国分寺・国分尼寺が築かれた。その位置については、五智説・今池説などの諸説があるが、いまだ確証はなく不明のままである。鎌倉時代には、親鸞が国府に流罪となり、妻恵心尼とともに7年ほどこの地にとどまった。室町時代には、上杉氏が守護、長尾氏が守護代となり、平野を一望できる春日山に堅固な城を築き、府中（現、上越市）は政治・文化の中心地として繁栄し、宗祇・万里集九ら多くの文化人が訪れた。戦国時代には、上杉謙信が強大な戦国大名として君臨し、天下にその名を知られることになった。上杉謙信が浄土真宗の布教を認めると、信濃（現、長野県）から本誓寺や浄興寺が移り、この地に浄土真宗の教勢が広がった。謙信の死後、御館の乱（1578〜80年）を経て、上杉氏は豊臣秀吉の命で会津に移った。

　江戸時代になると、上杉氏にかわり領主となった堀氏は、春日山から福島城へ居城を移した。さらに徳川家康の子松平忠輝は高田に城を築いて移り、城の西側に武家屋敷、その西側に町人町、一番外側に寺町が計画的に配されるという町割、降雪の多さを反映した雁木などを特徴とする城下町が形成された。越後騒動で知られる松平光長以来、藩主はしばしば交替したが、18世紀中頃以降は榊原氏が支配した。

　幕末の動乱を経て、この地域にも近代的な行政機構が整備されていく。1883（明治16）年には頸城自由党による高田事件がおこった。1908（明治41）年には、高田に陸軍第13師団が誘致され、以降高田は軍都として繁栄していった。高田公園のサク

ラは師団の入城を祝して、1909(明治42)年に在郷軍人会がサクラ2200本を城跡に植えたのが始まりとされる。大正・昭和と時がうつろう中で、1971(昭和46)年には、高田市と直江津市が合併して上越市が誕生した。2005(平成17)年、「平成の大合併」で上越地方は新しい行政区域に再編成されたが、高田と直江津という地域意識は市民の間に根強く残った。やがて迎える北陸新幹線開通を見据え、どのような地域づくりを進めていくべきか、新しい対応の模索が始まっている。

中越

中越は、米山を西限として柏崎市・刈羽郡から、三島郡・長岡市・見附市・三条市・南蒲原郡に至る越後平野・柏崎平野と、信濃川・魚野川が貫流する中魚沼郡・十日町市・小千谷市・南魚沼市・南魚沼郡と魚沼市からなる。南限の三国峠は関東との間に高く厚い障壁をなし、越後人に雪に閉ざされた苦しく、耐え難い長い冬を強いてきたが、雪国独自の生活文化は伝統芸能や年中行事・祭りという形で今もなお生き続けている分、天保年間(1830～44)の随筆家鈴木牧之は、『北越雪譜』の中で「越後 縮は雪と人と気力相半して名産の名あり。魚沼郡の雪は縮の親と言うべし」と記し、越後人の視点で雪国の人びとの生活を紹介している。

津南町から長岡市に至る信濃川流域では典型的な河岸段丘が発達しており、この段丘上に原始・古代の多くの遺跡が立地する。県内での本格的な調査・研究の先駆けとなった津南町貝坂遺跡や、シベリア・中国、さらにはアラスカにまで広く分布する荒屋型彫刻刀が出土した川口町荒屋遺跡がある。また、縄文の美・芸術性の高さで知られる火焔型土器を生み出したのもこの地で、津南町沖ノ原遺跡・十日町市笹山遺跡・長岡市馬高遺跡などから出土している。

承平年間(931～938)に編纂された『和名類聚抄』によれば、律令制下で現在の中越地方には古志郡・魚沼郡・蒲原郡・三嶋郡が配置されていた。いずれも郡衙の所在は不明であるが、候補地として、古志郡域では官衙特有の建物配置がみられる長岡市下ノ西遺跡、「古志」「郡」「大領」などの木簡や墨書土器が出土した長岡市八幡林遺跡が挙げられ、郡司の活動拠点となっていたことがうかがえる。

南北朝時代、新田義貞が越後守に任じられ、魚沼郡妻有荘の大井田氏、刈羽郡小国保の小国氏、三島郡の荻氏・風間氏、蒲原郡西部の池氏などが義貞に与して阿賀北の諸将を主力とする北朝方と戦った。魚沼の新田一族は、義貞の没後も再起をはかって北朝方に抵抗したが敗れ、守護上杉氏・守護代長尾氏による越後支配が始まった。

戦国時代、越後守護代の長尾晴景の弟景虎は、14歳のときに栃尾城(現、長岡市)に派遣された。のちの上杉謙信である。守護上杉定実の死後は越後国主の座に着き、のちに上杉憲政から関東管領職と上杉姓を譲られた。その後、関東への出兵を繰り返したが、要衝地である坂戸城や樺沢城(現、南魚沼市)が前進基地となった。謙信の死後、家督争いの御館の乱(1578～80年)に勝利した上杉景勝は、直江兼続らの

魚沼出身の上田衆を重用して領国経営に乗り出した。しかし，1598(慶長3)年，豊臣秀吉は奥羽の押さえとすべく，腹心の景勝を会津(現，福島県)に移封したため，上杉家の越後支配は終わりを告げた。

江戸時代，各地から集められた米・特産物は長岡藩領新潟港から北前船で上方へ移出された。また，関東へは信濃川や魚野川などの舟運と三国街道を利用して物資が運ばれた。また，商品流通の発達と呼応して，小千谷の縮・見附の結城・栃尾の紬・三条の金物・与板の刃物・大窪(柏崎市)の鋳物・加茂の桐箪笥と和紙生産などの特産物が成立した。これらの技術は，近代以降の地場産業の礎となっている。

中越の中心地長岡は，戊辰戦争(1868～69年)の際，上席家老で軍事総督の河井継之助率いる長岡藩軍が新政府軍に敗れて城下の大半を消失した。第二次世界大戦では県内で唯一B29爆撃機による大空襲を受け，多くの市民が死亡，罹災して大打撃を受けた。戦後の復興のために開催された「長岡市戦災復興祭」が現在の長岡まつりの起源であり，大花火大会では正三尺玉が打ち上げられ，多くの観光客を集めている。

1980年代，上越新幹線や北陸・関越自動車道などの開通により高速交通時代を迎え，企業誘致と観光開発が本格化した。同じ頃，日本の新エネルギー政策の一環として柏崎刈羽原子力発電所が設置され稼働している。近代以降の「裏日本」化への流れに歯止めをかけるとともに，環日本海の時代を迎えている。

下越

[西蒲原と新潟市]

越後一の宮と称されて，平安時代の『延喜式』でもただ1つの名神大社となっていた弥彦神社は，現在も二年参りをする人びとであふれ，年中行事も多彩で，新潟県の人びとの信仰の拠りどころとなっている。弥彦から山沿いに南下すると，良寛ゆかりの五合庵の位置する国上寺があり，弥彦神社と並んで，古い由緒を伝えている。

さらにその南に行くと大河津分水に突き当る。分水工事の必要性は，すでに江戸時代から叫ばれていたが，通水をみたのは，じつに1922(大正11)年になってからである。信濃川の水を日本海に逃がすことは蒲原地域住民の積年の夢であったが，数数の挫折や障害を乗り越えてようやく実現され，下流地域においても1972(昭和47)年に関屋分水路が完成することで，洪水の心配から解放されることとなった。

信濃川の河口に繁栄したのが新潟港である。古くは蒲原津が積出港として栄えたが，江戸時代に入ると大河川の流道変化の中で，蒲原津の対岸にあった新潟湊がそれにかわり，阿賀野川右岸から信濃川右岸に位置するようになった沼垂湊と対抗する形で発展してきた。そして幕末には佐渡の夷港を補助港として開港地に指定され，さらに明治時代に入って県庁所在地になることで飛躍的な発展を遂げるに至った。

平成時代に入り，一層の文化および国際都市化を目指し，りゅーとぴあ（新潟市民芸術文化会館）の建設，ワールドサッカー大会誘致にともなうビッグスワン（新潟スタジアム）や柳都大橋の建設，そして2003（平成15）年には万代島再開発の中心プロジェクトである，朱鷺メッセ（新潟万代島コンベンション複合施設）の完成式典が行われた。そして「平成の大合併」によって，新潟市は2005（平成17）年3月，周辺十数市町村との大型合併を行った。現在は政令指定都市となり，さらなる発展が期待されている。

[阿賀北]

阿賀北地方は，県北部に位置する下越地方の阿賀野川より北の地域を指す。7世紀中頃に淳足・磐舟柵が造営されたこの地は，のちに越後国沼垂郡・磐船郡となった。702（大宝2）年に越中国（現，富山県）から4郡が編入されて，現在の新潟県域に匹敵する領域が越後国となる以前，「越国」が3つに分かれてできた最初の越後国は，この2郡で構成されていた。淳足・磐舟両柵の所在はいまだ明らかではないが，近年では平野部における古代遺跡の発掘調査が進み，新発田市や胎内市を中心に木簡などが出土する官衙的な遺跡が発見されている。

平安時代，越後国府のあった頸城郡から遠く離れたこの地には，小泉荘・奥山荘・加地荘・豊田荘・白河荘などの広大な荘園が形成されていった。これらを開墾し支配した越後城氏が源平の争乱を経て滅亡すると，源頼朝を支えた東国武士たちが新恩を給与されて乗り込んできた。なかでも，胎内市を中心に広がっていた奥山荘は，数多くの史料を残す荘園研究の格好の対象であるとともに，そこを支配した地頭の館などの荘園の遺構がよく残っており，国の史跡に指定されている。

中世を生き抜いた荘園の主たちが戦国の動乱で姿を消し，近世に入ると，阿賀北には新発田藩・村上藩のほか，三日市藩・黒川藩などがおかれた。なかでもこの地の中心となったのは，1598（慶長3）年，豊臣秀吉によって溝口氏が移封されてできた新発田藩である。明治時代の廃藩置県まで，越後で唯一転封のなかったこの藩の歴史は，現在でも堀や石垣の一部，表門・旧二の丸隅櫓を残す新発田城に受け継がれている。また，ともに国の名勝に指定されている清水園や五十公野御茶屋庭園などの庭園遺構のほか，寺町通りなどに城下町の名残りを感じ取ることができる。

阿賀北におけるもう1つの中心地は村上市である。中世には本庄氏の城下町であったが，1598年に村上頼勝が入封して近世城郭と城下町の整備が進められ，1618（元和4）年にかわって入封した堀直寄のときに発展した。元禄年間頃（1688〜1704）の榊原氏15万石時代には絶頂期を迎えたが，その後，領主が頻繁に交代し，城下町の景観はかわり，人口も減少した。藩の奨励と保護によって発展した茶生産の北限となる村上茶・三面川のサケ漁，そして村上堆朱は，現在も村上を代表する特産品である。市街地東の臥牛山には舞鶴城とよばれる戦国時代の山城跡の石垣が残り，麓の町内には武家屋敷を始め，鍵形の小路など城下町の名残りがみられる。

当地の海岸は，村上市から山北町にかけての名勝「笹川流れ」をのぞくと，延々と砂丘が続く。少なくとも江戸時代初期以降，信濃川と荒川の中間河川は直接海にそそぐ出口をもたなかった。砂丘に行く手を阻まれた河川の水は平野部に滞留し，岩船潟・紫雲寺潟・福島潟などとして，広大な平野部を占拠した。これらは内水面交通の重要な役割をはたすとともに，水害をもたらす地でもあった。近世以後，阿賀野川を始め，新井郷川・加治川・落堀川・胎内川の開削が進められ，潟湖干拓が進められた。現在，美田の広がる穀倉地帯はこうして人びとの手によってつくられていったが，豪農とよばれる大地主を多く生み出すことにもなった。安田町(現，阿賀野市)の斎藤家，水原町(現，阿賀野市)の佐藤家，豊浦町天王(現，新発田市)の市島家，聖籠町の二宮家，加治川村金塚(現，新発田市)の白勢家である。

大正時代末期からこの地で頻発した小作争議の中でも，木崎村(現，新潟市北区)小作争議(1922〈大正11〉～26年)は全国に知られた。現在，この争議の舞台の北には，昭和の大工事によってつくられた新潟東港工業地帯の煙突群が聳え立っている。

佐渡

全国的にみても佐渡は，民話や芸能などの宝庫といわれている。その多岐にわたる自然遺産・文化遺産は，諸分野の専門家の調査対象とされてきた。ここ10年ほどの間に交通・流通史研究の進展により，日本海自体に対する歴史的認識の大きな変化がみられる。つまり国と国，地域間を「隔てる」というマイナスイメージから，むしろ「結びつける」媒介的存在としての位置づけである。

佐渡には，東北地方や能登(現，石川県)，その他遠隔地域からの漂着伝承やヒト・モノの往来の痕跡が多数残る。ここでは，日本海沿岸に残る善知鳥伝承に注目したい。佐渡相川には，相川の7つの神社の総鎮守である善知鳥神社があり，1773(安永2)年の『佐渡事略』の記事にはこの神社の祭礼に「猿田彦，獅子もあり，鬼太鼓といふて金掘共打つ」とある。善知鳥という日本海北部の象徴的伝承の祭礼の場に，佐渡特有の境界表象である鬼太鼓などの芸能も行われ，さらには鉱山労働者も加わるという，佐渡の文化・信仰の縮図ともいうべき記載である。商業や参詣・経典などに媒介された信仰面，さらには大工技術や民謡などでは，四国・九州とのつながりがあった。

佐渡自体は日本国の日本の境界地であり，他国との接点であった。国家四至の北限としての象徴は金北山であり，その周辺の海岸地帯には，境界習俗にかかわる伝承が伝えられている。本州に伝わる鳥追い歌の北限でもあることに注意したい。さらに島内の集落には，ムラ境の表象としてのハリキリなどの儀礼習俗がよく残っている。島内外をめぐる境界の民間宗教者の存在にも注目したい。

【文化財公開施設】　　　　　　　　　　①内容，②休館日，③入館料（常設展のみ）

[県立施設]

新潟県立歴史博物館　　〒940-2035長岡市関原町1丁目字権現堂2247-2　TEL0258-47-6130　①縄文・雪・米のテーマ展示と新潟県通史展示，②月曜日，12月28日〜1月3日，③有料（中学生以下無料）

新潟県埋蔵文化財センター　　〒956-0845新潟市秋葉区金津93-1　TEL0250-23-1142　①県内各地で出土した考古史料，②12月29日〜1月3日，土・日曜日，祝日（展示スペースは土・日曜日，祝日も公開），③無料

新潟県政記念館（新潟県議会旧議事堂）　　〒951-8132新潟市中央区一番堀通町3-3　TEL025-228-3607　①1883（明治16）年建設の県会議事堂建物，②月曜日，祝日，年末年始，③無料

新潟県立環境と人間のふれあい館　　〒950-3324新潟市北区前新田字新々囲乙364-7　TEL025-387-1450　①阿賀野川での人びとの暮らし，新潟水俣病，②月曜日，12月28日〜1月4日，③無料

地すべり資料館　　〒944-0125上越市板倉区猿供養寺402-1　TEL0255-78-2687　①動く地すべり模型，②火曜日，12月29日〜1月3日，③無料

[上越地区]

上越市立総合博物館　　〒943-0835上越市本城町7-7　TEL025-524-3120　①小林古径記念美術館・小林古径邸含む，②月曜日，祝日の翌日，年末年始，③有料

日本スキー発祥記念資料館　　〒943-0893上越市大貫1453-1　TEL025-523-3766　①日本にスキーを伝えたレルヒ少佐の遺品，②月曜日，祝日の翌日，12月29日〜1月5日，③有料

春日山神社記念館　　〒943-0802上越市大豆1743　TEL025-525-4614　①上杉謙信にゆかりの史料，②12月1日〜3月31日，③有料

浄興寺宝物館　　〒943-0892上越市寺町2-6-45　TEL025-524-5970　①国指定重要文化財の本堂，②要事前連絡，③有料

林泉寺宝物館　　〒943-0801上越市中門前1-1-1　TEL025-524-5846　①上杉謙信にゆかりの史料，②年末年始，冬季（要事前連絡），③有料

前島記念館　　〒943-0119上越市下池部神明替1317-1　TEL025-524-5550　①前島密の遺品，②月曜日，③無料

安塚歴史民俗資料館　　〒942-0411上越市安塚区安塚609-3　TEL025-592-2003　①館内に民家を復元，②土・日曜日，祝日，12〜3月，③有料

牧歴史民俗資料館　　〒943-0644上越市牧区宮口　史跡宮口古墳公園内　TEL025-533-5117　①宮口古墳出土史料，②月曜日，12月1日〜3月31日，③有料

坂口記念館　　〒942-0121上越市頸城区鵜ノ木148　TEL025-530-3100　①坂口謹一郎関連史料，県内地酒の展示，②月曜日，年末年始，③有料（中学生以下無料）

清里歴史民俗資料館　　〒943-0501上越市清里区岡野町1580　TEL025-528-3111（清里区総合事務所）　①櫛池の隕石など，②土・日曜日，祝日，12月1日〜3月31日，③有料

糸魚川フォッサマグナミュージアム　　〒941-0056糸魚川市大字一ノ宮1313　美山公園内　TEL025-553-1880　①姫川のヒスイなど，②月曜日，③有料

長者ヶ原考古館　　〒941-0056糸魚川市大字一ノ宮1383　美山公園内　TEL025-553-1900　①

長者ヶ原遺跡(国史跡)出土資・史料，②月曜日，祝日の翌日，年末年始，③有料(高校生以下無料)

糸魚川歴史民俗資料館(相馬御風記念館)　〒941-0056糸魚川市一の宮1-2-2　TEL025-552-7471　①相馬御風関連史料，②月曜日，祝日の翌日，12月28日〜1月4日，③有料

能生歴史民俗資料館　〒949-1352糸魚川市能生7471　TEL025-566-4285　①中門造り民家の復元，②4〜10月は土・日曜日，祝日のみ開館，7〜8月は毎日開館，11〜3月休館，③有料

青海自然史博物館　〒949-0305糸魚川市青海4657-3　TEL025-562-2223　①巨大ヒスイなど，②12月28日〜1月4日，③有料

[中越地区]

長岡市立科学博物館　〒940-0072長岡市柳町2-1 長岡市柳原分庁舎内　TEL0258-32-0546　①火焔土器を始めとする考古史料，②第1・3月曜日，12月28日〜1月4日，③無料

長岡市郷土史料館　〒940-0828長岡市御山町80-24 悠久山公園内　TEL0258-35-0185　①河井継之助・山本五十六ら史料，②月曜日，祝日の翌日，12月28日〜1月4日，③有料

如是蔵博物館　〒940-0034長岡市福住1-3-8　TEL0258-32-1489　①山本五十六史料など，②月曜日，12月28日〜1月3日，③有料

山本五十六記念館　〒940-0056長岡市呉服町1-4-1　TEL0258-37-8001　①山本五十六関連史料，②12月28日〜1月4日，③有料

大竹邸記念館　〒954-0124長岡市中之島4-1　TEL0258-61-2011　①大竹貫一の遺品，②第1・3金曜日と第2日曜日に開館，③無料

越路郷土資料館　〒949-5411長岡市来迎寺甲1392-1　TEL0258-92-2703　①県指定文化財高麗白磁壺など，②日曜日・祝日，12〜3月，③無料

小国民俗資料館　〒949-5215長岡市小国町新町185　TEL0258-95-3575　①小国和紙の製作工程，②月曜日，12月29日〜1月3日，③有料

与板歴史民俗資料館　〒940-2402長岡市与板町与板乙4356　TEL0258-72-2021　①火焔型土器・直江兼続史料など，②月曜日，12月28日〜1月4日，③有料

良寛の里・歴史民俗資料館　〒949-4525長岡市島崎3938　TEL0258-74-3700　①八幡林遺跡出土史料など，②月曜日，年末年始，③有料

三条市歴史民俗産業資料館　〒955-0071三条市本町3-1-4　TEL0256-33-4446　①鋸鍛冶の仕事場再現，②月曜日，祝日の翌日，毎月末日，③無料

諸橋轍次記念館　〒955-0131三条市庭月434-1　TEL0256-47-2208　①諸橋轍次関連史料，②月曜日，12月29日〜1月3日，③有料

下田郷資料館　〒955-0107三条市飯田1029-1　TEL0256-46-5110　①下田郷の民俗資料，②12月29日〜1月3日，③無料

柏崎市立博物館　〒945-0841柏崎市緑町8-35　TEL0257-22-0567　①米山信仰関連史料，プラネタリウムあり(土・日曜日)，②月曜日，③無料(プラネタリウム別料金)

黒船館　〒949-3661柏崎市青海川181　TEL0257-21-1188　①幕末維新期の史料，②水曜日，年末年始，冬季，③有料

加茂市民俗資料館　〒959-1372加茂市加茂229-1　TEL0256-52-0089　①加茂縞の機織機，

	②月曜日, 第1・3・5土・日曜日, 祝日, 年末年始, ③無料
見附市民俗文化資料館	〒954-0035見附市名木野町5320　TEL0258-63-5557　①機織の全工程, ②月曜日, 12〜3月, ③無料
弥彦神社宝物殿	〒959-0323西蒲原郡弥彦村弥彦2887-2　TEL0256-94-2001　①国指定重要文化財「志田大太刀」など, ②無休, ③有料
燕市産業資料館	〒959-1263燕市大曲4330-1　TEL0256-63-7666　①燕産業の歴史, 鎚起銅器, ②月曜日, 祝日の翌日, ③有料
分水良寛史料館	〒959-0181燕市上諏訪9-9　TEL0256-97-2428　①良寛の遺墨, ②月曜日, 年末年始, ③有料
信濃川大河津資料館	〒959-0124燕市五千石　TEL0256-97-2195　①大河津分水の歴史と役割, ②月曜日, 12月29日〜1月3日, ③無料
長善館史料館	〒959-0227燕市粟生津97　TEL0256-93-5400　①私塾長善館関連史料, ②月曜日, 年末年始, ③有料
田上町民俗資料館	〒959-1502南蒲原郡田上町田上丁2392-1　TEL0256-57-3114　①700点におよぶ民具類, ②水曜日, 祝日, 年末年始, ③無料
良寛記念館	〒949-4342三島郡出雲崎町米田1　TEL0258-78-2370　①良寛の遺墨など, ②12月29日〜1月3日, ③有料
天領出雲崎時代館・石油記念館	〒949-4308三島郡出雲崎町尼瀬6-57　TEL0258-78-4000　①北前船の再現, ②水曜日, 年末年始, ③有料
十日町市博物館	〒948-0072十日町市西本町1　TEL025-757-5531　①火焰型土器, 雪国の生活資料など, ②月曜日, 祝日の翌日, 12月27日〜1月4日, ③有料(中学生以下無料)
松之山町民俗資料館	〒942-1431十日町市松之山湯山264　TEL025-596-2041　①雪国の生活用具, ②火曜日, 12〜3月, ③有料
川口歴史民族資料館	〒949-7504長岡市東川口1919-128　TEL0258-89-4030　①荒屋遺跡出土史料, ②月曜日, ③無料
宮柊二記念館	〒949-7413魚沼市堀之内117-6　TEL025-794-3800　①歌人宮柊二関連史料, ②月曜日, 12月28日〜1月5日, ③有料
魚沼市守門民俗文化財館	〒946-0216魚沼市須原892-3　TEL025-797-3220　①豪農目黒邸含む, ②年末年始, ③有料(目黒邸と共通)
湯沢町歴史民俗資料館「雪国館」	〒949-6101南魚沼郡湯沢町湯沢354-1　TEL025-784-3965　①館内に民家の茶の間を移築, ②水曜日, ③有料
飯綱考古博物館	〒949-6632南魚沼市余川1590　TEL025-773-5444　①飯綱山古墳出土史料, ②事前連絡必要, ③有料
鈴木牧之記念館	〒949-6408南魚沼市塩沢1112-2　TEL0257-82-9860　①『北越雪譜』の著者鈴木牧之の関連史料, ②月・火曜日, 12月29日〜1月31日, ③有料
南魚沼市立今泉博物館	〒949-6363南魚沼市下一日市855　TEL025-783-4500　①世界の仮面・人形など, ②月・火曜日, 12月29日〜1月31日, ③有料
塩沢つむぎ記念館	〒949-6408南魚沼市塩沢1227-1　TEL025-782-4888　①塩沢つむぎの小物づくり・手織り体験, ②月曜日, ③2階織工房有料, 小物づくり・手織り体験は別途実費

津南町歴史民俗資料館　　〒949-8311中魚沼郡津南町大字中深見乙827　TEL025-765-2882　①火焔型土器・アンギンなど，②月曜日，12月28日〜3月10日，③有料

[下越地区]

蕗谷虹児記念館　　〒957-0053新発田市中央町4-11-7　TEL0254-23-1013　①「花嫁人形」作詞者蕗谷虹児の原画など，②月曜日，12月25日〜1月5日，③有料

旧県知事公舎記念館　　〒957-0021新発田市五十公野4926　TEL0254-23-2525　①現存日本最古の知事公舎を移築復元，②月曜日，12月28日〜1月4日，③有料

イヨボヤ会館　　〒958-0876村上市塩町13-34　TEL0254-52-7117　①三面川のサケ漁，②年末，③有料

村上市郷土資料館(おしゃぎり会館)　　〒958-0837村上市三之町7-9　TEL0254-52-1347　①本庄繁長関連史料，村上大祭の「おしゃぎり」，②12月29日〜1月3日，③有料(若林家住宅と共通)

聖籠町民俗資料館　　〒957-0117北蒲原郡聖籠町諏訪山1560-1　TEL0254-32-5818　①民具，工具，漁具，②月曜日，祝日の翌日，年末年始，③無料

乙宝寺宝物殿　　〒959-2602胎内市乙1112　TEL0254-46-2016　①乙宝寺縁起絵巻など，②無休，③有料

奥山荘歴史館　　〒959-2659胎内市あかね町107-10　TEL0254-44-7737　①奥山荘城館遺跡出土史料，②月曜日，12月25日〜3月31日，③有料(高校生以下無料)

黒川村郷土文化伝習館　　〒959-2806胎内市下赤谷387　TEL0254-47-3000　①日本最古の油田遺跡史料，②月曜日，12〜3月，③有料

せきかわ歴史とみちの館　　〒959-3265岩船郡関川村下関1311　TEL0254-64-1288　①18世紀の街並み模型復元，②月曜日，③有料

日本玩具歴史館「みどりの里」　　〒958-0261村上市猿沢1215　TEL0254-72-1551　①日本全国の玩具，②月末の月曜日，12月31日〜1月1日，③有料

奥三面歴史交流館　　〒958-0241村上市岩崩612　TEL0254-72-1577　①奥三面遺跡群出土史料，奥三面の民俗など，②月曜日，③有料

医の博物館　　〒951-8580新潟市中央区浜浦町1-8 日本歯科大学新潟生命歯学部内 8号館2階　TEL025-267-1500　①15世紀からの医療器械器具・古医書など，②土・日曜日，祝日，6月1日，8月12〜16日，12月29日〜1月4日，③無料

新津記念館　　〒951-8122新潟市中央区旭町通1-754-34　TEL025-228-5050　①1938(昭和13)年の洋館，②月曜日，11月下旬〜4月上旬，③有料

会津八一記念館　　〒951-8101新潟市中央区西船見町5932　TEL025-222-7612　①会津八一の遺墨・遺品，②月曜日，祝日の翌日，12月28日〜1月3日，③有料

新潟市歴史博物館(みなとぴあ)　　〒951-8013新潟市中央区柳島町2-10　TEL025-225-6111　①水とかかわる新潟市の歴史，②月曜日，祝日の翌日，12月28日〜1月3日，③有料

石油の世界館　　〒956-0845新潟市秋葉区金津1172-1　TEL0250-22-1400　①上総掘り油井模型，②水曜日，12月28日〜1月4日，③無料

新潟市新津鉄道資料館　　〒956-0816新潟市秋葉区新津東町2-5-6 新津地域学園内　TEL0250-24-5700　①機関車・銘板等の実物，機器操作の体験，②月曜日，12月28日〜1月3日，③有料(土・日曜日，祝日は中学生以下無料)

文化財公開施設

しろね大凧と歴史の館　〒950-1214新潟市南区上下諏訪木1770-1　TEL025-372-0314　①白根大凧の実物, 風洞実験室での凧揚げ体験, ②水曜日, 12月28日～1月4日, ③有料

豊栄博物館　〒950-3322新潟市北区嘉山3452　TEL025-386-1081　①書家弦巻松蔭の作品, ②月曜日, 12月24日～1月5日, ③無料

北方文化博物館　〒950-0205新潟市江南区沢海2-15-25　TEL025-385-2001　①大地主伊藤家住宅, ②無休, ③有料

亀田郷土資料館　〒950-0125新潟市江南区亀田新明町1-2-3　TEL025-382-1157　①低湿地の農具・民具, ②月曜日, 祝日の翌日, 12月28日～1月3日, ③有料

曽我・平澤記念館　〒950-1261新潟市南区味方213　TEL025-373-6600　①曽我量深・平澤興の遺品, ②月曜日, 祝日の翌日, 12月28日～1月3日, ③有料

笹川邸　〒950-1261新潟市南区味方216　TEL025-372-3006　①大地主笹川家住宅, ②月曜日, 祝日の翌日, 12月28日～1月3日, ③有料(曽我・平澤記念館と共通)

潟東歴史民俗資料館　〒959-0505新潟市西蒲区三方92　TEL0256-86-3115　①旧鎧潟の漁具, ②月曜日, 12月29日～1月3日, ③有料(潟東樋口記念美術館と共通)

澤将監の館　〒950-1348新潟市西蒲区打越甲434　TEL025-375-1300　①大庄屋澤家の復元, ②月曜日, 12月28日～1月5日, ③有料(中学生以下無料)

巻郷土資料館　〒953-0041新潟市西蒲区巻町3069　TEL0256-72-6757　①全国唯一の仕掛け屋台「のぞきからくり」, ②月曜日, 祝日の翌日, ③無料

五泉市村松郷土資料館　〒959-1705五泉市村松乙2-1　五泉市村松城跡公園内　TEL0250-58-8293　①村松藩関連史料, ②木曜日, 12月29日～1月3日, ③有料(中学生以下無料)

阿賀野市立吉田東伍記念博物館　〒959-2221阿賀野市保田1725-1　TEL0250-68-1200　①吉田東伍の原稿・遺品, ②月曜日, 祝日の翌日, 12月28日～1月4日, ③有料

安田民俗資料館　〒959-2215阿賀野市六野瀬1143　TEL0250-68-5381　①蒲原鉄道の電車, ②月曜日, ③有料

阿賀野市京ヶ瀬地区民俗資料館　〒959-2112阿賀野市曽郷1136　TEL0250-61-5000　①生活道具類, ②月・水・金・土曜日, ③無料

水原代官所　〒959-2022阿賀野市外城町10-5　TEL0250-63-1722　①代官所の復元, ②月曜日, 12月28日～1月1日, ③有料

阿賀野市水原ふるさと農業歴史資料館　〒959-2022阿賀野市外城町10-5　TEL0250-63-1722　①代官所関連史料, 農具, 民具, ②月曜日, 12月28日～1月1日, ③無料

阿賀野市笹神地区郷土資料館　〒959-1926阿賀野市出湯205　TEL0250-62-2119　①華報寺墓跡出土史料, ②月曜日, 12～3月, ③無料

津川郷土資料館　〒959-4402東蒲原郡阿賀町津川99　TEL0254-92-3741　①阿賀野川舟運, ②5～10月の月・火・木・土曜日, 11～4月, ③無料

上川郷土資料館　〒959-4505東蒲原郡阿賀町豊川甲352　TEL0254-95-3639　①縄文土器・石器・土偶, ②月・火・木・金曜日, ③無料

阿賀野川文化資料館　〒959-4636東蒲原郡阿賀町石間4301　TEL0254-99-2310　①阿賀野川舟運史料, ②水曜日, 年末年始, ③有料

[佐渡地区]

両津郷土博物館　〒952-0021佐渡市秋津1596　TEL0259-23-2100　①両津湾・加茂湖の漁具など，②年末年始，③有料

相川郷土博物館　〒952-1505佐渡市相川坂下町20　TEL0259-74-4312　①天領・鉱山関連史料，②1〜2月の土・日曜日，祝日，12月28日〜1月4日，③有料

金山資料館ゴールデン佐渡　〒952-1501佐渡市下相川1305　TEL0259-74-2389　①金採掘の様子を再現，②無休，③有料

佐渡博物館　〒952-1311佐渡市八幡2041　TEL0259-52-2447　①土田麦僊素描コレクション，②無休，③有料

金井歴史民俗資料館　〒952-1212佐渡市泉甲375-1　TEL0259-63-3919　①国仲地域の民俗資料，②月曜日，11〜3月，③有料

新穂歴史民俗資料館　〒952-0106佐渡市新穂瓜生屋492　TEL0259-22-3117　①玉作遺跡出土史料，②月曜日，1〜2月の土・日曜日，年末年始，③有料

海運資料館　〒952-0605佐渡市小木1941-1　TEL0259-86-3191　①日本最古の船箪笥，船絵馬など，②12〜2月の土・日曜日，祝日，12月29日〜1月3日，③有料(佐渡考古資料館と共通)

佐渡国小木民俗博物館　〒952-0612佐渡市宿根木270　TEL0259-86-2604　①千石船の実物大復元，②不定期，③有料

赤泊郷土資料館　〒952-0711佐渡市赤泊2458　TEL0259-87-3141　①佐渡の祭り関連史料，②12月28日〜1月3日，③有料

【無形民俗文化財】

国指定

綾子舞　　柏崎市大字女谷　　柏崎市綾子舞保存振興会　　9月第2日曜日

佐渡の人形芝居(文弥人形・説教人形・のろま人形)　　佐渡市　　佐渡人形芝居保存会(佐渡文弥人形振興会・新穂村人形保存会)　　4〜11月毎日(文弥人形定期上演)

弥彦神社燈籠おしと舞楽　　西蒲原郡弥彦村　　弥彦神社燈籠おし・舞楽保存会　　4月18日，7月25日

糸魚川・能生の舞楽　　糸魚川市一の宮　　天津神社舞楽会　　4月10・11日
　　　　　　　　　　糸魚川市大字能生　　白山神社文化財保存会　　4月24日

根知山寺の延年　　糸魚川市大字山寺　　日吉神社奉賛会　　8月31日〜9月1日

大の阪　　魚沼市　　大の阪の会　　8月14〜16日

牛の角突きの習俗　　小千谷市・長岡市・魚沼市　　二十村郷牛の角突き習俗保存会　　5〜11月(不定期)

佐渡の車田植　　佐渡市北鵜島　　佐渡の車田植保存会　　5月中〜下旬

青海の竹のからかい　　糸魚川市大字青海　　青海竹のからかい保存会　　1月15日

山北のボタモチ祭り　　村上市中浜・杉平・岩石　　中浜ボタモチ祭保存会・杉平ボタモチ祭保存会・岩石ボタモチ祭保存会　　1月12日(岩石)，12月2日(中浜・杉平)

小木のたらい舟製作技術　　佐渡市　　小木たらい舟製作技術保存会

国選択

綾子舞　　柏崎市大字女谷　　柏崎市綾子舞保存振興会　　9月第2日曜日

佐渡の人形芝居　　佐渡市　　佐渡人形芝居保存会　　4〜11月毎日(文弥人形定期上演)

弥彦神社の舞楽　　西蒲原郡弥彦村　　弥彦神社舞楽保存会　　4月18日ほか

根知山寺の延年　　糸魚川市大字山寺　　日吉神社奉賛会　　8月31日〜9月1日

白山神社の舞楽　　糸魚川市大字能生　　白山神社文化財保存会　　4月24日

大の阪　　魚沼市　　大の阪の会　　8月14〜16日

天津神社舞楽　　糸魚川市　　天津神社舞楽会　　4月10・11日

五所神社の御田植神事　　佐渡市下川茂　　五所神社御田植神事保存会　　2月6日

白山神社の田遊神事　　佐渡市大久保　　白山神社田遊び保存会　　1月3日

大須戸能　　村上市大須戸　　大須戸能保存会　　4月3日，8月15日

正月行事　　新潟県

ドブネの製作工程　　新潟県

田植に関する習俗　　佐渡市

木地屋の生活伝承　　糸魚川市

狩猟習俗　　新発田市・村上市・魚沼市・津南町

越後のしな布紡織習俗　　村上市

越後，佐渡のいらくさ紡織習俗　　新潟県

盆行事　　新潟県

山北のボタモチ祭　　村上市中浜・杉平・岩石　　中浜ボタモチ祭保存会・杉平ボタモチ祭保存会・岩石ボタモチ祭保存会　　1月12日(岩石)，12月2日(中浜・杉平)

浦佐毘沙門堂の裸押合の習俗　　南魚沼市浦佐　　浦佐多門青年団　　3月3日

県指定

花笠踊　　佐渡市下久知(八幡宮)　城腰花笠踊保存会　9月15日
大須戸能　　村上市大須戸　大須戸能保存会　4月3日，8月15日
白山神社の田遊神事　　佐渡市大久保　白山神社　1月3日
王神祭　　長岡市蔵王町　金峰神社　11月5日
三条神楽　　三条市八幡町12-18　三条神楽保存会　各神社の春秋の祭礼
　　八幡町(八幡宮)・神明町(神明宮)・田島2丁目(諏訪神社)・塚野目5丁目(白山神社)・
　　西大崎2丁目(中山神社)・上保内(小布施神社)
羽黒神社のやぶさめ　　佐渡市羽吉字外羽黒　羽黒神社　6月15日(3年に1度)
五所神社の御田植神事　　佐渡市下川茂686　五所神社　2月6日
佐渡の大神楽舞楽　　佐渡市小木(上野)　上野青年会　8月29日
　　　　　　　　　　佐渡市宿根木　ちとちんとん保存会　10月15・16日
　　　　　　　　　　佐渡市羽茂本郷(寺田　菅原神社)　寺田大神楽保存会　6月15日
　　　　　　　　　　佐渡市羽茂村山(草苅神社)　鬼舞つぶろさし保存会　6月15日
大前神社の式三番　　南魚沼市大崎　大崎郷土芸能振興会　8月14日
村上まつりのしゃぎり行事　　村上市村上　村上まつり保存会　7月6・7日
岩船まつりのしゃぎり曳行と「とも山」行事　　村上市岩船　岩船まつり保存会　10月18・
　　19日
下中野御神楽舞　　燕市吉田下中野388-6　下中野神楽連中　不定期(国家や郷土の慶事)
巫女爺人形操り　　長岡市(新浮海神社・飯塚八幡社)・小千谷市(二荒神社)　巫女爺連絡
　　協議会　4月中旬(新浮海神社)，7月13〜15日(二荒神社)，8月14・15日(飯塚八幡神
　　社)
ショウキ祭り　　東蒲原郡阿賀町小出　武須沢入鍾馗様保存会(武須沢入の鍾馗祭り)
　　　　　　　　東蒲原郡阿賀町日出谷　平瀬区鍾馗様保存会(平瀬の鍾馗祭り)
　　　　　　　　東蒲原郡阿賀町日出谷　夏渡戸区(夏渡戸の鍾馗祭り)
　　　　　　　　東蒲原郡阿賀町大牧　大牧鍾馗保存会(大牧の鍾馗まつり)
　　　　　　　　東蒲原郡阿賀町熊渡　熊渡区・正鬼大神(熊渡の正鬼祭り)
　　　　　　　　新発田市大字浦　力行講社講中(浦の正貴祭り)
　　　　　　　　　　　　　　　　　　　　　　　　　　　　　　　　　　　2月〜3月

県選択

佐渡の小獅子舞　　佐渡市　小獅子保存会　4月1日(杉野浦白山神社)，4月14日(北田野
　　浦地区)，8月29・30日(小木市街地ほか)
越後の風流獅子踊り　　下越及び中越地区
臭水・石油関係資料　　新潟全域
越後・佐渡の三斎市・六斎市　　新潟県全域
越後の杜氏と酒男　　三島・刈羽・頸城地区
新潟県の昔話伝承者　　新潟県全域
越佐の小正月行事　　新潟県全域
新潟県の作神信仰　　新潟県全域
新潟県の若者組　　新潟県全域

佐渡の卯の日祭り　　佐渡市東立島・東強清水・真浦

【おもな祭り】(国・県指定無形民俗文化財をのぞく)─────────
大久保の田遊び神事　　佐渡市大久保(白山神社)　1月3日
花婿胴上げ　　南魚沼市六日町(八坂神社)　1月6日
サイの神　　新潟県全域　1月15日
スミ塗り祭り・婿投げ　　十日町市松之山　1月15日
節分鬼踊り　　三条市(本成寺)　2月3日
南魚沼市雪祭り　　南魚沼市六日町　2月第2土・日曜日
十日町雪祭り　　十日町市　2月中旬
佐渡島祭り　　佐渡全島　4月1〜30日
糸魚川けんか祭り　　糸魚川市(天津神社)　4月10・11日
白山神社祭礼　　糸魚川市大字能生(白山神社)　4月24日
三条まつり　　三条市(八幡神社)　5月15日
えんま市　　柏崎市(閻魔堂)　6月14〜16日
羽茂まつり(つぶろさし)　　佐渡市羽茂本郷(草苅神社・菅原神社)　6月15日
両津えびす祭り　　佐渡市両津　6月15・16日
月潟まつり(角兵衛地蔵尊祭)　　新潟市南区月潟(白山神社)　6月第4日曜日
大凧合戦　　新潟市南区白根・見附市今町・長岡市中之島・三条市　6月上旬
蒲原祭り　　新潟市(蒲原神社周辺)　6月30日〜7月2日
村上大祭　　村上市　7月6・7日
流鏑馬神事　　長岡市蔵王町(金峰神社)　7月15日
関山神社火祭り　　妙高市大字関山(関山神社)　7月第3土・日曜日
ぎおん柏崎まつり　　柏崎市　7月下旬
上越まつり(祇園祭り)　　上越市　7月23〜29日
弥彦燈籠まつり　　西蒲原郡弥彦村(弥彦神社)　7月24〜26日
鉱山祭　　佐渡市相川下山之神町(大山祇神社)　7月26・27日
長岡まつり　　長岡市　8月1〜3日
新潟まつり　　新潟市　8月上旬(3日以降)の金〜日曜日
大前神社例祭　　南魚沼市大崎　8月14日
出雲崎船祭り　　三島郡出雲崎町　8月15日
謙信公祭　　上越市中屋敷　8月第3土・日曜日
おぢやまつり　　小千谷市　8月中〜下旬の金・土・日曜日
十日町おおまつり　　十日町市　8月25〜27日
新発田祭り　　新発田市諏訪町(諏訪神社)　8月27〜29日
小木港祭り(大々神楽)　　佐渡市小木(木崎神社)　8月29・30日
日吉神社秋祭り　　糸魚川市大字山寺(日吉神社)　8月31日〜9月1日
瀬波大祭　　村上市瀬波　9月3・4日
片貝まつり　　小千谷市片貝(浅原神社)　9月9・10日
黒姫神社祭礼　　柏崎市黒姫・女谷(黒姫神社)　9月第2日曜日

久知八幡宮祭礼　　佐渡市下久知(八幡宮)　9月15日
宿根木まつり(ちとちんとん)　　佐渡市宿根木　10月15・16日
岩船大祭　　村上市岩船(岩船神社)　10月18・19日
相川祭り　　佐渡市相川下戸村(善知鳥神社)　10月19日
八海山火渡大祭　　南魚沼市大崎(八海山神社)　10月20日
王神祭　　長岡市蔵王町(金峰神社)　11月5日
義士祭　　新発田市御幸町　12月14日

【有形民俗文化財】

国指定

どぶね(はなきり)(1隻)　附 櫓(1点)・擢(4点)・あかとり(1点)　　上越市西本町　上越市(市立水族博物館保管)

金刀比羅神社奉納模型和船(28点)　　新潟市中央区西厩島　金刀比羅神社

白山媛神社奉納船絵馬(52点)　　長岡市寺泊大町　白山媛神社

荒川神社奉納模型和船(2隻)及び船絵馬(85点)　　胎内市桃崎浜　胎内市(市文化財収蔵庫)

東北日本の積雪期用具(243点)　附 改良形用具(3点)　　長岡市柳原町　長岡市(市立科学博物館)

奉納越後上布幟(24点)　　南魚沼市仙石　八幡宮

船大工用具及び磯舟(968点)　附 山出し用具(61点)・模型和船(2点)・船形絵馬(3点)　　佐渡市宿根木　佐渡市(佐渡国小木民俗博物館)

南佐渡の漁撈用具(1293点)　　佐渡市宿根木　佐渡市(佐渡国小木民俗博物館)

佐渡海府の紡織用具(542点,紡織用具〈274点〉・製品〈254点〉・その他〈14点〉)　　佐渡市相川坂下町　佐渡市(相川郷土博物館)

秋山郷及び周辺地域の山村生産用具(1686点)　　中魚沼郡津南町　津南町(津南町歴史民俗資料館)

北佐渡(海府・両津湾・加茂湖)の漁撈用具(2162点)　　佐渡市秋津　佐渡市(佐渡市郷土博物館)

越後縮の紡織用具及び関連資料(2098点)　　十日町市　十日町市(十日町市博物館)

能生白山神社の海上信仰資料(97点)　　糸魚川市大字能生　白山神社

十日町の積雪期用具(3868点)　　十日町市　十日町市(十日町市博物館)

越後姫川谷のボッカ運搬用具コレクション(706点)　　糸魚川市大字根知　塩の道資料保存会

糸魚川木地屋の製品用具と製品コレクション(1421点)　附 木地屋関係文書(40点,計1461点)　　糸魚川市大所　木地屋会

越後奥三面の山村生産用具(734点)　　村上市　村上市

県指定

人形首(10個　乳人かしら,般若,雷源,神翁,ことわり人形,白太夫〈以上説経人形〉,木の介,下の長者,お花,仏師〈以上のろま人形〉)　　佐渡市新穂瓜生屋492(新穂歴史民俗資料館保管)　広栄座

アンギン工具(一式)　　中魚沼郡津南町大字中深見(津南町歴史民俗資料館保管)　津南町

「カンジキ」コレクション(田下駄を含む)(41点)　　長岡市関原町1丁目字権現堂2247-2(新潟県立歴史博物館保管)　新潟県
大船絵馬(1面)　　新潟市中央区一番堀通町　白山神社
越後縮幡(含絹縮幡)　　十日町市西本町1丁目(十日町市博物館保管)　吉田社、ほか
長松の十三仏塚(13基)　　魚沼市江口字中林(面積4281㎡)　魚沼市長松十三仏塚保存会
佐渡本間家能舞台(1棟)　　佐渡市吾潟987　本間英孝
佐渡諏訪神社能舞台(1棟)　　佐渡市原黒724　諏訪神社
佐渡諏訪神社能舞台(1棟)　　佐渡市潟端字諏訪ノ上863　諏訪神社
佐渡羽黒神社能舞台(1棟)　　佐渡市安養寺159　羽黒神社
佐渡牛尾神社能舞台(1棟)　　佐渡市新穂潟上2529　牛尾神社
佐渡熊野神社能舞台(1棟)　　佐渡市新穂武井329-1　熊野神社
佐渡大膳神社能舞台(1棟)　附 旧鏡板(1面)　　佐渡市竹田561　大膳神社
佐渡草苅神社能舞台(1棟)　　佐渡市羽茂本郷1698　草苅神社

【無形文化財】

国指定

小千谷縮・越後上布　　越後上布小千谷縮布技術保存協会　南魚沼市目来田 塩沢織物工業協同組合内 代表者 小河正義
日本刀　　天田誠一(天田昭次)
無名異焼　　伊藤窯一(伊藤赤水)

国選択

小国紙　　長岡市　小国和紙保存会
燕の鎚起銅器製作技術　　燕市大字燕　玉川堂

県指定

村上堆朱　　村上市　村上堆朱振興会
玉川堂の鎚起銅器　　燕市大字燕3064　玉川堂
「五泉平」の染色技術　　五泉市東本町1丁目2997　三富三郎
小出和紙　　東蒲原郡阿賀町小出　小出和紙保存会
小国和紙　　長岡市小国町山野田　小国和紙保存会
柏崎大久保蠟型鋳金技術　　柏崎市中央町　柏崎大久保の蠟型鋳金技術保存振興会
佐渡の蠟型鋳金技術　　佐渡市　佐渡蠟型鋳金技術保存振興会
佐渡鷺流狂言　　佐渡市吉岡1697-1　佐渡鷺流狂言研究会　4月28日

【散歩便利帳】
[県外での問合わせ先]
新潟県観光協会東京観光センター　〒150-0001東京都渋谷区神宮前4-11-7 表参道・ネスパス内　TEL03-5771-7755　FAX03-5771-7757　http://nespace.info/index.php（表参道・新潟館ネスパス）
[県内の問合わせ先]
新潟県教育庁文化行政課　〒950-8570新潟市中央区新光町4-1　TEL025-285-5511　FAX025-284-9396　http://www.pref.niigata.jp/kyoiku/bunkagyosei/bungyo/
新潟県観光協会　〒950-8570新潟市中央区新光町4-1　TEL025-283-1188　FAX025-283-4345　http://www.niigata-kankou.or.jp/

〈上越〉
糸魚川市観光協会連絡協議会　〒941-0056糸魚川市一の宮1-2-5　糸魚川市商工観光課内　TEL025-552-1511　FAX025-552-7372　http://www.nunagawa.ne.jp/
青海町商工会　〒949-0304糸魚川市大字寺地2153　TEL025-562-2352　FAX025-562-5201　http://www.shinsyoren.or.jp/oyashirazu/index.html
能生町観光協会　〒949-1352糸魚川市大字能生1941-7　TEL025-566-2214　FAX025-566-4374　http://www.noumachi-syoukoukai.or.jp/kankou/
上越観光コンベンション協会　〒943-0171上越市藤野新田175-1　上越観光物産センター内　TEL025-543-2777　FAX025-545-1113　http://web.joetsu.ne.jp/~jtca/
高田駅前観光案内所　〒943-0831上越市仲町4　TEL025-521-5140
直江津駅前観光案内所　〒942-0003上越市東町459-1　TEL025-539-6515
名立観光協会　〒949-1602上越市名立区名立大町193-4　名立商工会内　TEL025-537-2203　FAX025-537-2743　http://park15.wakwak.com/~kankou-nadachi/
安塚観光協会　〒942-0534上越市安塚区須川4820　（株）キューピットバレイ内　TEL025-593-2041　FAX025-593-2755
大潟観光協会　〒949-3111上越市大潟区四ツ屋浜574　TEL025-534-4465　FAX025-534-4772　http://www6.ocn.ne.jp/~ningyo/
妙高市観光協会　〒949-2106妙高市大字田口291-1　TEL0255-86-3911　FAX0255-86-3450　http://www.myoko.tv/

〈中越〉
十日町市観光協会　〒948-0082十日町市本町2　十日町市役所本町分庁舎内　TEL025-757-3345　FAX025-757-5150　http://www.tokamachishikankou.jp/
十日町市観光協会川西支部　〒948-0192十日町市水口沢12　十日町市役所川西支所地域振興課内　TEL025-768-4951　FAX025-768-3828　http://www.ngt-kawanishi-kankou.jp/
十日町市観光協会中里支部　〒949-8492十日町市上山己2133　十日町市役所中里支所内　TEL025-763-3168　FAX025-763-2044　http://www.nakasato-kiyotsu.jp/
十日町市観光協会松之山支部　〒942-1492十日町市松之山1212-2　十日町市役所松之山支所内　TEL025-596-3011　FAX025-596-2255　http://www.matsunoyama.com/kankou/
十日町市観光協会まつだい支部　〒942-1592十日町市松代3252-1　十日町市役所松代支所内　TEL025-597-3000　FAX025-597-2526　http://www.echigo-matsudai.com/index.html.

魚沼市観光協会　〒946-0075魚沼市吉田1144　TEL025-792-7300　FAX025-792-7200
http://www.city.uonuma.niigata.jp/kankou/

小千谷観光協会　〒947-8501小千谷市城内2-7-5　TEL0258-83-3512
http://www.city.ojiya.niigata.jp/

湯沢町観光協会　〒949-6102南魚沼郡湯沢町神立300　TEL025-785-5505　FAX025-785-5333
（TEL・FAXは川口町地域復興支援センターと共用）　http://www.e-yuzawa.gr.jp/

津南町観光協会　〒949-8201中魚沼郡津南町大字下船渡585　TEL025-765-5585
FAX025-765-5586　http://tsunan.info/top.html

南魚沼市観光協会　〒949-6626南魚沼市六日町140-2　TEL025-772-7171　FAX025-773-3504
http://www.m-uonuma.jp/

長岡市商工部観光課　〒940-0062長岡市大手通2-1-5　大手通分室　TEL0258-39-2221
FAX0258-39-3234　http://www.city.nagaoka.niigata.jp/

長岡観光・コンベンション協会　〒940-0062長岡市大手通1-4-11　水野ビル1階
TEL0258-32-1187　FAX0258-31-1777　http://www.echigo.ne.jp/~naga-con/

栃尾観光協会　〒940-0233長岡市栃尾宮沢1764　道の駅R290とちお内
TEL0258-51-1195　FAX0258-51-1190

寺泊観光協会　〒940-2502長岡市寺泊大町9353-527　TEL0258-75-3363　FAX0258-75-5126
http://www.niigata-inet.or.jp/teradomari/

柏崎観光協会　〒945-0051柏崎市東本町1-15-5　TEL0257-22-3163
http://www.uwatt.com/index.html

高柳町観光協会　〒945-1502柏崎市高柳町岡野町1859-3　TEL0257-41-2112
FAX0257-41-2112

西山町観光協会　〒949-4124柏崎市西山町礼拝430-2　TEL0257-47-2081　FAX0257-47-2928

刈羽村農政商工課　〒945-0397刈羽郡刈羽村大字割町新田215-1　TEL0257-45-3917
http://www.vill.kariwa.niigata.jp/

出雲崎町観光協会　〒949-4392三島郡出雲崎町川西140　出雲崎町役場産業観光課内
TEL0258-78-2291　FAX0258-78-4483　http://www.izumozaki.ecnet.jp/

見附市観光物産協会　〒954-8686見附市昭和町2-1-1　見附市役所産業振興課内
TEL0258-62-1700（内線228）　FAX0258-63-1006　http://www.mitsuke.net/

三条市経済部営業戦略室観光係　〒955-8686三条市旭町2-3-1　TEL0256-34-5511（内線418）
FAX0256-36-5111　http://www.city.sanjo.niigata.jp/

加茂市商工観光課　〒959-1392加茂市幸町2-3-5　TEL0256-52-0080　FAX0256-53-4676
http://www.city.kamo.niigata.jp/

田上町産業振興課　〒959-1503南蒲原郡田上町原ヶ崎新田3070　TEL0256-57-6222（代）
http://www.town.tagami.niigata.jp/

〈下越〉

新潟市文化観光・スポーツ部観光政策課　〒951-8550新潟市中央区学校町通1-602-1
TEL025-228-1000（代）　http://www.city.niigata.jp/

新潟観光コンベンション協会　〒951-8131新潟市中央区白山浦1-613-69　新潟市開発公社
会館2階　TEL025-265-8000　FAX025-266-3357　http://www.nvcb.or.jp/

岩室温泉観光協会　　〒953-0132新潟市西蒲区西中860　新潟市西蒲区役所岩室出張所内
　　TEL0256-82-5715　http://www.iwamurokankou.com/
新潟市北区観光協会　　〒950-3323新潟市北区東栄町1-1-18 ふれあいセンター内
　　TEL025-386-1212　FAX025-386-1213　http://www.toyosaka21.com/
新津観光協会　　〒956-0864新潟市秋葉区新津本町3-1-7　TEL・FAX0250-24-3777
　　http://www.niitsu.or.jp/~n-kankou/
新潟市南区観光協会　　〒950-1292新潟市南区白根1235　新潟市南区役所産業振興課内
　　TEL025-372-6505　FAX025-371-0200　http://www.shironekankou.jp/
燕市商工観光課　　〒959-1295新潟県燕市白山町2-7-27　TEL0256-63-4131（代）
　　FAX0256-63-4190　http://www.city.tsubame.niigata.jp/kankou/index.html
燕市燕地区観光協会　　〒959-1200燕市東太田6856　燕商工会議所内　TEL0256-63-4116（代）
　　FAX0256-63-8705
燕市分水地区観光協会　　〒959-0181燕市上諏訪9-6　分水商工会館内　TEL0256-77-7277
　　FAX0256-98-5511
弥彦観光協会・弥彦駅前観光案内所　　〒959-0323西蒲原郡弥彦村　弥彦駅前
　　TEL0256-94-3154　http://www.e-yahiko.com/index.htm
五泉市商工観光課　　〒959-1692五泉市太田1094-1　TEL0250-43-3911　FAX0250-43-0390
　　http://www.city.gosen.lg.jp/
阿賀野市観光協会　　〒959-2092阿賀野市岡山町10-15　TEL0250-62-2510（代）
　　FAX0250-61-2037　http://www.city.agano.niigata.jp/
阿賀町企画観光課　　〒959-4495東蒲原郡阿賀町津川580　TEL0254-92-3111（代）
　　FAX0254-92-5479　http://www.town.aga.niigata.jp/
聖籠町観光協会　　〒957-0192北蒲原郡聖籠町諏訪山1635-4　聖籠町役場内
　　TEL0254-27-2111　FAX0254-27-2119　http://www.van-rai.net/seiro-kanko/
新発田市産業振興部観光振興課　　〒957-0053新発田市中央町3-7-2　まちの駅内
　　TEL0254-22-3101（代）　http://www.city.shibata.niigata.jp/
新発田市まちづくり振興公社　　〒957-0054新発田市本町4-16-83　TEL0254-23-3050
　　FAX0254-23-3179　http：//www.shibatappc.com/
胎内市商工観光課・胎内市観光協会　　〒959-2693胎内市新和町2-10　TEL0254-43-6111
　　FAX0254-43-7392　http://www.tainai.info/
村上市商工観光課　　〒958-8501村上市三之町1-1　TEL0254-53-2111（代）
　　FAX0254-53-3840（代）　http://www.city.murakami.lg.jp/
村上市観光協会　　〒958-0037村上市瀬波2-7-24　TEL0254-53-2258　FAX0254-52-6168
　　http://www.mu-cci.or.jp/kanko/
関川村農政観光課　　〒959-3292岩船郡関川村大字下関912　TEL0254-64-1478
　　FAX0254-64-0079　http://www.vill.sekikawa.niigata.jp/info/noseikanko/index.html
粟島浦村役場　　〒958-0061岩船郡粟島浦村字日ノ見山1513-11　TEL0254-55-2111（代）
　　FAX0254-55-2159　http://www3.ocn.ne.jp/~awasima/
〈佐渡〉
佐渡観光協会　　〒952-0014佐渡市両津湊353　佐渡汽船両津港ターミナル内

TEL0259-27-5000　FAX0259-23-5030　http://www.visitsado.com/
佐渡観光協会両津港案内所(両津支部)　〒952-0014佐渡市両津湊353 佐渡汽船両津港ターミナル内　TEL0259-23-3300　FAX0259-23-5030　http://www.ryotsu.sado.jp/
佐渡観光協会相川案内所(相川支部)　〒952-1562佐渡市相川三町目浜町18 佐渡会館内
　　TEL0259-74-2220　FAX0259-74-3321　http://www4.ocn.ne.jp/~aikawa.k/
佐渡観光協会真野案内所(中央支部)　〒952-0318佐渡市真野新町488-8
　　TEL・FAX0259-55-3589　http://www.sado.info.com
佐渡観光協会小木案内所(南佐渡支部)　〒952-0604佐渡市小木町1935-26
　　TEL0259-86-3200　FAX0259-86-2237
〈定期観光バス観光案内所〉
頸城自動車株式会社　〒942-8508上越市石橋2-12-52　TEL025-543-3781　FAX025-544-8338
　　http://www.marukei-g.com/kubikibus/
越後交通株式会社　〒940-0048長岡市台町2-4-56越後交通ビル3F　TEL0258-30-0111(代)
　　http://www.echigo-kotsu.co.jp/
新潟交通株式会社　〒950-8544新潟市中央区万代1-6-1　TEL025-246-6333(バスセンター案内所)　http://www.niigata-kotsu.co.jp/
新潟交通佐渡株式会社　〒952-1315佐渡市河原田諏訪町80　TEL0259-57-2121
　　FAX0259-57-2770　http://www1.sphere.ne.jp/sado-bus/

【参考文献】

『阿賀北・岩船ふるさと大百科』　郷土出版社編　郷土出版社　2004
『魚沼ふるさと大百科』　郷土出版社編　郷土出版社　2004
『越後・佐渡の石仏』　石田哲弥　新潟日報事業社　1998
『越後佐渡文化財散歩』(新装版)　宮栄二　学生社　1977
『越佐史料』巻1〜6　高橋義彦編　名著出版　1971(復刻版)
『越佐の文化財』改訂版　新潟日報社編　新潟日報事業社　2005
『越佐歴史物語』　横山貞裕・横山秀樹　新潟日報事業社　1975
『かくれた佐渡の史跡』　山本修巳　新潟日報事業社　1974
『角川日本地名大辞典』　角川日本地名大辞典編纂委員会編　角川書店　1989
『郷土史事典　新潟県』　山田源行編　昌平社　1979
『佐渡ふるさと大百科』　郷土出版社編　郷土出版社　2003
『写真で語る新潟の百年』　新潟県史研究会編　野島出版社　1973
『上越ふるさと大百科』　郷土出版社編　郷土出版社　2004
『図解にいがた歴史散歩』　新潟日報事業社出版部編　新潟日報事業社出版部　1983-85
『図説日本民俗誌　新潟』　新潟県民俗学会編　岩崎美術社　1989
『中世越後の歴史』　花ヶ前盛明　新人物往来社　1986
『妻有郷の文化財』　佐野良吉・田村喜一編　週報とおかまち社　2003
『長岡まちある key』　長岡観光・コンベンション協会監修　新潟日報事業社　2002
『長岡ふるさと大百科』　郷土出版社編　郷土出版社　2005
『新潟大人の遠足』　新潟日報事業社編　新潟日報事業社　2006
『新潟県郷土資料事典　観光と旅』　人文社観光と旅編集部編　昭和礼文社　1984
『新潟県史』資料編,通史編,民俗文化財編　新潟県編　新潟県　1986-1989
『新潟県大百科事典』上・下・別巻　新潟日報事業社編　新潟日報事業社　1977
『新潟県地名考』　五十嵐秀太郎　恒文社　1995
『新潟県中世城館跡等分布調査報告書』　新潟県教育委員会編　新潟県教育委員会　1987
『新潟県のあゆみ』　新潟県編　新潟県　1989
『新潟県の地名』　越後・佐渡地名を語る会　野島出版社　1996
『新潟県の地理散歩』　林正巳・山崎久雄・磯部利貞　野島出版社　1981
『新潟県風土記　風土と文化』　是澤三郎ほか監修　トラベル・メイツ社編　新潟県書店組合　1979
『新潟県風土記　歴史と人物』　宮栄二監修　トラベル・メイツ社編　新潟県書店組合　1979
『新潟県の百年』　大島美津子・佐藤誠朗・古厩忠夫・溝口敏麿　山川出版社　1990
『新潟県の文化財』　新潟県教育委員会編　新潟県教育委員会　1971
『新潟県の文化財一覧』　新潟県教育庁文化行政課編　新潟県教育庁文化行政課　2006
『新潟県の民俗』　新潟県教育委員会編　新潟県教育委員会　1965
『新潟県の歴史散歩』　新潟県の歴史散歩編集委員会編　山川出版社　2002
『新潟県の歴史』　井上鋭夫　山川出版社　1970
『新潟県の歴史』　田中圭一・桑原正史・阿部洋輔・金子達・中村義隆・本間恂一　山川出

版社　1998
『新潟県百年の歩み』　石井孝監修　新潟県　1971
『新潟地図ウオッチング』　新潟地図ウオッチング編集委員会編　新潟日報事業社　2006
『新潟県文化財大観』1・2巻　新潟県教育委員会監修　新潟日報事業社編　新潟日報事業
　　社　1986
『新潟の遺跡』　新潟県埋蔵文化財調査事業団　新潟日報事業社　2000
『新潟の名勝』　新潟日報事業社出版部編　新潟日報事業社　1989
『新潟の？(はてな)』　朝日新聞新潟支局編　新潟日報事業社　2003
『新潟歴史散歩』　新潟県歴史教育者協議会編　草土文化　1982
『新・にいがた歴史紀行』　足立豊ほか　新潟日報事業社　2004-
『日本城郭大系7　新潟・富山・石川』　金子拓男ほか　新人物往来社　1980
『日本歴史地名大系15　新潟県の地名』　平凡社地方資料センター編　平凡社　1986
『人づくり風土記(15)ふるさとの人と知恵　新潟』　加藤秀俊ほか編　農山漁村文化協会刊
　　1988
『ふるさとの百年』全20冊　新潟日報事業社出版部編　新潟日報事業社　1980-82
『良寛百科』　加藤僖一　新潟日報事業社　2004

＊各郡市町村史・誌，遺跡発掘調査報告書，雑誌，論文は基本文献として利用しているが，
　すべて省略した。

【年表】

時代	西暦	年号	事項
旧石器時代		後期	貝坂遺跡・神山遺跡・楢ノ木平遺跡(津南町)，荒屋遺跡(川口町)ほか
縄文時代		草創期	小瀬ヶ沢洞穴・室谷洞穴(阿賀町)，壬遺跡(十日町市)ほか
		早期	卯ノ木遺跡(津南町)・松ヶ峰遺跡(上越市)ほか
		前期	三仏生遺跡(小千谷市)・鍋屋町遺跡(上越市)・刈羽貝塚遺跡(刈羽村)ほか
		中期	沖ノ原遺跡(津南町)・長者ヶ原遺跡(糸魚川市)・馬髙遺跡(長岡市)・五丁歩遺跡(南魚沼市)・清水上遺跡(魚沼市)ほか
		後期	三十稲場遺跡(長岡市)・三宮貝塚遺跡(佐渡市)・葎生遺跡(妙高市)・籠峰遺跡(上越市)ほか
		晩期	藤橋遺跡(長岡市)・御井戸遺跡(新潟市)・寺地遺跡(糸魚川市)ほか
弥生時代		前期	緒立遺跡(新潟市)，六野瀬遺跡・猫山遺跡(阿賀野市)，村尻遺跡(新発田市)ほか
		中期	山草荷遺跡(新発田市)・下谷地遺跡(柏崎市)ほか
		後期	斐太遺跡(妙高市)・裏山遺跡(上越市)・八幡山遺跡(新潟市)ほか
古墳時代		前期	山谷古墳・菖蒲塚古墳(新潟市)，三王山古墳(三条市)，稲葉塚古墳(弥彦村)ほか
		中期	飯綱山古墳群(南魚沼市)・天神堂古墳群(妙高市)ほか
		後期	菅原古墳群・水科古墳群(上越市)ほか
飛鳥時代	544	(欽明5)	佐渡嶋に粛慎人がくる
	589	(崇峻2)	阿部臣，越地方を視察する
	642	(皇極元)	越の辺の蝦夷数千人が内付する
	647	(大化3)	渟足柵をつくり，柵戸をおく
	648	(4)	磐舟柵をつくり，越・信濃の民を選び柵戸をおく
	668	(天智7)	越国，燃土と燃水を献上する。この頃，越国，越前・越中・越後国に分割される
	702	大宝2	越中国4郡(頸城・古志・魚沼・蒲原)を割いて，越後国に属させる
	705	慶雲2	威奈真人大村，越後城司となる
	708	和銅元	越後国，あらたに出羽郡を建てる
	712	5	越後国，出羽郡を割いて出羽国とする
奈良時代	724	神亀元	佐渡国を遠流の国とする
	743	天平15	佐渡国を越後国に合併する
	752	天平勝宝4	佐渡嶋に渤海使が着く。佐渡国を再置する
	753	5	「東大寺荘園目録」に越後国頸城郡石井荘がみえる

	780	宝亀11	この年の「西大寺資財流記帳」に越後国頸城郡桜井荘・津村荘，古志郡三枝荘，蒲原郡鶉橋荘・槐田荘がみえる
平安時代	818	弘仁9	酒人内親王，越後国古志郡土井荘を東大寺に施入
	833	天長10	越後弥彦神，名神に預かる
	879	元慶3	佐渡の浪人高階利風，雑太軍団権校尉道公宗雄を殺し，財物を盗んだため遠流となる
	998	長徳4	この年の「東大寺領諸国荘家田地目録案」に，越後国頸城郡石井荘・真沼荘・吉田荘がみえる
	1048	永承3	越後国から東大寺へ，封物代として鮭が納められる
	1123	保安4	右大臣中御門宗忠，越後国岩船郡小泉荘を長子宗能に譲る
	1128	大治3	佐渡守藤原實覧，流人源明国が無断で民を駆使し，国務を妨げるため，朝廷に対して他国への移配を要望
	1135	保延元	東大寺領越後国頸城郡石井荘・古志郡土井荘を沼垂郡加地郷と交換し，豊田荘が成立
	1156	保元元	保元の乱により，藤原成雅・経憲が越後に，盛憲が佐渡に流される
	1159	平治元	平治の乱により，藤原信西の子俊憲，信頼の弟信俊，明遍僧都，越後に流される
	1165	永万元	越後介源某，在庁官人らが瀬波河鮭漁を押妨することを退け，城資永の乱行を止める
	1172	承安2	越後の城長茂，蒲原郡小川荘を会津恵日寺に寄付
	1181	養和元	源義仲，城資職を破って越後に入る
	1185	文治元	越後国，源頼朝の知行国となり，安田義資を越後守とする
鎌倉時代	1199	正治元	高山寺の文覚，佐渡に流される
	1201	建仁元	城長茂ら，源頼家を討とうとしてならず，吉野で殺される。城資盛，越後国蒲原郡奥山荘鳥坂城で挙兵するが，佐々木盛綱に討たれる
	1207	承元元	親鸞が越後に，行空が佐渡に流される
	1221	承久3	承久の乱おこる。佐々木信実，藤原信成の家人酒匂家賢を願文山城に破る。順徳上皇，佐渡に流される
	1240	仁治元	奥山荘，三浦和田氏の地頭請所となる
	1271	文永8	日蓮，佐渡に流される。4年後に赦免
	1277	建治3	奥山荘，三分して相続される
	1298	永仁6	京極為兼，佐渡に流され，5年後に京へ召還
	1319	元応元	近江日吉神社，佐渡新穂庄など社領を注進
	1325	正中2	日野資朝，佐渡に流される
	1326	嘉暦元	奥山荘住人孝基，鉄鉢を弥彦神社に奉納
	1332	正慶元 元弘2	鎌倉幕府，本間泰宣に日野資朝を斬らせる
	1333	2	鎌倉幕府滅亡。新田義貞，越後守となる

		元弘3	
南北朝時代	1335	建武2	足利方の加治景綱ら，新田方の河村秀義と戦う
	1336	3	足利尊氏，奥山荘を近衛基嗣より収め，地頭和田茂実に還付
		延元元	
	1341	暦応4	上杉憲顕，越後に入り新田勢を討ち，越後国守護に任ぜられる
		興国2	
	1345	貞和元	越後安国寺（上越市）創建
		6	
	1351	観応2	観応の擾乱で足利直義方につき，上杉憲顕，越後国守護職を失う
		正平6	
	1360	延文5	柿崎の尼教浄・浄円，在覚から本尊・高僧画像を与えられる。
		15	上杉憲顕・石河妙円ら，三宝寺・赤田・上田・妻有を攻める
	1362	貞治元	憲顕，越後国守護に復帰する
		17	
	1363	2	憲顕，初代関東管領となる
		18	
室町時代	1393	明徳4	室町幕府，小国三河守・白河兵部少輔の五十嵐保押領を止める
	1419	応永26	上杉房実，関東管領となる。翌年，越後雲洞庵を再興
	1423	30	越後応永の大乱おこる。上杉頼藤・長尾朝景ら，長尾邦景・実景と戦う
	1426	33	幕府の命により，和田房資ら長尾邦景と戦う（応永の再乱）
	1434	永享6	世阿弥，佐渡に流される
	1438	10	永享の乱おこる。長尾実景，関東に出陣
	1442	嘉吉2	日朝，佐渡に渡り，日蓮配流の遺跡を訪ねる
	1446	文安3	謙宗南英，種月寺を建てる
	1449	宝徳元	蓮如，親鸞配流の遺跡を訪ねる
	1450	2	上杉房定，京都より帰国，長尾邦景を自害させる。実景，信濃に逃れる
	1459	長禄3	高師長，曾祖父以来の由緒を述べ，佐渡国守護職と弥彦荘などの本領回復を幕府に訴える
	1471	文明3	尊皓，越後称念寺で時宗を広める
	1478	10	飯尾宗祇，越後にくる
	1483	15	上杉房定，古志郡を検地。1484・85・87年にも同郡を検地
	1486	18	幕府，上杉房定に本座以外の青苧売買を禁止させる
	1488	長享2	万里集九，三国峠を越えて越後に入る
	1491	延徳3	前管領細川政元，越後に上杉房定を訪ねる
	1497	明応6	長尾能景，春日山に林泉寺を建てる
	1507	永正4	長尾為景，上杉定実を擁して上杉房能を攻める。房能，天水で自害

	1509	永正6	上杉顕定・憲房，越後に乱入。為景・定実，越中に逃れる
	1510	7	定実・為景，越中から佐渡に渡り，蒲原津に上陸。顕定，為景軍と戦って上田荘長森原で敗死
	1514	11	為景方の長尾房景・中条藤資ら，上田荘六日市で八条左衛門尉ら守護方を全滅させる
	1515	永正12	長尾為景，越中に出兵する
	1520	17	越後一向一揆おこる
	1521	大永元	長尾為景，一向宗を禁ずる
	1530	享禄3	上条定憲，長尾為景に抗し（上条の乱），長尾房長ら定憲に呼応する
	1548	天文17	長尾景虎，春日山に入城
	1550	19	上杉定実死去，越後守護家断絶。景虎，国主となる
	1561	永禄4	景虎，相模小田原に北条氏康を攻める。景虎，関東管領に就任して，上杉憲政の名跡を継ぎ，上杉政虎と改める。政虎，甲斐の武田信玄と川中島で戦い敗退。政虎，13代将軍足利義輝より一字を与えられ，輝虎と改める
	1568	11	本庄繁長，武田信玄と結んで上杉輝虎と抗争
	1569	12	上杉輝虎，北条氏康と講して越相同盟なる
	1570	元亀元	輝虎，出家して謙信と名乗る
安土桃山時代	1578	天正6	謙信死去。上杉景勝，春日山城実城に入り，上杉景虎と争う（御館の乱）
	1581	9	新発田重家，織田信長と結んで上杉景勝と抗争する
	1585	13	上杉景勝，新発田重家攻略のため新潟に寄居城を築き，本庄繁長に参陣をうながす
	1586	14	景勝，上洛。大坂城で豊臣秀吉に謁し，越後布などを献ずる。景勝，佐渡国仕置を命ぜられる
	1587	15	景勝，新発田城を陥れ，新発田重家を斬る
	1589	17	景勝，佐渡国を平定
	1594	文禄3	景勝，家臣団を調査，定納員数目録を作成させる
	1597	慶長2	景勝，河村彦左衛門に越後の検地を行わせる。この頃，景勝，越後国絵図を作成させる
	1598	3	景勝，越後から会津120万石に移封。秀吉，堀秀治を越前北庄より越後春日山に移封。与力大名溝口秀勝を新発田へ，村上義明を村上に移す
	1600	5	堀秀治，徳川家康の命により会津へ進撃。景勝軍越後に侵入，越後の旧臣らこれに応じて一揆をおこす
	1601	6	佐渡，徳川氏の直轄地となる。佐渡相川金銀山の開発（道遊の割戸）始まる
江戸時代	1603	8	大久保長安，佐渡奉行となる
	1607	12	堀忠俊，春日山城を廃し，福島城を築く

1610	慶長15	忠俊，所領を没収される。信州松代城主松平忠輝が移封され，福島城に入る(75万石)
1614	19	高田城完成，忠輝移る。高田大地震おこる
1616	元和2	堀直寄，蔵王堂(長岡)8万石に移封
1618	4	牧野忠成，頸城直峰から長岡6万4000石に移封
1633	寛永10	阿賀野川が氾濫し，信濃川に合流
1655	明暦元	この頃から新潟地方の米を西廻りで大坂に運漕されるようになる
1667	寛文7	この頃，播磨明石の堀将俊が小千谷で越後縮を創始
1674	延宝2	高田藩家老小栗美作，中江用水を掘る
1679	7	高田藩御家騒動(越後騒動)おこる
1681	天和元	越後騒動の幕府判決が出され，高田藩主松平光長改易となる
1689	元禄2	松尾芭蕉，『奥の細道』の旅で越後を通過
1720	享保5	大坂城代内藤弌信，村上5万石に封ぜられる
1722	7	越後頸城郡の農民，質地騒動をおこす
1731	16	阿賀野川の洪水により松ヶ崎掘割が大破し，掘割が阿賀野川本流となる
1736	元文元	信濃米子村の竹前権兵衛らによる紫雲寺潟干拓工事終わる
1750	寛延3	佐渡国に一揆おこる
1767	明和4	竹内式部，八丈島に流される。佐渡国に一揆おこる
1768	5	新潟明和騒動おこる。涌井藤四郎の指揮により，2カ月間町民自治が行われる
1798	寛政10	幕府，諸国の人口を調査する。越後国，男54万2672人・女51万1002人
1802	享和2	この年から翌年にかけて，伊能忠敬が越後沿海を測量
1814	文化11	村松藩領・村上藩領などで百姓一揆
1831	天保2	良寛死去
1835	6	鈴木牧之，『北越雪譜』をあらわす
1837	8	生田萬，伊勢桑名藩柏崎陣屋をおそうが失敗，自刃(生田萬の乱)
1838	9	佐渡一国騒動
1843	14	幕府，長岡藩に新潟浜村の上知を命じ，新潟奉行所設置
1858	安政5	日米修好通商条約締結，新潟を開港場とする(1868年開港)
1859	6	ロシア船・オランダ船，新潟に来航

明治時代

1868	明治元	長岡藩河井継之助と新政府軍岩村精一郎との小千谷会談，不調に終わる。戊辰戦争激化。越後府が設置される(のち新潟府に改称)。佐渡・柏崎両県が新潟府に合併。新潟開港
1869	2	越後府再置。越後府，水原県と改め，佐渡・柏崎県を再置。越後諸藩，版籍奉還を許される。新潟運上所落成
1870	3	水原県を廃して新潟県を復置。長岡藩廃され柏崎に合併

	1871	明治4	廃藩置県で越後10藩を廃して県とする。越佐各県廃され，新潟・柏崎・相川県がおかれる
	1872	5	大河津分水騒動
	1873	6	柏崎県を新潟県に合併。第四国立銀行創立
	1876	9	相川県を新潟県に合併
	1877	10	日刊『新潟新聞』発刊
	1879	12	第1回新潟県会開かれる
	1882	15	旧村上藩士族，鮭産育所を設置
	1883	16	内乱陰謀の容疑で，頸城自由党員大量検挙(高田事件)
	1885	18	越佐汽船会社設立，新潟・夷間定期航路開設
	1886	19	福島県東蒲原郡を新潟県に編入。直江津・関山間に信越鉄道開通
	1889	22	新潟に市町村制施行。新潟区，市制をしく
	1890	23	相川暴動鎮圧のため，新発田営兵一中隊出動
	1891	24	日本石油会社，尼瀬で機械掘りに成功
	1893	26	直江津・高崎間の信越鉄道全通
	1899	32	北越鉄道，直江津・沼垂間で全通
	1901	34	町村合併施行(町村数は816から456に)
	1907	40	越佐汽船，新潟・ウラジオストック直行航路を開設。大河津分水着工
	1910	43	新潟医学専門学校開校
	1911	44	オーストリアのレルヒ少佐，高田で日本初のスキー指導
大正時代	1912	大正元	越後鉄道，白山・吉田間開通
	1913	2	北陸線直江津・富山間が開通し，北陸線全通
	1914	3	岩越線(1918年，磐越西線に改称)新津・郡山間全通，羽越線新津・村上間開通
	1918	7	新潟・長岡両市に米騒動おこり，軍隊が出動
	1922	11	大河津分水完成し，通水開始。木崎村小作争議始まる
	1924	13	羽越線全通。須貝快天ら北日本農民組合連合会結成。この頃，日本農民組合関東同盟の勢力浸透
昭和時代	1926	昭和元	三島郡王寺川村王番田で小作争議おこる
	1930	5	五泉・見附・白根で県内初めてのメーデー行われる
	1931	6	上越線長岡・高崎間全通。新潟放送局開局
	1937	12	玉井潤次ら20人検挙(第1次人民戦線事件)
	1938	13	新潟港，満州開拓民の出発港となる
	1945	20	B29，125機，長岡市上空に襲来。6万5000人罹災
	1947	22	岡田正平，初代民選知事となる。昭和天皇，県内各地を巡幸
	1949	24	新潟大学開学
	1955	30	新潟大火，927戸焼失
	1956	31	白新線全通。町村合併促進の結果，19市45町79村となる

1958	昭和33	NHK新潟放送局,テレビ本放送開始
1959	34	新潟・佐渡空路開設
1960	35	県内の労働組合,安保改定阻止のデモ行進を行う
1963	38	新潟県立新潟女子短期大学開学。新潟東港建設工事起工
1964	39	第19回国民体育大会(新潟国体)開催。新潟地震発生
1965	40	阿賀野川流域に有機水銀中毒(新潟水俣病)患者発生
1966	41	新潟・ナホトカ間,貨客船定期航路開設
1967	42	新潟大博覧会開催。上越線全線複線化が完成。新潟地震復興記念の新潟県民会館落成
1972	47	田中角栄,県人初の内閣総理大臣就任
1973	48	新潟・ハバロフスク間,国際定期空路開設
1976	51	長岡技術科学大学開学
1978	53	上越教育大学開学
1979	54	上越新幹線大清水トンネル貫通。新潟市,ハルビンとの友好都市に調印
1982	57	長岡市,テクノポリス構想策定地域に指定。上越新幹線新潟・大宮間開業
1983	58	上越新幹線開通記念の新潟博覧会開催。県,中国黒竜江省との友好県省提携議定書調印
1985	60	柏崎原発1号機発電開始。新潟市新光町に県庁新庁舎が完成。関越自動車道全線開通
1988	63	北陸自動車道全線開通

平成時代	1989	平成元	佐渡観光,悲願の「100万人観光」達成
	1990	2	八幡林遺跡(長岡市)で,「沼垂城」と墨書された木簡を発見
	1991	3	関越自動車道,4車線通行が可能となる。新潟・イルクーツク間,国際定期空路開設
	1992	4	新潟県立図書館,新潟市女池に移転・新築
	1993	5	新潟県立近代美術館,長岡市千秋が原に完成
	1995	7	新潟北部地震。国内最後の雄のトキ,ミドリ死す
	1996	8	新潟県埋蔵文化財センター,「花と遺跡のふるさと公園」内に完成。巻町で原子力発電所建設の是非を問う全国初の住民投票が行われ,反対票が61%を占める
	1997	9	柏崎原発7号機発電開始,世界一の発電基地となる。北越北線(ほくほく線。六日町・犀潟間)開通。磐越自動車道開通
	1998	10	中国空路(新潟―上海―西安)開設
	1999	11	笹山遺跡(十日町市)出土の火焔型土器,県内初の国宝に指定。佐渡トキ保護センターで,日本初の人工孵化によるトキが誕生
	2000	12	新潟県立歴史博物館,長岡市関原に完成
	2001	13	新潟スタジアム(ビックスワン),新潟市に完成
	2002	14	新潟スタジアム,サッカーワールドカップ日韓大会の試合会場

		となる
2003	平成15	朱鷺メッセ(新潟万代島コンベンション複合施設),新潟市万代島に完成
2004	16	7・13水害発生。中越大震災発生
2005	17	新潟大停電発生
2006	18	「平成の大合併」が進み,20市9町6村となる
2007	19	新潟市,本州日本海側初の政令指定都市となる。中越沖地震発生
2008	20	トキの試験放鳥開始

【索引】

― ア ―

相川技能伝承展示館 …………………262
相川郷土博物館(旧御料局佐渡支庁庁舎)
　………………………………………262
会津墓地 ………………………………42
青木城跡 ………………………………247
蒼柴神社 ……………………………80, 81
青田遺跡 …………………………191, 192
青野季吉ペンの碑 ……………………244
青海神社(加茂市) ………………126, 127
赤谷鉄山 ………………………………184
赤泊郷土資料館 ………………………258
阿賀野市京ヶ瀬地区民俗資料館 ………200
阿賀野市笹神地区郷土資料館 …………198
阿賀野市立吉田東伍記念博物館 …198, 199
阿賀町上川郷土資料館 ………………171
阿賀町津川郷土資料館 ………………170
浅貝寄居城跡 …………………………111
熱串彦神社 ……………………………232
天曝し観音(太郎代観音) ……………155
尼瀬油田機械掘第1号井跡 ……………69
天津神社 …………………………8, 11, 12
綾子舞会館 ……………………………61
菖蒲塚古墳 ………………………137, 138
荒川神社 ………………………………204
荒戸城跡 ………………………………112
蟻子山古墳群 …………………………119
安寿と厨子王の供養塔 ……………24, 25

― イ ―

飯綱山古墳群 …………………………119
医王寺 …………………………………42
五十嵐家住宅 …………………………173
五十嵐神社 ……………………………126
五十嵐館跡 ……………………………126
行形亭 …………………………………152
生田萬の墓 ……………………………57
石黒邸 …………………………………177
石田観音堂 ……………………………241

五十公野御茶屋庭園 ……………182, 183
五十公野城跡 …………………………182
出雲崎代官所跡 ………………………68
五十志霊神社 ……………………175, 176
板山不動尊 ……………………………47
イタリア軒 ……………………………152
市島家住宅 ………………………188, 189
市島酒造 ………………………………176
一ノ宮神社 ……………………………118
聿修碑 …………………………………184
糸魚川市埋蔵文化センター ……………9
糸魚川・能生の舞楽 ………………11, 12
医の博物館 ……………………………153
イヨボヤ会館 ……………………211, 212
石井神社(新発田市) …………………183
岩の原葡萄園 …………………………45
石船神社 …………………………214, 215
岩船大祭 ………………………………215
磐舟柵跡の碑 …………………………215
岩屋山石窟 ……………………………255

― ウ ―

上杉景勝 ………20, 27, 28, 31, 32, 47, 59, 64,
　81, 85, 112, 116, 117, 146, 168, 170, 175,
　182, 184, 208, 218, 222, 241-243, 257
上杉謙信(長尾景虎, 上杉輝虎) ……9, 15,
　20, 21, 28, 31, 32, 37, 39-41, 48, 49, 64,
　68, 81, 85, 86, 104, 111, 112, 115, 116,
　135, 168, 218
魚沼街道 ………………………………90
魚沼神社 …………………………103, 104
鵜飼文庫 …………………………228, 241
牛尾神社 …………………………235, 237
牛の角突きの習俗 ……………………107
優婆尊 …………………………………198
馬高遺跡 ……………………………78, 79
雲洞庵 ……………………112, 118, 119, 137

― エ ―

瘞鶴碑 …………………………………240

永林寺	105
江上館跡	200, 201
恵信尼寿塔	20, 21
ゑしんの里記念館	21
越後妻有交流館キナーレ	93, 94
越後府跡	197
燕喜館(旧斎藤家住宅主屋, 新潟市中央区一番堀通町)	148
圓福寺	106
閻魔堂(円光寺)	56, 57
円明院	68
延命清水泉	23

― オ ―

奥州街道	36
青海川の硬玉産地	5, 6
青海自然史博物館	6
青海神社(糸魚川市)	5
青海の竹のからかい	5
大井田城跡	95, 96
大久保長安	235, 244, 260, 262
大河津分水路	72, 90, 132
大須戸能	220
大竹邸記念館	90
大竹与茂七記念碑	175
太田木甫句碑	152
大野亀	230
大野家住宅	190
大山祇神社	235
岡塚館跡	186
小川未明生誕地	34
沖ノ原遺跡	101
奥只見湖	109, 110
奥三面遺跡群	220
奥三面歴史交流館(縄文の里・朝日)	220, 222
奥山荘城館遺跡	200, 206
奥山荘歴史館	201
小倉集落の棚田	249, 250
小栗美作屋敷跡	36
尾瀬	109, 110

御館跡	28
緒立遺跡	157
落堀川改修記念碑	191
乙宝寺	202-205
乙子神社	132, 134
お花塚	238
親不知子不知	4
小山田ヒガンザクラ樹林	166, 167

― カ ―

鏡井戸	133
鏡ヶ池	28
角兵衛獅子地蔵尊	141, 142
角兵衛獅子資料室	142
加治川旧分水門(加治川治水記念公園)	190, 191
加治の要害山	186, 187
春日山城跡	31
春日山神社	32
かたつむり山城跡	206
片葉の葦	30
潟東樋口記念美術館	139
潟東歴史民俗資料館	139
角石原戦跡の碑	184
カトリック新発田教会	179
カトリック新潟教会	145
金谷山	42
金山城館遺跡	206
金子屋	256
樺沢城跡	114
雷井戸	133
加茂湖	228, 229, 231, 232
加茂市民俗資料館	127
加茂神社	248
カリオン文化館	189
河井継之助邸跡	83
川口町歴史民俗資料館	106
川村修就記念像	146
河村彦左衛門供養塔	260, 262
河原田城(獅子ヶ城)跡	240, 242
関興寺	112, 113

菅谷寺	187
官修高田墳墓地	42
寛益寺	89
観音寺	172
観音平・天神堂古墳群	20
蒲原神社(五社神社)	154
願文山城跡	206
管領塚(十日町市)	49
管領塚(南魚沼市)	117

—キ—

木崎無産農民学校跡	193, 195
木崎村小作争議記念碑	195
木崎山遺跡	162
木地屋民俗資料館	9
北方城跡	247
北沢一里塚	17, 19
北条城跡	62, 63
北原白秋歌碑	147
旧会津街道	183, 184
旧赤谷宿	184
旧県知事公舎記念館	180-182
旧小林古径邸	38
旧笹川家住宅	140
旧師団長官舎(旧陸軍第13師団長長岡外史邸)	34, 35
旧新発田藩足軽長屋	177
旧新潟税関庁舎	150
旧長谷川家住宅	90, 91
旧目黒家住宅	107-109
旧山内宿	184
行基	46, 118, 137, 185, 203
清津峡	98, 99, 112
切畑の乳イチョウ	166
麒麟山公園	169
金峰神社(胎内市)	205
金峯神社(長岡市)	82
金北山(北山)	233

—ク—

空海(弘法大師)	118, 197, 198, 205
草苅神社	257, 258

熊野神社(佐渡市北小浦)	232
熊野神社(佐渡市新穂武井)	235
熊野若宮神社	201
鞍掛神社	90
クレーストーン博士の館	205
黒川郷土文化伝習館	204, 205
黒木御所跡	236

—ケ—

慶宮寺	250
華報寺	197, 198
憲盛法印の五輪塔	250

—コ—

耕雲寺	118, 137, 165, 185
光源寺	29
孝順寺	199
光照寺	68
香伝寺	185, 186
高徳寺(東蒲原郡阿賀町)	170
ゴールドパーク鳴海	222
国事犯高田事件記念碑	42
国上寺	132-134
国分寺	251, 252
極楽寺(小千谷市)	103
極楽寺(東蒲原郡阿賀町)	170
五合庵(国上寺塔頭)	132-134
護国神社	146, 147
古四王神社	183
越路郷土資料館	91
五所神社	257
小瀬ヶ沢洞窟	79, 171, 172
五泉市村松郷土資料館	166
居多浜	30
小滝川の硬玉産地	8, 10
居多神社	30
五智国分寺	28, 30, 31
五丁歩遺跡	162
護徳寺	172
琴平神社	25, 26
金刀比羅神社	150
小比叡神社	254, 255

根本寺(伝塚原三昧堂跡) …………………247

―サ―

西郷四郎の碑 …………………………169
西照寺 ………………………………88, 89
斎藤家住宅(新潟市中央区関屋本村町)
　………………………………………153
西福寺 …………………………………106
西方寺 ……………………………156, 157
蔵王遺跡 ………………………………246
蔵王堂城跡 ……………………………82
榊神社 …………………………………36
榊原康政 ………………………………37
坂口安吾文学碑 …………………50, 147
坂口記念館 ……………………………45
坂戸城跡 ………………………………116
坂上田村麻呂 ……………46, 48, 94, 120
佐々木盛綱 ……………………175, 185-187
笹山遺跡 …………………………92, 93, 96
佐渡一の宮度津神社 …………………258
佐渡一国義民の石碑 …………………248
佐藤家住宅(岩船郡関川村) …………216
佐藤家住宅(魚沼市) …………………108
佐渡金山遺跡 …………………………262
佐渡国小木民俗博物館 …………255, 256
佐渡国分寺跡 …………………………251
佐渡市新穂歴史民俗資料館 …………246
佐渡市立金井歴史民俗資料館 ………236
佐渡市立両津郷土博物館 ……………231
佐渡の大神楽舞楽 ……………………257
佐渡博物館 ………………………245, 250
佐渡版画村美術館(旧相川裁判所) ……262
佐渡奉行所跡 …………………………262
鮫ヶ尾城遺跡 …………………………20
澤将監の館 ……………………………138
沢根港 …………………………………243
三十稲場遺跡 …………………………78
三条市下田郷資料館 …………………126
三条市歴史民俗産業資料館 ……122, 123
三条八幡宮 ……………………………123

―シ―

椎谷観音堂 ………………………64-66
椎谷陣屋跡 ……………………………64
紫雲寺潟(塩津潟) ……………………191
塩沢つむぎ記念館 ……………………118
慈眼寺 ……………………………102-104
慈光寺 ……………………………137, 165
地すべり資料館 ……………………21, 22
下倉山城跡 ……………………………105
下町・坊城遺跡 ………………………201
実相寺 …………………………………239
信濃川大河津資料館 …………………73
新発田重家 ………146, 175, 177, 182, 184
新発田市ふるさと会館 ………………180
柴田収蔵の墓 …………………………256
新発田城跡 ……………………………179
新発田市立図書館藩政資料室 ………178
島田君碑 ………………………………238
清水園(旧新発田藩下屋敷庭園) …176, 177
下ノ西遺跡 ……………………………73
聚感園(菊屋五十嵐邸跡) …………70, 71
秋幸苑(飯塚邸) ………………………60
宿根木集落 ……………………………255
種月寺 …………………………………137
珠数掛ザクラ …………………………200
順徳上皇 …………71, 157, 234, 236, 238,
　240, 241, 246, 250, 251
常安寺 …………………………………86
松陰寺 …………………………………49
上越市埋蔵文化財センター …………32
上越市立水族博物館 …………………24
城ヶ平 …………………………………248
常敬寺 …………………………………41
将軍スギ …………………………167, 168
称光寺 …………………………………256
勝広寺 …………………………………228
浄興寺 …………………………………41
常光寺 …………………………………201
浄専寺 …………………………………137
浄善寺 ………………………………50, 51

城東窟の桜	178
称念寺	40
勝念寺	152
浄念寺	210, 211
城の貝塚遺跡	234
浄福寺	50, 51
正法寺	234
青龍寺	137
乗蓮寺	123
諸上寺	215
白山媛神社	71, 72
しろね大凧と歴史の館	139
新川	157, 158
神宮寺(佐渡市)	247
神宮寺(十日町市)	94
シンクルトン記念公園	205
荏川文庫	241
陣ノ腰遺跡(加茂郡衙跡)	232
神明宮(西奈弥羽黒神社摂社)	213, 214
親鸞	17, 20, 23, 28-30, 41, 50, 51, 88, 89, 156, 157, 197, 199, 200

—ス—

瑞光寺	152
瑞仙寺	260
瑞泉寺	38
菅原神社	257
鈴木牧之記念館	115, 116
守門民俗文化財館	108
栖吉城跡	81
諏訪神社(佐渡市)	235
諏訪神社(新発田市)	175, 176

—セ—

世阿弥(観世元清)	233, 234, 236, 245, 248
清九郎家	256
清水寺	247
聖籠町民俗資料館	190
関川関所	14, 15
せきかわ歴史とみちの館	217
関屋分水路	153
関山神社	15-17

関山石仏群	17
石油産業発祥地記念公園	69
石油の世界館	164
世尊寺	252
西奈弥羽黒神社	213, 214
善作茶屋	127
専称寺	62, 63
禅長寺	258
善導寺	40
専得寺	244

—ソ—

宗太夫坑(間歩)	262
相馬御風宅	7, 8
曽我禅司房の墓	133
曽我・平澤記念館	141

—タ—

大安寺	260
大栄寺	161
第四銀行本店金融資料室	145
大将陣場(陣馬山)	184
大泉寺	59
泰澄	11, 59, 132, 133, 189
大棟山美術博物館	50
胎内観音	204
胎内昆虫の家	205
胎内自然天文館	205
大輪寺	201, 202
大蓮寺	257
高田城跡(高田公園)	33, 36-38
高館跡	206
高橋あめや	37-39
高浜虚子句碑	144
高半ホテル	111
竹内式部	146, 148
蛸ケヤキ	136
田代の七ツ釜	97, 98
樽ヶ橋	204, 205
壇風城跡	253

—チ—

千種遺跡	234, 236

中円寺	238
長谷寺	233, 237, 248, 250
長者ヶ原遺跡	8, 9
聴信寺	26, 27
長泉寺	124
長徳寺	180
長楽寺観音堂	172

—ツ—

津川城(狐戻城)跡	169
津南町歴史民俗資料館	100
津野家住宅	216
燕市産業史料館	125
燕市長善館史料館	134
坪井良作の碑	147
妻有郷	93-95
つむぎの里	118
敦井美術館	144
鶴子銀山跡	243, 244

—テ—

寺地遺跡	5, 6
寺泊の町並み	70
天昌寺	114
天神社の大スギ	14
天神山姫塚経塚	5
天崇寺	40
天領出雲崎時代館	69

—ト—

東桂苑	217
東光寺	258, 259
堂平遺跡	101
堂百地蔵堂	46
道遊の割戸	261, 262
十日町市博物館	92, 96
栃尾城跡	85, 86
橡平サクラ樹林	206
どっこん水	205
鳥坂城跡	202
どっぺり坂	145
十柱神社(弥彦神社末社)	135, 136
鳥屋野逆ダケの藪	156, 157

豊田神社	182

—ナ—

直江兼続	32, 47, 117
長岡街道	69
長岡市郷土史料館	81
長岡城跡	83
長岡市立科学博物館	78, 79, 172
中興城跡	234
長尾為景	49, 61, 117
長尾政景	116, 117
中之口先人館	138
中野邸美術館(旧中野貫一邸)	163, 164
中山街道(相川街道)	244
波切御名号	157
鳴海(高根)金山跡	222

—ニ—

新潟県政記念館(新潟県議会旧議事堂)	148, 150
新潟県埋蔵文化財センター	162, 192
新潟県立環境と人間のふれあい館—新潟水俣病資料館—	193
新潟県立文書館	155
新潟県立歴史博物館	77-79, 192
新潟コンベンションセンター(朱鷺メッセ)	150
新潟市會津八一記念館	145, 146
新潟市亀田郷土資料館	160
新潟市水道局	153
新潟市豊栄博物館	192
新潟市新津鉄道資料館	161
新潟市美術館	152
新潟市埋蔵文化財センター	157
新潟市歴史博物館(みなとぴあ)	150, 151
新潟奉行所跡	145
新潟町会所跡	145
新津記念館	151
新穂城跡	247
新穂玉作遺跡	247
二宮神社	235, 240
西大畑公園	152

西海岸公園	145, 146
錦鯉の里	107
西本願寺与板別院	88
二反田遺跡	234
日蓮	58, 59, 71, 75, 124, 236, 239, 247, 250, 252
日本スキー発祥記念館	43
二面神社(白山媛神社末社)	71, 72

―ヌ・ネ・ノ―

沼垂白山神社(新潟市中央区沼垂東)	154
根知山寺の延年	11
農と縄文の体験実習館なじょもん	99, 100
能生白山神社(糸魚川市)	11, 12
能生ヒメハルゼミ発生地	12
直峰城跡	47

―ハ―

梅護寺	200
白山公園	146-149, 151
白山神社(佐渡市宿根木)	256
白山神社(佐渡市山田)	235
白山神社(新潟市中央区一番堀通町)	148
白鳥の里	196
羽黒神社(佐渡市安養寺)	235
羽黒神社(佐渡市羽吉)	232
羽黒館跡	202
弾埼灯台	230
芭蕉園(敦賀屋跡)	68
芭蕉堂降雨庵	147
鉢の石仏	97
八幡宮(佐渡市八幡)	245
八幡林官衙遺跡	73, 74
八幡若宮神社	228
八所神社	203
婆々スギ	136
羽茂城跡	257
羽吉の大クワ	232
絆己楼	189, 190
番神堂(妙行寺)	58, 59
萬代橋	143, 144, 150, 151
万内川砂防公園	17, 18

―ヒ―

東本願寺新井別院	16, 17
東本願寺三条別院	122
東本願寺高田別院	29, 40, 41
翡翠ふるさと館	6
斐太遺跡(斐太史跡公園)	19, 20
斐太神社	19
人柱供養堂	21, 22
姫埼灯台	229
瓢湖	196, 197
平等寺	167
日吉神社(佐渡市)	246, 247
平出修歌碑	152
平出修旧居(旧中澤家住宅離れ)	35
平林城跡	217

―フ―

フォッサマグナミュージアム	9
蕗谷虹児記念館	178
福島潟	188, 192, 193
福島城跡	26
福勝寺	177
普光寺	119, 120
普済寺	81
藤沢一里塚	19
藤戸神社	186, 187
藤橋遺跡	79
藤原(京極)為兼	70, 232, 245, 258
二ツ亀	229
府中八幡宮	27, 28
不動院	89, 90
舟崎文庫	235, 241
普門院	248
古舘館跡	201
古津八幡山遺跡	162, 163
分水良寛史料館	134

―ヘ・ホ―

平和記念公園(直江津捕虜収容所跡)	26
法音寺(岡田大日堂, 新発田市)	185
法音寺(南魚沼市)	117
法光院	154, 155

宝光院	136
宝光寺	177, 178
宝積院	189, 190
宝積寺	185, 186
北條家住宅	236
宝生寺	79
法定寺	46
法然寺	260
法福寺	72
法輪寺	260
星名家住宅	96
戊辰公園	152, 153
戊辰役墓石群	57
北国街道(加賀街道)	14, 17, 19, 29, 31, 32, 38, 62, 67-69, 71, 136, 137
北方文化博物館(旧伊藤邸)	160, 161, 177
北方文化博物館新潟分館	152
堀直寄	83, 117, 118, 158, 209, 213, 214
堀秀治	27, 32, 85
本願寺国府別院(伝竹ヶ鼻草庵跡)	29
本光寺(佐渡市泉)	234, 236
本光寺(佐渡市宮川)	250
本成寺	124
本浄寺	151
本誓寺	39, 40
本典寺	260
本念堂	238
本間家能舞台	230

―マ―

まいづる記念公園	210
前島記念館(前島密生家跡)	44
牧の衛守スギ	166
牧野忠辰	80, 136
牧野忠成	81
牧歴史民俗資料館	45
町家交流館高田小町	33
松苧神社	48
松尾芭蕉	4, 25, 26, 29, 39, 67, 68, 147, 204, 211, 215
松前神社	250
松代郷土資料館	48
松平忠輝	24, 27, 135
松平光長	28, 36, 109
松之山温泉	49
松之山民俗資料館	49
松本街道	9
的場遺跡	157
間部詮房の墓	211
真野宮・真野御陵	251
万福寺跡	233, 234

―ミ―

箕冠城跡	21
三国街道	69, 70, 103, 106, 110, 111, 119
三国街道脇本陣池田家	111
三国峠	110-112
三島神社(上越市)	45
水替無宿の墓	261
水科古墳群	45
水の駅「ビュー福島潟」・水の公園福島潟	192, 193
水原城館・水原代官所跡	197
水原のハクチョウ渡来地	196
水原ふるさと農業歴史資料館	197
水保観音堂	10
溝口秀勝	175, 177, 179, 182, 188, 189
道の駅「越後出雲崎天領の里」	68, 69
道の駅「良寛の里わしま」(歴史民俗資料館・良寛の里美術館・菊盛記念美術館・地域交流センターもてなし家)	74, 75
道の歴史館	14
密蔵院(照明寺塔頭)	72
水戸教公園	151
みどりの里(日本玩具歴史館・またぎの家)	219, 220
湊稲荷神社	151
南沢疎水道	260, 262
宮川神社社叢	64
宮口古墳群	45
宮柊二記念館	105

妙高寺	104
妙高堂	16, 17
明静院	31
妙照寺	239, 240
妙宣寺	252
妙法寺(佐渡市)	228
妙法寺(長岡市)	75, 76

―ム―

六日町飯綱考古博物館	119
無為信寺	197
虫川の大スギ	46
村岡城跡	75, 76
村上市郷土資料館(おしゃぎり会館)	211
村上城跡	202, 208-210
村上大祭	210, 214
村上歴史文化館	210
村雨のマツ	229
村尻遺跡	181
村松公園	166
室谷洞窟	79, 171

―メ―

明治紀念堂	238
明和義人顕彰之碑	148, 149
女神山	259

―モ―

木喰	59, 60, 79
本与板城跡	88
桃崎浜文化財収蔵庫	204
森医院	253
茂林寺	164, 165
諸橋轍次記念館	125, 126

―ヤ―

八木朋直像	147
薬王廟(長岡市)	90
薬師庵(新潟市中央区)	155
薬照寺	113, 114
八坂神社(上越市)	24
安田公民館郷土資料室	199
安田城跡	199
屋台会館	24

弥彦神社	132, 134-137, 161
山三賀Ⅱ遺跡	190
山田の焼鮒	157
山寺薬師	22, 23
山本五十六記念館	84
山谷古墳	137

―ユ―

悠久山公園	80
夕ぐれの岡	132
湯沢町歴史民俗資料館	111

―ヨ―

与板城跡	87
与板歴史民俗資料館	88
養爺清水	29
横井の丘ふるさと資料館(新潟市豊栄博物館分館)	193-195
横滝山廃寺跡	71
横峯経塚	199

―リ―

龍谷寺	120, 121
良寛	8, 67, 68, 72, 75, 88, 123, 132-134, 146
良寛記念館	68
良寛終焉地(木村邸・隆泉寺墓地)	74, 75
良寛生誕地(橘屋跡)	68
料亭宇喜世本館	33
林泉寺	31, 32

―レ・ロ―

励風館	244
レルヒ少佐銅像	43
レンガ車庫	7
蓮華峰寺	237, 254, 255
六万騎城跡	117

―ワ―

若林家住宅	209, 210
分谷地A遺跡	205
渡辺家住宅	215-217

【写真所蔵・提供者】(五十音順，敬称略)

青海神社
阿賀野市企画政策課
阿賀野市立吉田東伍記念博物館
阿賀町教育委員会
アサヒ印刷クリエイティブ
糸魚川市教育委員会
糸魚川市商工観光課
イヨボヤ会館
魚沼市生涯学習課
NPO法人醸造の町摂田屋町おこしの会
圓福寺
小千谷観光協会
小千谷市商工観光課
柏崎市観光交流課
柏崎市教育委員会
柏崎市文化振興課
柏崎市立博物館
潟東ゆう学館・潟東地区公民館
株式会社岩の原葡萄園
株式会社三和商会
北見継仁
金峯神社
頸城自動車株式会社
黒川郷土文化伝習館
小杉漆器店
五泉市教育委員会
小船井修
佐渡学センター
佐渡観光協会
佐渡市教育委員会
佐渡市役所
三条市
三条市経済部営業戦略室
三条八幡宮
椎谷観音堂
紫雲堂 玉山
慈眼寺
信濃川大河津資料館
新発田市教育委員会
種月寺
常安寺
上越市観光企画課
上越市教育委員会
称念寺
諏訪神社
聖籠町社会教育課
関川村農林観光課
瀬波温泉旅館協同組合
専称寺
胎内市教育委員会
聴信寺
津南町教育委員会
燕市産業史料館
燕市商工観光課
燕市分水地区観光協会
十日町市教育委員会
十日町市博物館
十日町市松代支所地域振興課
特定非営利活動法人山本元帥景仰会
長岡市観光課
長岡市教育委員会
長岡市越路支所産業課
長岡市都市計画課
長岡市栃尾支所商工観光課
長岡市三島支所産業課
長岡市山古志支所産業課
長岡市与板支所産業課
長岡市立科学博物館
長岡市和島支所産業課
中之口先人館
新潟観光コンベンション協会
にいがた観光フォトライブラリー
新潟県魚沼地域振興局総務課
新潟県教育庁文化行政課
新潟縣護國神社
新潟県村上市教育委員会
新潟県立図書館
新潟県立文書館
新潟県立歴史博物館
新潟市地域課
新潟市文化観光・スポーツ部観光政策課
能生白山神社
農林水産省北陸農政局新川流域農業水利事業所
八幡宮(三条市)
見附市産業振興課
南魚沼市観光協会
村上市朝日地区観光協会
村上市観光協会
村上市商工観光課
村上堆朱事業協同組合
室川諭
諸橋轍次記念館
弥彦観光協会
やまこし鯉ファーム・松田養鯉場
有限会社乙まんじゅうや
湯沢町産業観光課
横井の丘ふるさと歴史館
吉田バテンレース

本書に掲載した地図の作成にあたっては，国土地理院長の承認を得て，同院発行の2万5千分の1地形図，5万分の1地形図及び20万分の1地勢図を使用したものである(承認番号 平21業使，第35-M043411号　平21業使，第36-M043411号　平21業使，第37-M043411号)。

【執筆者】(五十音順)

編集委員長(兼執筆)
竹田和夫 たけだかずお(県立新発田高校)

編集・執筆者
市村清貴 いちむらきよたか(県立長岡高校)
木村康裕 きむらやすひろ(県立新津高校)
國島聡 くにしまあきら(県立新潟工業高校)
小松彰 こまつあきら(県立燕中等教育学校)
藤原圭 ふじわらけい(県立柏崎高校)

執筆者
會田哲郎 あいだてつろう(県立三条東高校)
藍原清巳 あいはらきよみ(県立羽茂高校)
池田茂 いけだしげる(県立見附高校)
磯貝明 いそがいあきら(県立高田北城高校)
尾﨑法子 おざきのりこ(県立文書館)
小野塚徹夫 おのづかてつお(県立柏崎総合高校)
木村英祐 きむらひでひろ(新発田中央高校)
木村秀彦 きむらひでひこ(県立川西高校)
小日向一枝 こひなたかずえ(県立新潟盲学校)
竹内公英 たけうちこうえい(県立柏崎総合高校)
西澤睦郎 にしざわむつろう(県立八海高校)
広野太一 ひろのたいち(県立燕中等教育学校)
横田浩 よこたひろし(県立有恒高校)
渡辺孝弘 わたなべたかひろ(県立出雲崎高校)

歴史散歩⑮
新潟県の歴史散歩

2009年8月30日　1版1刷発行　　　2014年1月30日　1版2刷発行

編者────新潟県の歴史散歩編集委員会
発行者───野澤伸平
発行所───株式会社山川出版社
　　　　　〒101-0047　東京都千代田区内神田1-13-13
　　　　　電話　03(3293)8131(営業)　　03(3293)8135(編集)
　　　　　http://www.yamakawa.co.jp/　　振替　00120-9-43993
印刷所───株式会社加藤文明社
製本所───株式会社ブロケード
装幀────菊地信義
装画────岸並千珠子
地図────株式会社昭文社

Ⓒ　2009　Printed in Japan　　　　　　　　　ISBN 978-4-634-24615-7
・造本には十分注意しておりますが，万一，落丁・乱丁などがございましたら，
　小社営業部宛にお送りください。送料小社負担にてお取り替えいたします。
・定価は表紙に表示してあります。

新潟県全図

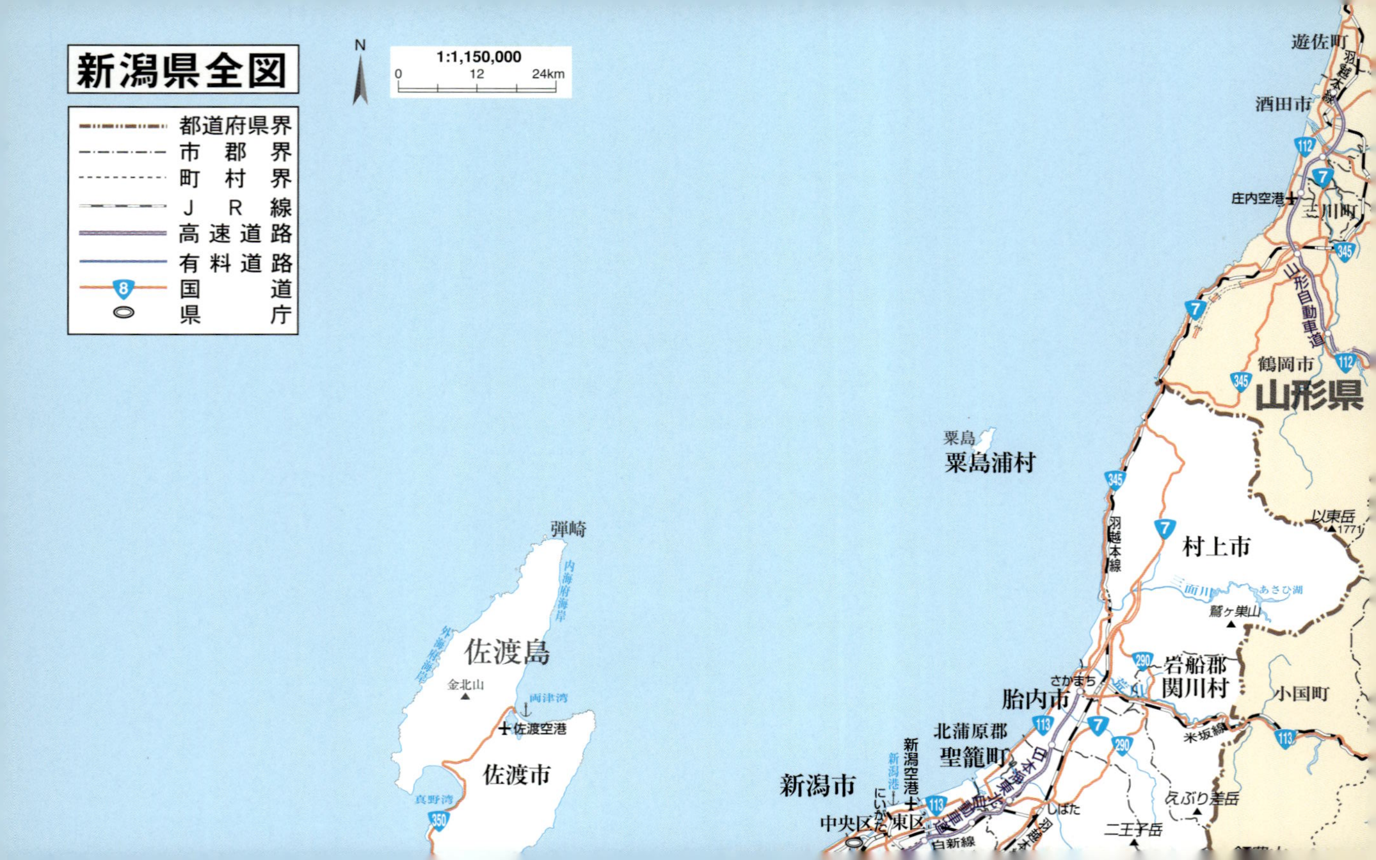

都道府県界
市郡界
町村界
JR線
高速道路
有料道路
国道
県庁
N
1:1,150,000
0 12 24km
遊佐町
羽越本線
酒田市
庄内空港
三川町
山形自動車道
鶴岡市
山形県
粟島
粟島浦村
以東岳
1771
村上市
三面川
あさひ湖
鷲ヶ巣山
岩船郡
関川村
小国町
さかまち
胎内市
北蒲原郡
聖籠町
米坂線
日本海東北自動車道
えぶり差岳
二王子岳
しばた
白新線
新潟空港
新潟港
にいがた
新潟市
中央区
東区
弾崎
内海府海岸
外海府海岸
佐渡島
金北山
両津湾
佐渡空港
佐渡市
真野湾